淘 营 销

马涛 编著

机 械 工 业 出 版 社

本书深度指导淘宝卖家解决如何把商品卖出去，如何把商品卖火，如何让生意持续火暴等一系列问题。书中既有营销理念，又有实际可模仿的案例。除全面介绍淘宝营销的通用技术之外，还应用营销理念和诊断技术，对一些主流和非主流行业的店铺进行了诊断，读者从中可以看到作者是怎样分析一个店铺并找到营销的着眼点的。

本书是淘宝店主和未来淘宝店主的良师益友。

图书在版编目（CIP）数据

淘营销／马涛编著．—北京：机械工业出版社，2011.5（2015.1 重印）
ISBN 978-7-111-34394-3

Ⅰ．①淘…　Ⅱ．①马…　Ⅲ．①电子商务－商业经营－中国　Ⅳ．①F724.6

中国版本图书馆 CIP 数据核字（2011）第 078484 号

机械工业出版社（北京市百万庄大街 22 号　邮政编码　100037）
策划编辑：丁　诚
责任编辑：丁　诚
责任印制：乔　宇
保定市中画美凯印刷有限公司印刷
2015 年 1 月第 1 版·第 12 次印刷
169 mm×239 mm·18.75 印张·243 千字
56001—62000 册
标准书号：ISBN 978-7-111-34394-3
定价：49.00 元

推荐序

——淘宝已经进入了营销时代

目前，淘宝卖家数量已超过400万。

当初，在买家多、卖家少的年代，只需不断地把新货上架，简单编辑一下描述页面，坐等买家上门就可以了。很多卖家感叹：那时候日子过得轻松，生意不用发愁，利润也不错。

时间转眼来到了2010年7月8号，很多卖家觉得，这一天就像分水岭一样，这一天是一个标志。之前和之后生意就像两个境界——生意好的，比以前更好了；生意一般的，比以前更差了。有人说，这是排名规则惹的祸，其实，它标志着淘宝已经进入了营销时代！

从淘宝自身的角度看，卖家群体已经足够庞大，充分的竞争将对买家购买到性价比更高的商品有利，但实际情况却是买家越来越难买到"好商品"。从表面上看，这是由排序规则引起的，但实际上是有很多卖家在利用规则的漏洞作弊让宝贝排在前面优先展示，他们只在规则上用心，而非在经营和商品上用心，致使那些一心提供优质产品和优质服务的卖家的宝贝展现的机会越来越少。

这种现象导致消费者很难买到称心如意的商品，严重地影响了买家的购物体验，非常不利于淘宝的良性发展。

一种真正的好商品，应该是很多买家都喜欢的。反过来说，有很多买家都在争相购买的商品，也应该是一种好商品。这就是人气，也是后来实行人气排名的依据，其目的都是让淘宝平台和所有的卖家一起共同服务好共同的对象——买家。在新的排序规则下，卖家只需要集中心思把产品做好和把服务做到最优。有了这两个前提就能得到好口碑，与此同时，淘宝就会给予卖家较高的人气排名。这个规则其实就是以流量来奖励真正的好卖家，最终让整体的网购环境朝着更加良性的方向发展。

在流量弥足珍贵的情况下，每个卖家都不敢轻视来到店铺的每一个流量，必须想尽一切办法把他留住并使其购买，最终只有把心思和功夫都用在商品和服务上。前者让商品以最完美的角度展现出来，让买家能从各个角度审视自己要购买的商品，做到心中有数；后者以良好的服务获得口碑，供将要购物的消费者参考，确保货真价实。发布新规则的目的是引导卖家转变经营理念。当经营理念真正以消费者为中心后，消费者也会积极回馈卖家，他们不仅重复购买，也乐于把好商品分享给身边的亲朋好友，还会在淘江湖里分享。买家的这些回馈不仅让卖家的生意更好，而且也能造就一个“品牌”。

在淘宝上长久的经营之道就是做自己的“淘品牌”。目前，在淘宝已拥有2亿多注册用户，且每天有4000万人登录的大环境下，已经拥有孕育淘品牌的优良土壤。

淘宝是每个卖家都能实现梦想的舞台。卖家的心有多大，舞台就有多大。进入营销时代以后，淘宝更“公平”了，只要你的路走得正，只要你肯用心经营买家，梦想就一定能够实现。希望你就是这众多成功实现梦想者的一分子！

朱德付

阿里巴巴集团　副总裁

《淘宝天下》杂志　社长、总经理

《卖家》杂志　社长、总经理

前　言

淘宝已经进入了营销时代。对于每个淘宝卖家来说，不懂营销，将很难在淘宝上混下去，更甭谈赚钱和发展壮大了。

究竟什么是营销？营销的定义是什么？本书不去咬文嚼字地捣腾概念的文字游戏，我们很实在，直接与我们想要的结果挂钩，所以书中不对营销下所谓精确的定义，而是直接把营销分为三个层次。这三个层次是逐级升高的，但都是每个卖家想要实现的结果。其他人也有关于营销层次概念的划分，为了区别，本书特意用这样的表述方式：

淘营销的第一层次，是如何把宝贝卖出去。以前，在卖家比较少、竞争没那么激烈的时候，卖家发布个宝贝上去，按照自己的理解写点宝贝描述就可以把宝贝卖出去，但是在激烈竞争的情况下，这种简单的做法就不太灵了，取而代之的是挖空心思去琢磨买家到底想要什么，买家想要什么，卖家就描述什么，一切都以买家为中心，而不是单纯以产品为中心。其实，这就是大家经常提到的内功修炼问题。卖家把自己的工作做充分了、做足了，买家来了卖家才有把握搞定他，让他掏钱购买。衡量卖家内功是否到位的一个指标就是转化率，也就是实际购买的人数占总流量的比例，转化率越高，表明卖家的内功越到位。

内功修炼有一个特点，一开始比较难，但是会慢慢容易起来。内功修炼是无止境的，任何时候都有可以改进、可以努力的地方，要精益求精，因为转化率始终没有达到100%。所谓“无止境”，也是因为转化率永远都达不到100%。也就是说，它是一个只可不断努力接近，但始终也达不到的目标。其实，这也是好事，否则就失去努力的空间和动力了。

一个买家掏钱购物，总是有他自己的想法的，即需求，但是能满足其需求的商品很多，也有很多很多卖家都在卖，如果假定他必须购买，他只能成为众多卖家中某个“幸运”卖家的客户。他为什么会成为那位幸运卖家的客户呢？一定是他在比较“商品”的时候认可了该卖家。用于比较商品的因素很多，但是对于卖家来说，都可以归结为两个词：需求和信任。所以，所谓的修炼内功，也都是围绕着需求和信任下功夫的。不过，一旦展开，其中所包含的细节却有很多很多。当然，无论有多少因素，其中必然有主要因素和次要因素。本书中先梳理出“关键因素”，也就是先解决主要矛盾，把主要矛盾解决了，问题也就迎刃而解了。

淘营销的第二层次，是如何把宝贝卖火卖暴。自己修炼好内功，算是做好了各种销售准备，下一步只需要让更多的人进来就可以了，只有来的人多，销量才有可能做大，所以把宝贝卖火卖暴其实就是如何搞流量。当然，不仅仅是搞流量，而且是搞来大流量，最好是多渠道而非单一渠道地来流量。通常，我们把搞流量等同于“推广”，虽然它们不完全是一回事，但也不妨借用。搞流量可以被分解为曝光和吸引两个词。把宝贝广告推广到有买家能看到的地方“曝光”，靠广告内容“吸引”买家点击，潜在买家点击之后进入卖家的宝贝页面，流量就来了。所以曝光量决定了流量，曝光量越大，流量才有可能大。那么，曝光量取决于什么呢？曝光量取决于宝贝广告被推广的位置以及推广的频次，好位置就是人最多的地方，卖家需要知道哪里有好位置，如何能在好位置上曝光商品信息，这些都是本书中重点探讨的问题，它们被称之为流量的渠道问题。

有一个近乎常识的问题，却成了很多人经常犯的错误，那就是很多卖家经常到无人的地方去推广，如在帮派或不限于在帮派、在社区发帖，这等同于做无用功，这些人看似很努力，实际回报却很少。另外，把努力放在淘宝以外也收效甚微。不要忘了，我们的买家必须是“网购人群”，教育一个喜欢八卦或没有经济实力的人网购，成本太高，起码不是我们卖家的工作职责所在。

同样在淘宝上，有的位置曝光量大得惊人，有的位置曝光量却少得可怜，我们要把好钢用在刀刃上。也就是说，要在追求“最小投入有最大回报”的基础上，还要在时间上和别的卖家赛跑，因为现在确实是“快鱼吃慢鱼”的时代，而淘宝又总是创造奇迹的地方，一不小心，大与小、强与弱很快就会发生位置对换。

作为本书最重要的内容之一，也是在了解了流量渠道的问题之后，重点探讨了如何推广以及推广什么的问题。有人说，有什么可推广的呢？无非是店铺和宝贝而已。即便就这两个选项，卖家也要有自己的判断标准，而不能随意而为。如果得出的结论是推广宝贝而非店铺呢，问题就多了，在你的众多宝贝中，该推广哪个宝贝？是推广最赚钱的，还是推广最好卖的？是推广销量最大的，还是推广销量一般的？是推广自己喜欢的，还是推广大众喜欢的？在本书中读者将看到，推广的问题已经不再局限于“推广”了，而是整个店铺定位、利润来源、营销战略、商品的优势与劣势，以及与买家的关系等诸多问题综合考量的结果，甚至连“推广”这两个字本身的意义也改变了。如果现在告诉你，“推广是为了买客户”，不知道你是否能理解或接受。

淘营销的第三层次，是如何让生意长期持续火暴。昙花一现式的火暴固然刺激，但并不能实现卖家赚大钱的目的，如何才能让生意持续火暴呢？答案是：在于人，也就是核心在于买家。卖家过去的做法往往是被动的，对客户不仅少有关怀和维护，更是几乎放任不管，完全让客户自发的回头。这种做法导致的直接后果就是，我们必须天天去做推广，天天去挖掘新客户，哪天停止或减少了工作量，销量就会严重下降。我们都有切身的感受，淘宝上的竞争越来越激烈，推广的成本越来越高，发货量可能比以前翻倍，但是利润却大不如以前了。利润降低的原因是多方面的，但推广成本的增加绝对是不可忽视的主要因素之一。如果跳出来看这种局面，我们很可笑，也很可悲，一方面是积累了大批的老客户资源在那里沉睡，另一方面我们却在乞求更多的新客户，就好像抱着金饭碗在要饭一样。

所以解决生意持续火暴的灵丹妙药就是如何把老客户给挖掘开来，让他们不仅不跑，而且不断地回头重复购买。这样，卖家就有了发展壮大的基本模式。我形容这个模式为“两手抓”，即一手抓住老客户不放，另一手大力发展新客户。随着老客户越来越多，即便有一天你停止推广了，说得再严重一点，即便你的店铺被降权了，你也不至于没有生意可做。这条路，就是我们卖家的做大之路。

那么，如何把买家留住并且激发他不断购买呢？我们卖家所要做的是从被动等待到主动出击的转变，也就是本书中所介绍的主动下钩子，勾住买家不放，勾着他主动回头。书中不仅详细阐述了具体的钩子，还有具体演进的参考例子。

如果说以上这些层次是对大众行业的主流模式，那么对于小众行业甚至对于卖家自己的具体店铺有没有针对性的营销思路可借鉴呢？在本书的

第五部分，专门介绍了诊断网店时常用的分析技术和工具，并且还特意安排了几个真实的“小众”行业网店营销思路的案例，它们具有较高的参考和借鉴价值。

最后一章是关于未来淘营销的探讨。将来，中小卖家的出路必然是发展淘品牌。为什么这是必然？书中给出了答案，这里需要先更新的一个观念是，发展淘品牌并不是有钱人和有实力企业的专利，因为发展淘品牌未必就需要很大的投入。为什么呢？因为品牌的概念已经改变了，因为淘宝让广告和购物直接对接起来了，因为你不需要在央视上去竞标……

最后，我要感谢我的妻子，没有她在背后的坚定支持，我是无法写完这本书的。

作　者

目　录

前言

第三部分 淘营销第二层次——把宝贝卖大卖暴

第四部分　淘营销第三层次——积累自己的鱼塘

第五部分　网店营销方案分析与实例

第六部分　中小卖家未来的出路是发展淘品牌

第一部分
营销的那点事儿

什么是营销？众说纷纭，莫衷一是，见仁见智，各有各的答案。我们不是学院派，没必要去探究清楚概念；我们是务实派，要的是实实在在的结果。而结果就是把产品卖出去，卖火，还要让生意能持续火爆。一句话：能赚到钱！

Section 1.1 赚钱是淘宝开店的主要目的

作为职业卖家，我们以赚钱作为开店的主要目的。看看下面的数字，你就可以得出一个结论：淘宝是能实现你梦想的地方。一句话，没有不可能，只有没做到。

从几个渠道获得的数据看，淘宝2010年的销售额为几千亿元人民币。姑且按1000亿元计算，根据二八法则，有20%的卖家分享80%的收益。也就是说，这20%的卖家要占800亿的销售额。试想，处在这20%阵营中的卖家每天可以创收多少利润！

再来看疯狂的一天。2010年最被电商反复说起的是淘宝光棍节大促销的盛况。在2010年11月11日光棍节这一天，淘宝商城联合百余家知名品牌进行全场五折大促销，涵盖服装、鞋、包、运动、美容、家居家纺、数码电器等各个垂直行业。淘宝官方宣布的成绩是：16小时、13家店铺销售额过千万，其中两家店铺销售额过2000万，58个品牌过百万。与此同时，淘宝也创造了9.36亿元单日交易额的奇迹。这是什么概念？我国香港一天的零售总额大约是8.5亿元，2010年国庆黄金周期间，北京128家商业企业，包括王府井百货、西单商城等在内，实现销售额7.3亿元。这样的数字应该能让你坚信：这里是你实现梦想的地方。

我一向认为，想在淘宝上混出名堂，只需要三样：资源、资金和营销。

资源和资金，我帮不上什么忙。不过，我可以通过本书在营销上帮你一把。

其实，上面的数字并不是终点，还会有人不断地刷新它。只要你还没达到他们创造的数字记录，这本书就是为你写的。当然，我更希望：你是刷新这些数字——创造新纪录的人。不用不好意思，不用客气，只需把营销做好，让你的资源和资金在营销双翼的带动下飞起来，让你身边的一切资源都能为你创造利润，就能离梦想越来越近。

Section 1.2 买家才是主角

如果你的眼中还只有商品，那么赶紧停止，抓紧转变观念。从现在开始，你的心中要时刻装着、想着人——你的买家。

商品不重要吗？不，很重要！但商品背后的那个人（买家）更重要。

提醒你注意：是他掏钱买你的商品，利润来自他的口袋。目光的转移，即注意力的转移。把注意力从商品转到了买家本人身上，看似很小的转变，却是打开营销大门的一把钥匙。

转变之一——不再对商品自恋。

卖家自己看商品，就像父母看孩子，看哪儿哪儿好，只有优点。但是，当你把目光移到买家的脸上并注意他的表情时会发现，他对商品好像并不是像你那般热爱。用“冷眼旁观”一词来形容他也许更恰当，实际上就是如此。

转变之二——商品只是媒介，建立人与人之间的信任关系更可靠。

把目光盯在商品上时，思维逻辑是：只要我有好商品，不怕买家不回头。

而把目光转移到买家本人身上时，思维逻辑则是：我对买家这么好，让他去别人家买，他都不好意思。

老实讲，在这个商品严重同质化的时代，我不相信谁家的商品比竞争对手家的绝对好。其实，大家的商品都差不多，单就满足买家的需求看，都绰绰有余。人，才是中心问题。

Section 1.3 营销是研究人的

既然是要和人打交道，就要好好研究人。古人云：得人心者，得天下。如果延伸一下，也可以说：得人心者，得财富。

“得天下”，是从政者的理想；“得财富”，是商人的理想。不过，其共同点就是先“得人心”。如何才能得人心呢？这方面，孟子的论述最精辟，我们看孟子怎么说的。

孟子曰：“桀纣之失天下也，失其民也；失其民者，失其心也。得天下有道，得其民，斯得天下矣。得其民有道：得其心，斯得民矣；得其心有道：所欲与之聚之，所恶勿施尔也。”就是说，夏桀和商纣丧失天下，是因为失去了民众；他们失去民众，是失去了民心。要取得天下的好办法是：要获得民众，获得了民众，就获得了天下。要获得民众的好办法是：获得了民心，就获得了民众。要获得民心的好办法是：民众所要求的，就满足他们，民众所厌恶的，就不要强加在他们身上。

其实，“得人心”的核心就这一句：“所欲与之聚之，所恶勿施尔也”。也就是说，需要先了解人的欲望，还要了解人的憎恶，只要满足人的欲望，不做他们讨厌或不喜欢的事，他们的心就向着你。你满足了他们的欲望，自然他们就会回报你。对于商人来讲，回报你的方式就是买你卖的商品，你可以从中牟利。

人的欲望非常多，不仅有七情六欲，还有七情六欲组合出的新欲望，所以有个词叫“欲壑难填”，就说明人的欲望满足了一个，又会新生更多的欲望。为了满足人类各式各样、五花八门的欲望，就出现了各种各样的商品。新商品的出现也都是伴随着新的欲望而产生的，所以社会在不断进步和创新，也都是为了满足人类的新的欲望。

有欲望就是有需求，有需求就有市场。每种商品都是为了满足某种需求而存在的，当该需求不存在的时候，与之对应的商品也就没有市场了，商品的生命周期也就结束了。

其实，每件商品自诞生的那一刻起就已具有了满足需求的属性，但只有一部分商品能够真正实现满足使用者需求的价值，还有很多商品都没有机会体现价值就匆匆地离去了。发生这种情况取决于两个人，一个是使用者（我们称之为买家）；另一个是销售者（或叫推销者，我们称之为卖家）。在买家和卖家这一对关系中，商品能不能体现出价值，有一个词至关重要，这个词就是“人性”。

人性是人类共有的特征，只要是人就会有的行为就是人性。所以，买家会有的某些特征，卖家同样也会有，因为他们都是人。因此，商品能不能体现出价值，既取决于卖家对买家人性的了解，也取决于卖家自己对人性的克服。卖家对买家的人性弱点了解得越多，同时对自己的人性弱点克服得越多，就能卖出更多的商品，从而让更多的商品能体现出价值。

人性有很多弱点，卖家最常接触的人性弱点有懒惰、拖延、怀疑心重、爱占便宜等。人性的这些弱点就有它可以利用的地方。比如“占便宜”，正因为有些人喜欢占便宜，我们才可以利用这个特点让生意更火暴。在后面的内容中，你可以经常看到这样的例子。

Section 1.4 买家不是喜欢便宜而是喜欢占便宜

在淘宝上有个现象：不管哪个行业，不管卖什么的，销量最大的都不是卖得最便宜的那家！令人不可思议的是，卖得最火的却常常是价格中等偏上甚至是最贵的那家。

这种现象说明了心理学上的一个道理：人不是喜欢便宜，而是喜欢占便宜。

那些卖得价格高、比较贵的商品，可以经常搞折扣。只要不是原价购买，买家就会觉得有便宜可占，就会产生行动力。

行动力可以用数值大小来衡量。如果把行动力标为 0 ~ 100 分，那么原本标价为 1000 元的衣服，当价格为 1000 元时，顾客的行动力为 1 分；价格为 500 元时，顾客的行动力为 10 分；价格为 100 元时，顾客的行动力为 50 分；价格为 10 元时，顾客的行动力为 90 分；价格为 0 元时，顾客的行动力为 100 分——达到最大化！

记住下面的成交动力规律：

高价产生价值；

低价产生诱惑；

行动力源于高价商品低价卖！

一件市场价格为1000元的商品，你990元卖，不会产生多大行动力。但是如果100元卖，顾客就会疯狂。因为原价1000元，顾客的思维逻辑是“高价产生价值”，尤其是当人们无法直接比较商品的价值时，就只能通过“价格”这个最直观的数据来判断，人们的直觉就以为“高价格的东西，一定是高价值的！”如果100元能买到，顾客就会感觉占了很大便宜，所以行动力非常足。

Section 1.5 淘营销的基本理念

任何时候，商务都是人与人的问题，只不过平台和空间在不断变化而已。

既然我们把目光从商品转移到了人身上，我们的任务就简化成了：如何让别人掏钱购买你的商品。

我们可以大胆地把那目标人看做是“鱼”（鱼，我所欲也），把营销比作钓鱼，以此来阐述我们的营销理念。

1.5.1 营销像钓鱼，要想钓到鱼，必须像鱼儿一样思考

注意力在商品上，就是“以商品为中心”；注意力在买家身上，就是“以人为中心”。

表面上是注意力的转移，实际上是立场的转变，即完全站在买家的角度思考问题。

“像鱼儿一样思考”，就是设身处地地站在买家的角度去想：如果我要买某件商品，我最关心的是什么问题，我买这件商品真正想要干什么，我最关心的核心问题是什么，我最担心的问题又是什么，卖家到底可靠不可靠，卖家的哪些话有水分，我怎样才不会被骗，谁的话可信，谁的话不可信，我经常都去哪里逛，我的朋友经常都去哪里逛，谁的话对我比较有

影响力，等等。

人的思维方式是有迹可循的。

最终，我是要购买的，我是要掏钱的，说的再直白一点儿，我是要“上钩”的。

只是，在可比较的范围里，谁能解决我上述的问题，我就愿上谁的钩。

在后面的章节中，你能明显地感觉到，很多事情，我都会分析买家会怎么想。他往好处想，对你就有利；他往坏处想，对你就不利。

1.5.2 营销像钓鱼，要想钓到鱼，必须到有鱼的地方去钓

这个标题看上去好像是废话，但至今，仍有很多很多的人在做没意义的事，其中也包括作者本人。用两个例子来说明。

我以前卖中老年学电脑软件的时候，在电视上做广告。广告出现在了“青春偶像剧”后面，最终进线率非常低，因为中老年人很少看“青春偶像剧”。那个时间段对我来说，没有鱼。

在做报纸广告的时候，广告投在了学习类的报纸上，结果广告费也赔掉了。因为那里也没有我要的鱼出现。

再一个例子。有很多中小卖家喜欢用免费的推广方法，如帮派发帖、社区跟帖等形式，每天忙得不可开交，流量也来了不少，但却成交不了几单。

原因就是在帮派和社区里帖子出现的地方，没有你想要的鱼。

如果我是买家，我会天天跑到社区里等着看你写的精华帖吗？等着看你发的广告吗？

买家更喜欢看看今天“聚划算”里都有什么超便宜的东西，做好准备去“秒”到。

或者到天天特价、促销频道，看看有没有自己需要的实惠宝贝，或者是到淘金币那里去抽奖或兑换奖品。

这样你就知道，等着看你分享经验的那些都是生意不太好的卖家。

这样你就会明白，即便来了流量，多是光看不买的。

你的鱼在哪里呢？答案还是很经典的，“要像鱼儿一样思考”。

在本书的第三部分，还将探讨哪里有鱼，以及你想要的鱼的特征。

1.5.3 营销像钓鱼,要想钓到鱼,要先投饵

这个世界,遭拒绝几率最高的是推销;与之相反,最不容易遭拒绝的,就是给人“好处”。

拿出一个“好处”来分享,就会吸引很多对此好处有需要的人。在被吸引的那片刻里,对方眼中只有“好处”,我们眼中只有对方。

这个“好处”,我们称之为“饵”。它不是钓鱼的真正鱼饵,而是“钓人之饵”,你要钓的是人。你清楚,人不来,什么都没有。人来了,什么就都有了,包括钱。

在现实中,这一招玩得最地道的,莫过于准备开业的超市。

你肯定见过这样的情景:远远望去,一帮老头、老太太排着长队,等待着超市开门营业抢购超便宜的鸡蛋。

队伍越来越长,引起了过往行人的注意。不明情况的人会过来问情况,打听之后,有一部分也加入了队伍。

市场上零售价4块5一斤的鸡蛋,该超市3块钱一斤在卖。

当然,对每人都是限购的,而且总量有限,先来先得,售完为止。

所以,排队的人都很积极,希望多抢到点。因为太划算了,不能错过。

在队列旁边,摆放的有油盐酱醋等日常生活必需用品,还有一些其他促销商品。

队列向前移动的时候,每位“队员”都能看到展示的这些商品和促销商品。

时间一到,群情激奋,开始卖鸡蛋。

约有一定比例的人,在买完鸡蛋之后,会推着购物车,继续购物。

另外一部分买家,买完鸡蛋之后,高高兴兴地回家了。临走的时候,售货员没忘了在他的口袋里装上一张开业大促销海报。

你在疑惑:鸡蛋是薄利商品,这么大的差价,超市是怎么搞到这么低价的货源的?

其实,超市是在赔钱卖的。

超市傻吗?

超市不傻。超市的账是这样算的：

没有卖鸡蛋的这个举动，周围的居民就不知道这里又新开了一家超市。

没有长长的队伍，就不会引起过往行人的注意，更不会给过往行人留下“这里人气很火暴”的印象。

他们不排队买鸡蛋，就不会接着推着购物车去选购其他商品。

高高兴兴拎着鸡蛋回家的那些人，会分享自己的喜悦，因为今天买到了很便宜的鸡蛋。几乎是“逢人便说，见人便讲”，恨不得让全世界的人都知道。

顺便带回来的海报，会让家里人对海报上的促销举动蠢蠢欲动，相约去光临。

……

果然，经过预热，开业那天，生意异常火暴，很多货卖断。超市一炮打响，生意就此走入正轨。

这种案例和情景，想必你已经见多不怪了，我们还是转回主题。

案例中，超市促销的鸡蛋，就是“饵”。

愿意早早来排队，说明买家都很喜欢这个饵。你没去排队，只能说明你不喜欢这个饵。

只要接受了“饵”就会受影响，影响有很多种形式，有有形的，也有无形的。有形的有现场的人、海报、促销区的产品；无形的有促销给买家留下的印象、买家向街坊邻居的口碑、长长的排队对周围人群和过往行人的影响等。

抛出两个问题请思考：

(1) 相比拿出一笔钱来投广告宣传开业，鸡蛋赔的钱比广告便宜还是贵？哪个更受买家喜欢？

(2) 为什么都喜欢用鸡蛋促销？为什么不用大米、毛巾或彩电？

后面我们还会探讨这个问题，从中你也会找到自己的答案。

Section 1.6 最好的营销老师是自己当超级买家

这个世界，做任何事都是要交学费的。越有价值的事，学费越贵，回报率也越丰厚。学习营销尤其如此，回报率甚至比炒股都高，所以非常值得你投资。

学习营销，有两位老师，一位是“别人”，一位是自己。

“别人”可能是某个人，也可能是一本书。他（它）教你营销的基本理念，用案例启发你。

但最好的营销老师是自己，也就是把自己变成一个超级买家。

一个营销高手，必定也是一个超级买家。他通过分析自己购买时的一个一个心理决策过程，去体味人性，去体味买家的思维方式，去琢磨买家的疑虑，去学习成功卖给他东西的卖家是如何做到消除他疑虑的。同时，结合另一位营销老师系统的剖析，总会在某一天突然顿悟，而真正学懂营销。

在我看来，学营销就是了解和满足人性。人都是有欲望的，人都是有弱点的，每个人都有的，这就是人性。人最容易犯的错误是想当然，都是假设的。但往往假设不成立，推出的结论是错误的。当你真正拿出钱来去购买的时候，一切的想象你都会忘记了，只剩下你最关心的问题和疑虑：卖家是否可信，其他买家的评价是否可信，我该不该相信他们，是不是假货，有没有描述的那么好，价格与价值是否匹配，等等。

经过一番比较，最终选择了一家。往往买家还进一步验证，确信判断无误后，拍下、付款、等待收货。收到货之后，迫不及待地打开包裹，验证货的真伪，再看看有没有其他的东西（诸如会员卡、优惠券、赠品、海报宣传册之类的）。

因为是你掏钱买的，每一步骤你都会很仔细，生怕吃亏受骗。

因为过程是真实的，真实就是力量，所以要仔细地梳理一下自己购买时的心理，把所思所想所虑都列出来，再看看最终你选择的那个卖家是怎么做到让你心甘情愿上钩的。最终，如果对自己说“啊，原来如此！我明白他的做法了，连我这么谨小慎微、疑心很重的‘买家’都能上钩，他的这种卖法就是最好的了”。而后，可采用“拿来主义”，比葫芦画瓢。

想不明白的地方，再翻开书，请教一下另一位“老师”，所有疑惑都可得到解决。

无论什么知识，只要真正下功夫学，没有学不透的。看来，真正想学通营销这门学问，“像鱼儿一样思考”也只是第一级别，除此之外，还要亲自去“咬钩”，甚至主动去“上钩”，身临其境地体味一下别人是怎样做的，把它学来。

经常听到这个故事，也分享一下。史玉柱为什么开发“征途”网络游戏？因为能赚钱。

他是怎么知道网络游戏能赚钱的？因为别人赚到过他的钱。

据说，史玉柱有一次拜访网络游戏业界的某大拿，交谈中他问需要一个游戏装备该如何解决。大拿告诉他，可以花钱买。史玉柱花了20多万购买了一套游戏装备，一用，果然很爽。此刻，作为一个敏感的商业营销天才，他想的却是“不错啊，真能挣到钱”。所以，他就开始进入了网游产业。史玉柱的逻辑是“别人能卖装备赚到我的钱，我也能卖装备挣到别人的钱”，因为像他这样肯花钱买装备的，肯定大有人在。林子大了，什么鸟都有，你的产品不需要太多的人买，只需要庞大玩家中的一小部分，就足够了。

这就是亿万富翁的思维。对于包括我在内的大多数人而言，花20万买装备，且不说能不能买得起，就算能买得起也不会买。人的境界不一样，所以亿万富翁不多。

也许这个传说中的案例离我们太远，还是回到我们身边的实际案例。

经常看到一些卖家，信誉很高，有的甚至做到了皇冠以上级别，但买家信誉为0，让人不解。

如果这个账号是个“马甲”，也没什么。如果不是“马甲”，我就会为该卖家感到悲哀。

悲哀不为别的，只是因为他本可以赚更多钱的。

买家信誉为0，不能证明没买过东西，但也不能说明经常买。难道自己都卖到皇冠级别了，还不相信淘宝网购？这进一步说，自己都不相信网购，又是怎么把东西卖出去的呢？

Section 1.7　买家为什么掏钱

买家之所以愿意掏钱购买，是因为你的商品能够满足他的需求，实现他想要的结果（梦想）。

在满足需求的前提下，到底在谁家购买，就要看“谁更可信”了。在一个陌生人面前，在没有打过交道的卖家面前，一切信息都顶多只是个参考，并不能代表最终的结果，尤其不能代表最终你会拿到什么样的结果。

成交，剖其本质你会发现其实也就两个因素：需求和信任。我们当淘宝卖家，所做的一切营销工作，也都是在需求和信任上下功夫的，但细说起来，实际的成交过程却分成了四步：

（1）吸引关注。

（2）激发欲望。

（3）消除风险。

（4）拒绝拖延。

你可能注意到了，通过对这几个步骤描述的用词，都能感觉到与“人性”的相关性。

还是那句话，营销就是了解人性、满足人性的需求，在此基础上最终把商品卖出去。这些步骤都要在我们店铺的各个页面里得到呈现，做得越多、越深入，买家响应率就越高，销售量就越多。

Section 1.8 买家是卖家的衣食父母，卖家多承担些风险

淘宝不仅是个交易平台，还是一个新的购物环境，它改变了人们的购物习惯，建立了新的购物规则，那就是买卖双方都更加诚信。

说实话，靠忽悠和欺骗在淘宝上是混不下去的。不仅仅是因为淘宝提供的工具让信息更加透明，还在于整个网络环境都进入了口碑和交互的时代。好的商品和服务，可以瞬间传遍整个互联网，让尽人皆知。同样，不好的商品和服务，亦可瞬间传遍整个互联网，结果很可能是臭名昭著。

“防民之口，甚于防川”。在春秋时代人们都知道堵不住老百姓的嘴，何况在21世纪且又在Web 2.0时代呢？为了摆正卖家的心态，我们得重新认识一下卖家和买家的关系。只有心态正了，出发点和态度才会不一样。

为什么必须要有正确的出发点和态度？因为你想要口碑传播，因为你

想树立自己的形象。一句话，因为你想做长久的生意！那么，买家和卖家到底是什么关系呢？

就买家和卖家的关系来看，买家是卖家的衣食父母。

职业卖家的所有用度都是买家贡献的利润。我们穿的衣服，住的房子，开的汽车，等等，都是买家帮你实现的。没有买家的支持和捧场，就没有你的成功！

这样一说，显得很大，似乎是把问题搞大了，好像我们得把买家供起来，天天烧香磕头。

其实没那么严重。作为买家，仅仅希望能买到自己称心如意的东西，仅仅希望卖家有热情的态度，有像对待亲人一样的笑脸。仅仅如此，能做到，该赚的钱也不必客气。

尽管买家要求不高，也都在合情合理的范围之内，但本着“感恩戴德”的心情，我们再多做两点，就能让买家感激涕零，到处颂扬。

（1）多承担一些不该由买家承担的风险。任何一笔交易都有风险，抛开主观因素和不可预知以及不可控制的因素之外，买家如果还觉得有风险，卖家如果能比别人多承担一点，就会大大地胜出，买家就会非常高兴。风险就像一道门槛，高高地挡在了那里，把众多买家都挡在了门外。他们不是不需要，也不是不想买，而是怕买回来之后，实现不了自己想要的结果。卖家如果主动多承担一些风险，就等于铲平了这道门槛，被挡在门外的人就会潮涌般涌入和你成交。这样你就明白，转化率低、看的多买的少，是因为敢买的人是看的人中胆大的，他们也怕风险，但是迫于无奈只得尝试。

（2）时常让利回馈新老顾客。有个大卖家这样做过，前一年赚了150万，当年打算拿出10万来回馈新老顾客，有点感恩的心态。这一回馈使生意骤然火暴，口碑迅速提高，买家到处分享传颂，当年的利润比前一年翻了两番多。所以，买家也是有感应的，你回馈他，他加倍地回报你。再重复一下那句话：**经营人心**！

Section 1.9 淘营销的三个层次

到底什么是营销？我没法下个确切的定义。不过，本着实用的原则，将营销划分几个层次，当成不同的目标，却是很有意义的。我把淘营销划分为三个层次，这三个层次呈金字塔状。

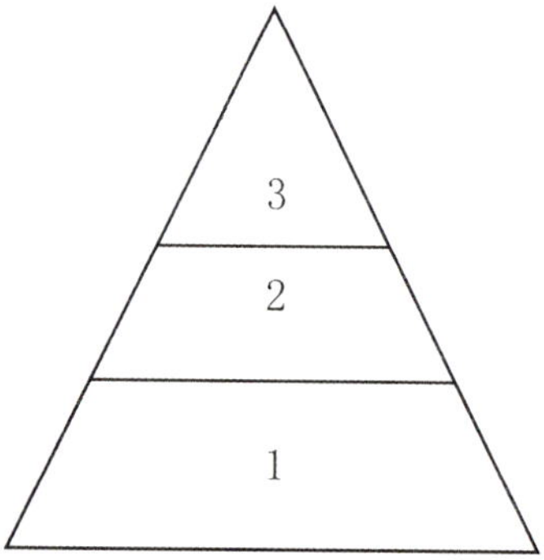

淘营销的第一层次：把宝贝卖出去。

在第一层次，我们的目标是，对于一个有需求意向的买家，通过我们的努力，争取最大限度地把他拿下——成交，实现转化。所以，这一层次的核心是打造高转化率。也就是前面探讨的人性和成交步骤的具体实现，详细内容将在第二部分具体探讨。

淘营销的第二层次：把宝贝卖火卖爆。

在第二层次，我们的目标是，把宝贝卖火卖爆。通过第一层次的修炼内功，实现了宝贝的最大黏性和转化率，现在，唯一需要的就是有更多的人进来看，也就是流量。

必须打开流量的闸门，吸引更多有需求的买家到我们的页面。所以，这一层次的核心是引爆流量。淘宝网上每天有几千万乃至过亿的流量，随意打开一个渠道闸门，其流量都能让一个店铺爆掉。我们需要找到正确的流量渠道。还是那句话，“要到有鱼的地方去钓鱼”。详细内容将在第三部分具体探讨。

淘营销的第三层次：建立自己的鱼塘。

卖家越来越多，自然搜索流量越来越珍贵，流量也越来越贵。人气排名带来的流量，就像靠天收获的农民一样，都在被动地等待老天爷下雨给予恩泽。再者，转化率越来越低，利润越来越薄，到底该怎样解决？有没有一个能彻底解决的思路？

答案是：有。那就是：必须建立自己的鱼塘，培养自己的忠实买家群。

我们发展壮大的思路是，一手抓住老客户不放，一手放手发展新客户。客户越积越多，鱼塘越做越大，靠老客户的不断回头购买，享受最高的转化率，享受最低价的推广，让客户影响其他买家，不断引入新客户，开辟新的流量渠道。

这一层次的核心是如何抓而且抓得住客户不让他跑掉，我们要下钩子，除此之外，还有一些新思路。详细内容将在第四部分具体探讨。

第二部分
淘营销的第一层次
——把宝贝卖出去

任何一个成功的网店，都是先把修炼内功作为最重要的工作。修炼内功要实现什么样的目标呢？争取把每一个到店铺来的有需求和意向的潜在客户拿下！“拿下”的意思就是购买。内功修炼只有更好，没有最好。

Section 2.1 转化率和内功修炼

转化，是卖家最常挂在嘴边的词。所谓一个流量转化了，就是成交了。一个流量没有转化，就是没有成交。**转化率就是购买的人数占来店总人数的比例，其实就是成交率。**

其实，有时候店铺销量小，流量少固然是一个原因，但更主要的原因是转化率低。

假设一天店铺只来100IP的流量，也就是来了100个潜在客户，你能把他们都搞定，理论上你就能成交100单。谁敢说你是小卖家？你还会为每天追求成千上万的流量发愁吗？

你不需要来那么多的流量，来就买，来就转化，这样才叫爽！这点流量很容易做到，也花不了多少钱，除去花费都是利润，多棒啊。这样看来，还是转化率的高低影响了销量。因为转化率低，所以显得流量更少了。

可惜上面的数字只是假设，而且与现实相差得太离谱。淘宝网官方公布的转化率平均在1.5%左右，一些优秀的大卖家转化率做到了2%～3%。

我们需要反思的是：来了那么多人，为什么购买的人却只占这么低的比例，原因何在？

买家只看不买一定是有原因的，可能是图片不清晰、实物看起来不美观、功能不理想、价格不满意、评价不高、信用有水分、卖家不可信、客服说话太难听、买的人很少轻举妄动、怕售后服务没保证、担心路途中会出现问题、担心出了问题卖家不认账、突然没心情买了、钱不够了、时间不够了下次再买……我所能列举的也只是其中的一小部分而已！

稍微有些顾虑或意外情况的发生，买家就会改变主意，最后的结果就是不买。

所以，卖家要实现真正转化，就必须老老实实地把买家关心的这些问题都给提前解决了，让买家和你的交易变得顺畅，变得毫无阻碍。这样，购买的人就会增多，转化率就会提高。提前做的这些准备工作，就是内功修炼。这个功夫是每个掌柜都必须下功夫修炼才能得到的，下的功夫越多，修炼越有成效，转化率就越高。所以，修炼内功的目的是为了打造高转化率。

影响转化率的因素非常多，凡是能够想得到的因素都得修炼。不过，从实践经验来看，并不是每个因素都能起决定性作用，而能起决定性作用的只有几个因素。这的确是个好消息，找到了决定性因素，就可以对这些因素进行重点修炼，修炼成功可以立竿见影。

Section 2.2 转化率公式

通过实践可以发现，影响转化率的关键因素有四个，它们对转化率的高低都有决定性影响。为了方便记忆，我们把它写成了公式的形式。转化率公式是这样的：

$$Y = f(X,Y,Z,W)$$

这个转化率公式是一个多元函数形式，但是我需要先强调的一点是，它并不是用来计算转化率数值的，它仅仅是用来表示转化率和关键因素之间的相互影响关系的。官方能计算出转化率的数值在1.5%左右，到底是怎么算的，没有公开。不过，这个函数跟计算转化率数值是没有任何关系的。

首先请注意一个小细节，Y同时出现在了等号的左侧和右侧的括号内，我们后面再来解释。下面介绍一下每个字母所代表的含义：

等号左侧的Y代表转化率；

X代表宝贝描述；

等号右侧括号内的Y代表销量，销量在某种意义上和转化率是近似的，所以他们都用Y表示；

Z代表口碑，传递出的是信任信息；

W代表客服。

如果把这个公式当成一个函数的话，从这个公式可以看出左侧的 Y 函数值是随着右侧的 X、Y、Z、W 这四个关键因素的改变而不断变化的。当这四个关键因素都做得比较好的时候，等号左侧的 Y 的值也会非常高；反之，就会很低，即来的人多而买的人少。

这四点都做到位是不容易的，真的需要用心“修炼”。

Section 2.3 信誉和价格不是转化率的关键因素

你肯定注意到了，转化率的这四个关键因素中，并没有包含店铺的信誉级别和价格。这或许出乎一些人的意料，在他们的印象中，店铺信誉高低和价格高低都应该是影响成交的关键因素。这些人信奉的理论是，只要店铺的信誉高，生意就会好；只要卖得便宜，生意就会不错。其实，这个理论是站不住脚的。

影响转化率的关键因素有标准吗？关键因素的标准又是什么？

答案是这样的：衡量一个因素是不是关键因素，要从两个方面问。如果从正面问你会不会因为这个因素好而导致你购买，你的回答肯定的成分多，那这个因素就是关键因素。如果回答是“不一定”，则该因素就不是关键因素。再从反面问，因为这个“因素”不好，你就不买了，是吗？回答仍为“是”，这个因素就是关键因素。

我们分别选其中的“宝贝描述”、“口碑”、“信誉”和“价格”等几个因素进行验证。

你会因为“宝贝描述”写得很动心而购买吗？答：会。

如果“宝贝描述”写得很烂，什么有价值的信息都找不到，你会购买吗？答：不会。

所以，宝贝描述是关键因素。

你会因为“口碑”很好而购买吗？答：会。

你会因为“口碑”很坏而购买吗？答：不会。

所以，口碑是关键因素。

你会因为店铺“信誉”高而购买吗？答：不一定。

所以，信誉不是关键因素。

你会因为“价格”低而购买吗？答：不一定。

所以，价格不是关键因素。

不过请注意，价格和信誉仍对转化率有一定影响，上面的验证只是说明它们不起关键作用。由此给我们一个启示：不要迷信“高信用级别”。皇冠店的生意不一定就好，心钻店的生意不一定就不好，好与不好在于经营，跟信誉没有关系，信誉只代表过去。

从现在开始已经是“皇冠遍地都是”了，衡量大小卖家的标准也不是看信誉级别的高低，而是赚钱的能力。如果你的店很能赚钱，就算只是心钻级，你也是大卖家。

价格和信誉不是转化率的关键因素，一方面说明不要在店铺信誉上浪费精力，另一方面也指出应该把功夫都下到关键因素上去。我们先从转化率的第一关键因素开始。

Section 2.4 转化率的第一关键因素——宝贝描述

宝贝描述是转化率的第一关键因素。“第一”说明它是几个关键因素中最重要的。它的重要性还体现在它是其他几个关键因素的基础，所以它也算是“首席”关键因素。

2.4.1 三类常见的不能帮助销售的宝贝描述

宝贝描述是买家了解宝贝全部信息的窗口。买家想要获得的所有商品信息都要从这里获取，买家点开宝贝链接进入宝贝页面所看到的一切都是宝贝描述，从标题到主图再到下面的所有的文字和图片描述都包括在内。

买家看完宝贝描述之后，买还是不买主要就是看你的宝贝描述是否打动了他的心。购买逻辑是这样的：如果宝贝描述打动了买家的心，买家才有可能购买；反之，如果不能打动买家的心，买家是绝无可能购买的。

宝贝描述做得好与不好因人而异，不好的宝贝描述就是不能帮助销售的宝贝描述。

至少有三类不好的宝贝描述：

（1）错误的宝贝描述。宝贝描述还有错误的吗？是的，错误的宝贝描述就是根本不描述，有销量才怪！令人不可思议的是，有些卖家就是把不能帮助销售的宝贝描述堂而皇之地挂在页面里，比如像下面这样的截图。

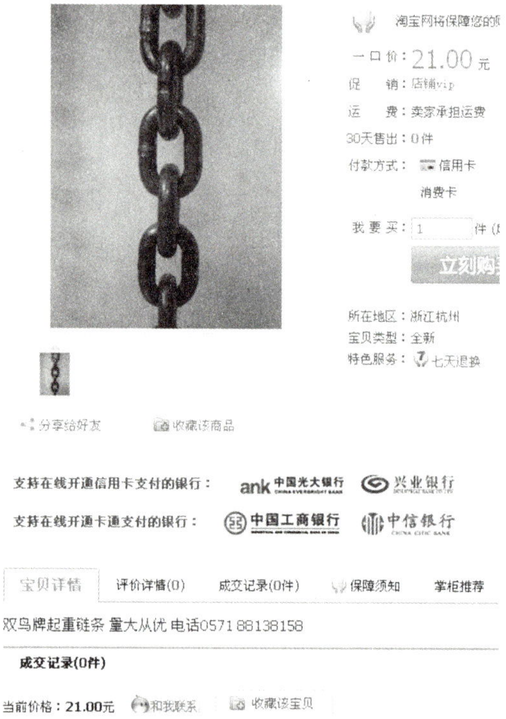

只有区区几十字的宝贝描述，买家会因为这一句话而购买吗？更有甚者，有些掌柜就把标题的文字直接复制到宝贝描述里，没有其他内容。这种描述就是不描述，这种宝贝描述是不会产生任何销量的。

（2）差的宝贝描述。差的宝贝描述就是直接把产品的说明书原封不动地搬上去，一字不改、一字不落。这就是差的宝贝描述。读说明书是在把宝贝买回家之后的事，现在的任务是先抓住买家心理让买家购买。

（3）没有特色的宝贝描述。没有特色的宝贝描述就是人云亦云、别人怎么写我也怎么写，有的甚至是照搬照抄。

你可以亲自做个测试体验一下。比如你想买一款宝贝，用关键词来搜索，搜出来可能是一大堆，逐个标题地点开，最后发现点开的10个页面中有9个产品的宝贝描述都是一样的，你也不知道谁抄谁的。有些买家一气之下，全都关掉，一个不留，哪家的都不买了。因为他感觉到真假难辨。站在卖家的角度看，你的宝贝描述就是不能帮你销售，按我的标准，它就不是好的宝贝描述。

所以，**你的宝贝描述不要轻易地被买家否定，否定就是被关掉。好的宝贝描述应该让买家因为关掉你的商品页面或者没有购买你的商品而感到后悔、遗憾。**至于没有买的原因可能是买卖双方没有谈拢，但是买家是中意你的宝贝（描述）的。

2.4.2 宝贝描述扮演的角色

宝贝描述到底该扮演什么样的角色呢？

好的宝贝描述所扮演的角色应该是超级推销员。

注意这里用的词，不仅仅是普通的“推销员”而是“超级推销员”。大家都知道，推销员是能说会道的，他的伶牙俐齿会让买家动心，买家本来不想买最后经过一番推销可能就买了，每个卖家都对这种推销员非常渴求。我们开网店的也是一样，只是现在角色换了，宝贝描述现在充当的就是超级推销员的角色。

超级推销员不是天生的，都是经过专业、严格的训练培养出来的。与之类似，宝贝描述也需要这样做。所以我们要对自己的宝贝描述人员进行专业的培训和训练。经过培训和训练的宝贝描述人员应该和训练有素的销售员一样，对宝贝的描述很煽情，能打动人心，有助于卖货。

什么样的宝贝描述算人员是训练有素呢？

他应该能够让顾客清晰、直观、详尽地了解到商品的品质背景、材质、功能、优势等各个方面。除此之外，他还应该能够洞察消费者的内心世界，知道他有什么期望，我们怎么去满足他的期望甚至超越他的期望，还应该判断出顾客的疑虑点和抗拒点，并消除他们的疑虑（他们有什么担心我就把什么说出来，并提供解决的办法），把这些障碍都消除之后，买家就比较放心了。

令所有掌柜兴奋的是，好的宝贝描述比超级推销员更胜一筹，因为好的宝贝描述还能同时扮演自动售货员，比起推销员来他不花费你一分一毫，你不用给他发工资发底薪，但它却能够帮您完成自动销售。

所谓自动销售，就是买家根本不用和卖家沟通就直接拍下、付款，他觉得他想了解的信息全部都知道了，不需要跟卖家废话，交易自动完成。这就是好宝贝描述（胜过超级推销员）的威力！

2.4.3 怎么写出好的宝贝描述

大家肯定对这种宝贝描述非常向往，也想拥有好的宝贝描述，那么，自己该怎么写出这种好的宝贝描述呢？

对于前面我们提到的那几种不能帮助销售的差的宝贝描述，有些掌柜可能会反驳说，我们也不是不想写好的宝贝描述，只是感觉写不出来，不会写，无从下手。此刻，这些“头疼”的掌柜的运气来了，经过长时间的经验累积，笔者总结出了一套写宝贝描述的模式，这样就让宝贝描述变得有章可循了。

大家先把一句话装在心里：你的宝贝描述所扮演的角色是推销员，推销员的根本任务是卖货，要把货给卖出去。

要把这句话装到心里，不要天马行空，不要下笔千言离题万里，那不行。必须紧紧围绕“卖货”这个根本宗旨。

这套模式可以归结为三句话，第一句话是以图片为中心，第二句话是从物的角度来描述，第三句话是从人的角度来描述。

有了这三句话之后大家回想一下，你所看过的宝贝描述（不管好的不好的）是不是都符合这三句话？至少有这三句话的影子。换句话说，都能看到这三句话包含的内容所在。

下面我们来分别介绍这三句话。

2.4.4 以图片为中心

有人说淘宝就是视觉营销，也有人说淘宝就是卖图片，其实这两种说法一点都不过分。

清晰直观的实拍图是宝贝描述的灵魂

有时候我们觉得很难下手，写描述无处下笔，那是因为你没有图片。巧妇难为无米之炊。

没有图片，宝贝描述确实很难写；反过来说，如果你准备好了充足的图片，先上传10张，插入进宝贝描述里，看着图你马上就会觉得有话可说了。

有了图之后可以这样做：对着图，就像我们讲解PPT一样，讲解员暂时充当着推销员的角色，你对着PPT解说，此刻你就是“推销员”，想方设法把货推销出去，然后把你解说的话变成文字（可借助录音工具），把他插入到图片前和图片后。

其实，宝贝描述就是图片加文字解。

按照上面的思路，图片有了，解说词变成了文字，宝贝描述的框架也就出来了。

如何激励摄影师拍出好图片

前面说过，淘宝就是卖图片。所以，图片就是帮你赚钱的工具。投资在能为你赚钱的工具上，非常值得。有一部分卖家是自己摄影，也有一部分卖家是外包。摄影是一种艺术，属于创造性工作，需要灵感。作为店主，**如何能帮助摄影师找到灵感，是你的本事。**

我经常见到一些卖家做事方式不对，钱花了，却没有得到自己想要的结果。拍出的照片也许自己当时挺满意，但就是货卖不出去。为什么会有这个结果呢？

这就是错误的理念加上错误的表述导致的。

错误的理念是什么？就是你总觉得你花了钱，摄影师就得听你的，完全按照你的要求去拍摄。

错误的表述是什么？就是你说话的时候，会给摄影师传达这样的信息：“我不满意，拍了也是白拍”。

所以，最终摄影师会为了应付你而拍摄，只要你满意了，他就可以拿到钱了。他不需要考虑结果，他也不会再考虑结果。摄影师的心里和眼中只有你，他满脑子在想如何过了你这一关，这样的话思考点就偏了，灵感也偏了。

下面以我的亲身经历作为案例，介绍一下我的做法。

先从拍广告片的故事说起。

我拍电视购物广告片的时候，和对方谈好了价格是7万5千元。

在开始拍摄时，我又重新跟他谈了一下。我说，现在的价格是

7 万 5 千元，我准备给你 10 万元，等于增加了四分之一的预算。

对方一听很惊讶，继而表现得很高兴，问我有什么要求和条件。

我说，我没什么要求，就是希望你好好把这个片子拍好，你不是给我拍的，也不用想着应付我。电视购物片你也知道，就是靠片子卖货。如果片子拍的不卖货，你的拍摄费我赔了不说，还会大把大把地赔电视台的广告费。广告费可比拍摄费贵多了。所以，我的要求就是这个片子要能卖货。

要拿到另外四分之一的款项是个条件的，就是当销售额做到了 100 万的时候，我会给你另外四分之一，这 2 万 5 千元是我答应的。除此之外，另有重谢。

还有，这个片子如果很卖货，我答应你可以拿出来宣传你，让你成为“名导”，以后客户可以源源不断。但是，如果这个片子不卖货，那个 2 万 5 千元你一分钱也拿不到，甚至在 7 万 5 千元里我还要扣一部分。

本来，拍好片子是他应该做的，“因为我付钱了”。现在，只要他做得好，还有额外的名和利的双丰收，自然他的动力就更足了。

我明确地告诉他，咱们是为了一个共同的目标，你做的活不是为了让我高兴，也不是为了过我这一关的。谈完之后，他连续熬了几个通宵修改“剧本”，增加了演员，配音员用的也是一级的，3D 动画也改进了不少，最后出来的广告的确表现不俗。可见，人的积极性被调动起来之后做事的效率是完全不一样的。

在后来接触的业务中摄影居多，摄影比摄像更难，拍好图更需要灵感。我是一个不懂摄影的人，所以当有这方面业务的时候，只能外包。虽然我不懂，但我知道自己想要什么，同时我还得把自己想要的结果一遍又一遍地灌输给摄影师，这样我们的目标一致，我才能更好地启发他的灵感，在激励方式上也如法炮制，激励摄影师拍出好图。

有一次，要拍奶酪月饼的图片，找了好久，终于找到了一个可能对拍食品有见地的摄影师。

从网上看他的案例图，也算很馋人，但不知道是不是他拍的。经过一番沟通，从感觉上判断，他应该有过 5 年以上的拍摄经验，于是决定再进一步接触。正式交谈后，我们谈到了价格，他报了价。他报的价格还算公道，我不想因为砍价影响他的情绪，不仅如此，我还让他惊喜。我说，老板交代我一定要砍价的，但是我怕砍价影响了你的发挥，你确定你能拍出我想要的效果吧？你不是为了应付我，这个东西一定要让人看一眼就得流口水，有想吃的欲望，我不跟你砍价，你能保证结果吗？他肯定地点点头。

我接着告诉他，这些图是某个大卖家用的图，这个大卖家非常有影响力，这个行业都以他们家为标杆。如果你的作品很好，我们会帮着宣传你的名气，而且还同意你把我们作为样板客户，以后这个行业里的业务找你的就会很多很多，这对你的名气提高非常有好处。还有，你刚才的价格我不仅不还价，你只要实现咱们共同的目标，我另外再给你加500元。

他顿时变得有些激动，略有所思，又感觉在摩拳擦掌。

拍完之后，我坐在他旁边看他剪辑，并不断地强调要让人看着好吃的话。图片大概处理过半的样子，他突然说，我知道该怎么拍了，我来灵感了，这些图都不要了，都重新拍。

“咔嚓，咔嚓，咔嚓”，三下五除二，几分钟过后，照片就出来了，新拍的照片比起刚才PS过的照片来，一个像“天仙”，一个像“村姑”，天壤之别。

这样的照片凭什么不卖货呢！重复一下这句话：激励摄影师的灵感是你的责任！

掌柜定位：你能赚多少钱取决于你在干什么

有个卖衣服的店主，自己当模特。因为自己长得还不错，加之聘请的模特总不能让自己满意，后来干脆自己上阵，当起了模特，这样也确实省了一笔模特费。

当我们用头脑风暴法分析她的店铺时，看到的照片总感觉很别扭。后来经过辨认和确认，发现照片里的模特就是老板自己。

只见她戴着墨镜，宽大的衣领遮住了半张脸，不仅脸小了，认不出是谁，而且模特的这种表现，把衣服映衬得也降了档次——实际上她店里衣服的定位都在千元以上的高端市场。

老板的心思大家都知道：不想被人认出来。

具体原因是什么，不知道，有可能是怕上镜，也可能是怕羞，还可能是怕人认出来这就是店主。但不管是什么原因，在图片里，穿着衣服的那个人只有一个身份，就是模特。既然是模特，就得做好模特的角色。

我们完全站在买家的角度看问题，我们是一群准备掏钱购买商品的人，我们不管模特是不是老板，而只考虑商品是不是我们所喜欢的。

当我们尖锐地指出这个问题时，老板脸上有点挂不住了。她没觉得这是个问题，只知道转化率不高，也就是流量不小，但买的却不多。她没听人指出过这个问题，也没人敢说这个问题。

在这里讲这个故事，就是为了说明店主角色的问题，也就是店主定位的问题。

不光是店铺需要定位，店主本人也需要定位，而且店主个人的定位比店铺定位更重要，因为你才是对网店发展壮大唯一负责的那个人！

我并没有反对店主当模特，我只是想说明，处在哪个角色，就要演好那个角色，而且要忘掉一切地演好那个角色。但因为你的角色不是那么纯粹，所以注定了你不可能“忘掉一切”地投入。毕竟，你还是店主——这家网店的最高领导人，即便你做得不好，也没人说，不想说，不愿说，或者是不敢说。

与当模特类似，另一个令多数店主着迷的工作就是摄影，除此之外的工作还有店铺装修、亲自 PS 设计作图等。

其实，这些工作都是可以找人代劳的。而且我相信，别人做得会比你好。

即便别人做得不如你，也还是一件好事，你可以指出来，并要求改进。

但是一旦你亲自去做了，就只有参与者，而没有裁判了。

当你的网店比较小的时候，你可以去学那些必需的技术，也可以亲自去做。目的是为了要自己会，是为了将来能好好地用人和管人，不被糊弄。再者，网店刚开张的时候，业务不是很多，有时间去做这些。

但随着网店的进一步发展壮大，如果店主还一味陷入在这些具体的工作中，就会阻碍网店的发展了。店主必须解放出来，从“用手”转向“用脑”。

店主的定位最好是管营销，其余的事要么外包，要么找人做。这样转变的好处有：

（1）只负责营销，用的是脑，琢磨的是买家的心思和需求，更贴近消费者。

（2）别人做的工作是否是从营销的角度来设计的，由店主最后把关。但是如果店主亲自做这些事，就没有把关人了，别人也不敢轻易否定老板亲自设计的东西。再者，自己亲自做的东西，有感情在里面，这样最容易犯主观错误，被情感因素蒙蔽双眼。

（3）你必须对网店的未来负责。对网店未来负责的是你，而不是别人，也不能依靠和依赖别人。你必须不断地学习，多用脑，少动手，多思考如何将店铺做大。

定位为营销人的店主，整天琢磨的是买家的心理，自己的宝贝描述该怎么改进，又要策划什么活动来进一步提升销量，老客户的回头率如何，如何回馈更多的老客户，新的需求是什么，如何结合新需求开发新产品占据市场优势，等等。这些工作比拍照有意义得多！

2.4.5 从物的角度来描述

你用照相机从各个角度为宝贝拍摄特写，先局部后整体，或先整体后局部，这样就得到了很多图片，然后你就对这些图片进行讲解，说一下你看到的内容。当然，说出的这些话一定是你非常熟悉的而买家不知道的，且是买家需要知道的（商品知识和细节）。

把这些话变成文字，跟在图片的上面或下面，文字不要太多，几句话就行。如果太多，密密麻麻，买家就不喜欢看了。没人看，就等于没写，何苦的呢？所以，注意不要堆积文字。

从物的角度来描述时基本上就是就事论事，就物论物，这是一般做法。下面我再告诉你诀窍。从物的角度进行描述也是有诀窍的。

如果你不掌握一定的诀窍，可想而知，就会出现这样一个局面：比如同一件宝贝大家都在卖，都在拍，你换不同的角度拍，他也换不同的角度拍，但是不管怎么拍东西还是一个，图片内容也基本差不多。下面的图就是从物的角度描述的一个例子。

从外到里，翻来覆去，就这些东西，下面的图就是分解部件后拍得的图。

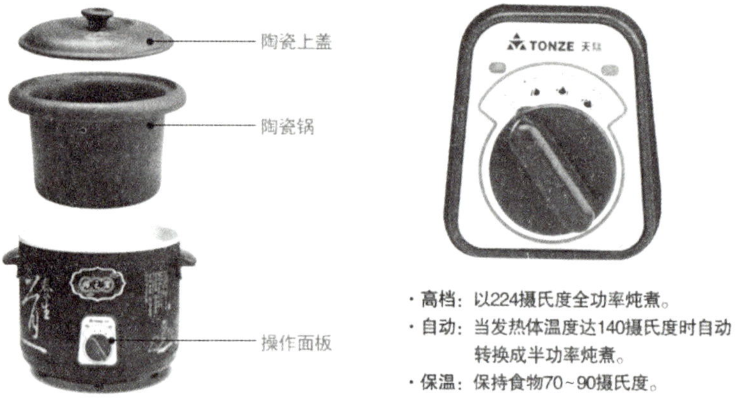

总共就这些东西，就图片来解说也基本上差不多，解说的话也基本上差不到哪里去，所以最终大家的宝贝描述都有点雷同的感觉。这是因为你没有自己独特的东西。

我们从物的角度来描述宝贝时，也要加入自己独特的东西，这就是诀窍。诀窍是什么呢？**诀窍就是描述的时候一定要投入自己的感情。**

现在有很多掌柜来做代销，请别人来代发货，而自己手里并没货，也没有接触过实际货物本身。这种情况下可以说，他对这个货没有什么感觉，我很难想象靠他自己能写出很好的宝贝描述来，可能多半是直接“借用”别人的。

实际上，只要你认真地试用过你卖的商品，你就会有话可说。只要有接触就会有感情，只要有感情就会有话说，不妨把这些故事给大家讲一讲、说一说，说不定你的哪句话正好说到买家的心坎里了，凭这一句话他可能就会购买。

所以这个诀窍就是一定要投入感情。投入感情是一个杀手锏，同时也是区别你与其他卖家所写的宝贝描述的一个重要武器。

2.4.6 从人的角度进行宝贝描述

有时候我们卖的东西比较简单，翻来覆去地拍也只能拍出那么几张照片，你不可能把里面的零部件拆开，这个时候我们就要从人的角度去进行描述了。

其实，从物的角度描述可发挥的空间非常有限，但从人的角度来描述可发挥的空间就非常大了。不夸张地说，有多少创意，有多少思路，就可以有多少种宝贝描述。

因此，从人的角度来描述要比从物的角度来描述难得多。但不可否认，这种描述非常有杀伤力。

从人的角度来描述，首要的是提炼卖点。

买家买一个东西总是有一定目的或是为解决某方面需求的，总是有一套自己的想法的，梦想着用它来做什么……我们的描述就是要紧紧地扣住他的目的、他的需求、他的情感、他的梦想。**你的产品能够帮他解决的最核心的问题就是卖点。**

第一部分曾经指出过，是人就会有欲望，欲望的体现是多方面的，可以是物质欲望，也可以是精神欲望。比如食欲，再比如贪吃的、爱美的、爱面子的、喜欢耍个性的、有好奇心的、爱哭爱闹爱生气的，有上进心的，有孝心的，有爱心的，等等，数不胜数。所以，从人的角度进行宝贝描述可以发挥的空间比较大。

我们对比着举个例子。比如说，你准备上一款新品衣服，这款衣服的特点是穿起来感觉很 Sexy（性感），面对这样的一个描述任务，如果要是从物的角度来描述这款衣服，无非介绍一下它所用的面料（棉的或者是涤纶的），从颜色角度也就是那么几种颜色，从款式角度也就是那几种款式，所以如果单从物的角度，拍来拍去就那么几张图，说来说去也就那些话。

但是，你要是从人的角度来描述，可变化的范围就比较大。比如同样一件衣服，可以换在不同人的身上穿，可以换很多人，每一个人穿起来都会有不同的感觉。接着，可以找看起来比较性感的模特来穿，性感的衣服配性感的人，一拍即合，效果奇佳。多换几个人，我们可以拍得的图就可以比较多。

接下来，我们可以从这个角度去思考和琢磨：她买这款衣服是干什么用呢？她这个人肯定有这样一些追求：爱美，显得与众不同，追求回头率。

我们就可以从这个角度来描述：“某某某（或者是自己）刚设计出这款衣服，穿上这款衣服得到多高多高的回头率，都说穿着这款衣服实在太美了”。如此真人真事般地描写，就如买家身临其境一样，就如将要发生在自己身上一样，那个意境实在太美了，太令人享受了。**一定不能小看文字的力量，不能吝惜笔墨，有时候一行文字能让一个女生感动得流泪，哭着喊着把宝贝买了回来。**这样的故事很多，不新鲜，但都是文字发挥的功力。

选定一个买家最关切的角度来描述，一连好多话，一连好多张图片，因为她的梦想就是穿上去有这种感觉，要追求这种效果，现在你正好说你也有这种体验，可能正好就说到她心坎里了。

这种表述杀伤力就很强，很有效果。

下图中所展示的就是这样的例子。

服装描述

非常特别的开衫，经典的无扣设计增添典雅的气质，弹性相当好。两侧的肩部是加密效果，相当有明星气质。后片的下半部是弧形设计，款式非常活泼，可爱。相当显腰身，换季的时候穿最适合。舒适的针织开衫是时尚达人凸显好品味的热门单品，在早秋早晚天气渐渐转凉的时候穿上街头最合时宜。超温柔的材质加上简单的选色，赋予了针织衫稳重优雅的好印象。再加上易穿又好搭的优点，让杰西卡·奥尔芭（Jessica Alba）、瑞切尔·贝尔森（Rachel Bilson）、希拉里·达芙（Hilary Duff）、惠特妮·波特（Whitney Port）、阿什丽·提斯代尔（Ashley Tisdale）等一众欧美女明星都将针织衫视为心头好。

本来是件衣服（物），而左侧的图就加进去了人的成分，穿在人身上的效果立即体现了出来。不仅体现了效果，还把这种效果渲染了一下，右侧的文字在大力描述穿上这款衣服有“明星气质”、“显腰身”，一下子就把追星族的欲望激发了出来。

再重复一下：卖点就是联系人性，激发人的欲望。她对某件衣服（物）本来没有很强烈的欲望，你要通过你的描述，把她的欲望激发得无比强烈，最终使她一咬牙，买了！

有效的，才是最好的。宝贝描述要紧紧围绕着卖货这个根本目的去努力。

2.4.7 造势并借势

我们经常可以听到这样的话，“势不可挡”，“形势比人强”。势其实是一种力量，无形的力量，但这种力量很强大。在市场营销中，**“势”是通过文字、图片、音频、视频等各种传播媒介向买家传递信息，而这些信息能够对买方的心理产生一定的影响力，通过影响买方的思想造成其心理有所变化，并最终有所行动。**

常见的势有以下这几种：

（1）销量势。

（2）实体势。

（3）火暴势。

常说的“造势”，说的就是一旦形势对你有利，马上要抓住机会，造出更强的势并加以利用。晚了，就会“大势已去”，失去良机。怎样造势并利用呢？

比如说，你的某款宝贝月销过万件，就可以把海量的交易记录截图上来，在店铺内的各个角落加以宣传。月销过万的这种交易记录就会给买家造成一定的心理影响，并使其思想和行动都会向着有利于购买的方向变化。

买家会想，你所卖的商品的质量一定很棒，要不然不会有那么多人来购买；买家会想，卖家一定人不错，要不然不会有那么高的人气（这些想法就是“跟风”的根据）。这其实是通过其他人对这个买家造成的一种间接影响。

这种造势的图可以放到宝贝描述中，也可以增加描述的篇幅，延长买家的阅读时间。

2.4.8 宝贝描述的长度

不同的人，宝贝描述的写法会不一样，长度也不一样。我们认为，好的宝贝描述是对时间有要求的。**一款好的宝贝描述，在时间长度上应该是5～15分钟。**

听到5～15分钟这个数字，多数人可能会惊讶，有的人觉得5分钟还可以做到，但15分钟他会感觉到有两个疑问，一是我哪有那么多话可说？二是写那么长有人会看吗？

我们先来解释一下第二个疑问（写那么长会有人看吗？）。我告诉你一句话，这也是你自己作为买家会有的亲身体验：

如果你愿意掏钱去买某样东西，你就不会吝啬多花点时间去了解它。

既然如此，5～15分钟内首要的任务是要牢牢地抓住他的注意力。只要他的注意力不转移，我们就可以慢慢说服他（让他心动）。

要牢牢地抓住买家的注意力，并不容易，需要不断地变化描述的角度，而不能总重复一样的图和一样的话。

这样做比较妥当：粗略浏览一下，整体印象是图文并茂；细细品看，图一幅接一幅总在不断变着新花样，不重复，每一张图都有一定的新意，只有看到再下一张才能看到再下一张是什么内容，让买家有着期待感。这样，买家就会跟着你的思路走了。

你可能还在疑惑：长度为5～15分钟之久，买家会有耐心这样看下去吗？答案是肯定的。

其实，你描述的多，看不看是他的事，但写不写那么多则是你自己的事。记住这句话：如果他愿意买他就会花时间去看，没有耐心看他一定也不会买。

我得告诉你，要求5～15分钟的时间还有另外一种目的，就是留给潜在买家思想转变的过程。也就是说，在这段时间里，让他的信心由不足变得很强烈！

买家信心的增加来源于信息的获取和累积，累积信心需要一定的信息

量做支撑。而且，获取的正面信息越多，信心增加越快，当信心累积到一定程度的时候，他就敢于行动了。

实际上，当我们的描述很长时，买家可能也看不完，可能只看到前面3分钟的时候已经决定购买了，后面的内容就可能不看了，因为你提供的信息量超大。

买家可能没有时间看完，也可能没有耐心看完，但看不看完是他的事，我们要做的是宁可让他看不完，也不能不够看。这个原则就是让他看个够，宁可让他撑得慌也不能让他吃不饱。对时间长度的这种要求，恰是体现了对该原则的遵守。

前面我们留有一个疑问："我哪有那么多的话可说，我无话可说，我无话可写"，对于写15分钟的内容感觉很困难，甚至很惧怕。

这样来解决这个问题：图片多拍些，本来要求10张图片的，现在增加到20张，如果20张还不够，那就再增加几张，总之，话不够图片凑。先从物的角度描述2分钟，再从人的角度描述3分钟，这5分钟就可把"干货"都描述出来了。然后再多换几个人多拍几张，多描述点，多讲一些故事，再弄个真人秀，再摆上一些评价的截图和聊天的窗口，最后再加上一些造势用的图，最终你的这个描述篇幅也会很长。如果这还不够的话，再加上一些承诺、快递说明，甚至再加些关联宝贝。这样，你的宝贝描述看5~15分钟是没问题的。

我们再强调一下为什么要这么长时间。设想一下，如果你的宝贝描述只有一分钟的信息量的话，短短的一分钟之内他还没来得及思想有所转变，心动还没转化为行动，信息就已经完了，从结果来看很不利于他行动，买家自己都没有说服自己购买呢！所以，信息量足够大就是给他足够的信心并留有思想观念转变的时间！

Section 2.5 哥卖的不是商品，是梦想

什么样的描述最有杀伤力？只有把话说到买家心坎里。买家心坎里最想要什么？是他梦想的结果。

我们要想把宝贝卖掉，必须完全地、百分之百地从买家的角度看问

题。在卖家眼中只有商品，但买家购买商品并不是最终目的，商品只是实现他梦想的载体。所以，我们要从单纯的就物卖物变成卖梦想，这个梦想就是买家想要的结果。转变之后，我们就与买家的心贴得更近了，我们就是在卖他们想要实现的梦想，或者叫结果。

这个时候，你才发现宝贝描述中“描述”二字的真意所在！其实，不仅仅是“描述”。更要“描绘”。梦想需要描绘，结果需要描述，但不管怎样，都是用文字或图片或其他方式的提示，让买家自己产生无限美好的联想，沉浸在其中，使他愿意为此花钱。他买的就是这份感觉。所以，描述什么呢？**买家想要什么，就描述什么。**

如下图所示，从卖家的角度看，卖家卖的就是“翘臀垫”。

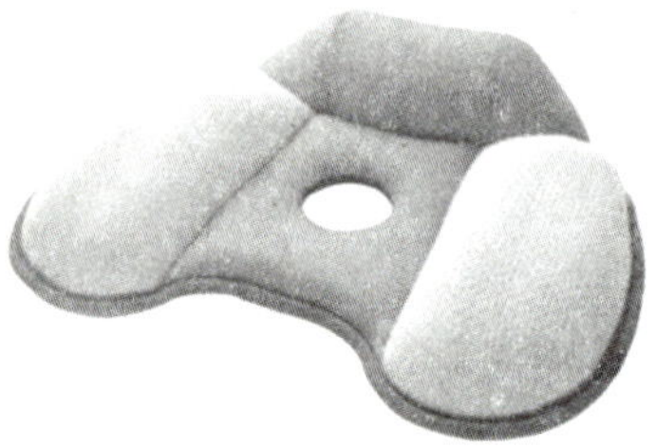

而从买家的角度看，买家肯花钱购买，是为了实现“翘臀”的梦想（结果），如下图所示。

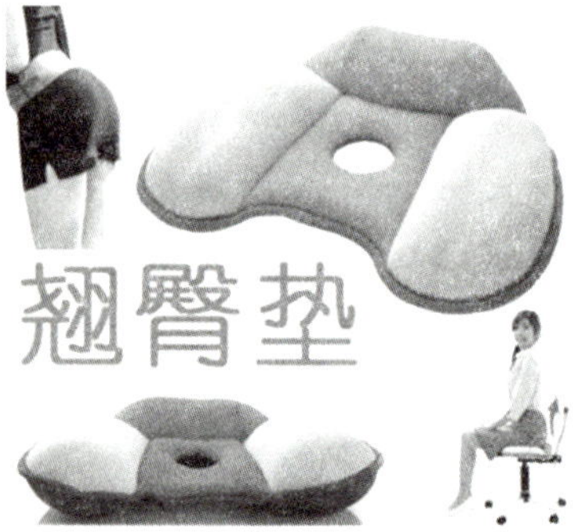

其实，说“描述”这个词也好，换成“描绘”这个词也罢，都是让买家对自己想要实现的梦想或结果有个直观的感受。通过对视觉的刺激，勾起了自己潜藏在内心的欲望，而且这种欲望可能会随着你的描绘的深入而加强，最后到了难以控制的地步。

再看一下前面图示过的电锅的例子。从卖家的角度看，这就是一款炖汤锅。但从买家的角度看，买家肯花钱购买，是想实现烹饪美味的梦想。比如，下面的图分明已经看到美味了。

看到这种引导性的联想图（描绘）后，买家就会把这个锅和美味联系起来，同类的锅摆在一起，买家就会选上面的锅。

再比如，卖家卖的是零食，买家想要的却是吃在嘴里的美味的感觉。所以，零食的卖法就是通过诱人的图片把买家的馋虫勾出来，让买家流口水。传递美味信息的手段有图片、视频、声音和文字。只有买家流口水了，想吃了，才能卖出去。

再比如，卖家卖的是减肥产品，买家想要的是减肥成功后苗条的身材。减肥产品卖的不是减肥原理！所以，我们看到电视广告上有效的广告总在这样诉求：瘦这里（指着肚子上的赘肉）！瘦这里（指着大腿上的赘肉）！瘦这里（指着小腿上的赘肉）！不需要解释任何减肥原理，只要你想到需要哪里瘦，就会想到这个减肥产品。能被想起，才是有销量的根本保证！

再比如，吉祥物卖的是什么？吉祥物是买家购买的平安寄托。吉祥物卖的不是石头，不是玉，不是铜，不是材质，是美好的愿望。全家老少幸福安康，远离事故，出入平安……

再比如，化妆品卖的是什么？是漂亮的肌肤，漂亮的脸蛋，迷人的笑容。

这里我们也讲两个反面案例，一个是礼品锅，对新品的研发和设计有借鉴意义，另一个是“猫头鹰”室内饰品，对推广会带来启发。

下图所示的就是礼品锅。作为锅，它跟普通的锅功能一样，能做饭。但它的卖点不是功能，而是“礼品”。说白了，这种锅卖的是图案。

既然是卖图案，我们就要站在买家的立场上看买家喜欢不喜欢。如果最终的用户不喜欢，也不会有人拿它当礼品送人的。

从图中可以看到，锅底是龙腾图案。我接触过几个收到该礼物的用户，他们都把它放在家里，搁置在那里，基本不用。为什么不用呢？是不好用吗？不是。

他们说，不喜欢用，用了心里会觉得不舒服。这是什么道理呢？

有人说，我们是龙的传人，我们自己每个人都是一条龙。把这个锅放在火上烧，看着龙在火上被烤，不是在烧自己吗？

还有个人说得更直接：我就是属龙的，我们家有三个属龙的，是烧锅，还是在烧我？

可见，**一个产品在设计的时候，不仅要考虑功能性，还要考虑文化感情因素**。如果我们换个思路，比如锅底上不是龙腾图案，而是美味佳肴图片，让人看一眼就垂涎欲滴，选出最常见的10道家常菜，就可以做出20个款式的锅。用户在看到图案的时候，它马上就联想到了美味，而这锅就是马上将要吃到的美味的载体，用户就会非常喜欢用它做饭。

仅仅变了一下思路，不仅可以避开文化感情带来的不快，还能让用户更喜欢。下面这个图里的“猫头鹰”饰品也是文化方面的，它在推广的时候碰了壁。

某店主从国外回来后就开始卖室内装饰品，在众多饰品中，对这款猫头鹰饰品情有独钟，想把它打造成镇店之宝，开始大力度推广，投了不少推广费，但销量却少得可怜，赔得很惨，她问我原因。我看了流量、关键词、宝贝描述，都没啥问题，但就是没人买。

少量的几个买家，和他们交流后也没有获得什么有价值的信息，她们就说是“喜欢”。大多数的买家只看不买，也没有留下任何可以跟踪和联系的信息，所以并不能找到不买的原因。不过转念一想，有了一个基本的推论：只有少数买家喜欢，就有可能是大多数买家都不喜欢。所以问题可能出在这里。大多数买家为什么不喜欢“猫头鹰”这个室内装饰品呢？我作了一番了解。

原来，在民间，猫头鹰有个别名，叫“夜猫子”。老百姓提到夜猫子，马上就想到了几句顺口溜：“夜猫子进宅，好事不来”。人们把猫头鹰看做是不祥之物，避之唯恐不及，谁还会主动把它买回家呢？当成饰品，还要天天看，岂不是跟自己过不去？

看来这就是原因所在——推错了产品。店主从国外回来，一些西方国家的人对猫头鹰有好感，而大多数中国人正好相反，这就是由于文化差异而造成营销失败的一个例子。

Section 2.6 消除买家的购物风险

购物中的风险就像一道高高的门槛一样，把大批的买家挡在了门外，只有少数胆大、腿长的能进来。如果你肯降低门槛，买家就会像潮水般涌进来。

2.6.1 买家的风险和卖家的承诺

有些时候，即便是你把宝贝描述写得天花乱坠，也把买家的欲望激发得足够强烈，但还是会有一些买家犹豫不决，不能立即做出购买决定。这到底是为什么呢？

我们需要先找到买家犹豫不决的真正原因，再对症下药，激励那些感兴趣的人立刻采取行动。

经过分析发现，买卖双方在进行交易之前，一方总是要求另一方（不管有意识还是无意识）去承担大部分或所有的交易风险，通常情况下，是买家承担。为此，买家不得不慎之又慎，反复考量卖家。

买家最为担心的风险有：如果我收到货后不满意可以退货吗？你会退款给我吗？你会推三阻四吗？邮费谁出？路上的风险算谁的……每一个风险就像一道门槛，每一道门槛就把一部分买家挡在了门外。在面对这么多风险的时候，让买家自己来承担这些交易中的风险，买家通常的反应就是：不买。

如果我们想让买家和我们顺利地、没有顾虑地交易，唯一的办法就是消除买家的交易风险，风险由卖家主动承担，让买家购物真正零风险。

卖家把买家最担心的风险列举出来，并承诺这些风险都由卖家来承担，如果交易后果真出现了问题，损失由卖家支付，买家是零风险的。这一套策略，我称之为零风险承诺。

零风险承诺可以在任何交易中消除买家的风险，当你消除买家的风险时，你也荡平了阻拦买家购买的所有门槛，在这个策略中，你必须做的就是承担你和买家之间的所有风险。让他们知道你的承诺：如果他们不满意，你就干脆退钱给他们，或者免费重做这些工作，让他们满意。

买家得到了保障，心里更有底了，但它反映的却是卖家对产品的信心，不由得买家不折服。

2.6.2 减肥商品的零风险承诺

淘宝大卖家思妍美度写过一篇关于减肥商品的零风险承诺文案，堪称经典，甚至可以当做模板，只要稍微改动就可以用在自己的行业。笔者对此未敢改动一字，老老实实转述如下：

不减不要钱，减肥零风险

有一点，我必须要说明，全世界任何一种减肥商品都不可能适合所有的人。无论这种减肥商品是什么配方，是什么原理，是什么价格，只会对其中一部分人有效。好的减肥商品只是减肥率比较高而已。淘宝上有很多热销的减肥商品，有的好评如潮，但差评也非常多。这不能因为有了差评就说人家东西不好，只能说明再好的减肥商品也是因人而异。

这就让很多买家不知道该如何选择。什么样的减肥商品才是适合我自己的呢？难道要把减肥商品都买回来一一试验么？要是这样非把自己吃破产了不可。

基于此，本店推出了"零风险减肥体验"活动。如果你服用了本店推荐的减肥套装在5天内没有一点效果，请把商品退回，本店收到退货后，无条件、立刻、100%退款给你。来回的发货邮费全部由本店承担。

你收到包裹后，请你先服用试用装，是5天的量，正装商品不要拆开，5天无效请把正装商品退回。

淘宝上有很多店有无效退款的服务，但都是让买家承担来回的邮寄费用。本店认为，没有让买家瘦下来，虽然是在可以理解的概率之内，但却没有理由让买家为此付出一分钱。

所以，5天，如果你服用后没有效果，请你理直气壮地把商品退回本店，本店无条件地给你全额退款（你在本店购买的商品款138元+退回的邮费10元=148元），而且我不会问你任何问题。虽然在网络中，你看不到我的表情，但请相信，退款的时候我是面带微笑的，如果没有微笑，那是因为我的商品没有帮到你而感到遗憾而已。

你没有一分钱的损失，没有任何的风险。我对自己的商品有信心，对自己的服务有信心。

本减肥套装是2008年末的最新配方，在原来的配方基础上加进了抑制反弹成分，售价为138元（包括邮费）。商品是不议价的，请朋友们不要在价格上浪费时间。我觉得，如果帮你减到标准身材，看到你华丽的转身，要138元有点太少。但如果没有帮你减下来，要1分钱，我都觉得太多。所以，请你立刻开始体验你的变身之旅吧！

案例中用无效退款的方式来消除顾客的障碍，用“承担往返邮费”与其他“提供无效退款服务”的卖家拉开距离，让顾客感受到卖家对产品的信心。总之，上面的说辞，让人说不出拒绝的理由，人们就会接受它。

当你使用零风险策略时，基本上你就是告诉买家，他们再也不会做出错误的、不好的、危险的决定，这是一个很强的诉求点，会让任何原来有防备的买家卸下武装。原来只是有中等兴趣的人，可能会因此成为热心的潜在客户，它会使人们在同行业竞争对手中选择你。

在这个“零风险 + 回报”策略中突出了：“即便是退货也可以保留赠品并负责来回的邮费”，这样的承诺让买家感受到了卖家对商品的信心和对他们的诚意。

2.6.3 客服中的零风险承诺让成交率提升了3倍

任总是卖把玩用品的，在听我讲完零风险承诺后，他晚上回到家后就立即进行了试验，结果让他大吃一惊。据他介绍，平常生意多在白天，销量一般，来问的多，但真正买的少。听课那天回去后很奇怪，在前后一个多小时里，来了4个咨询的买家。咨询的问题基本上还都是常见的那些，跟平时没多大区别。

把玩品虽然没有古玩贵，但是其稀有性也决定了这些商品的价格不菲，动辄数千数万的价格很平常，买家肯花这么大的价钱，其爱好程度可见一斑。但这么贵的价格不是小数目，在喜爱的同时，更担心买回来的不是在网上看到的那张图中的物品，也就是实物与照片不符，不仅金钱会受到很大损失，情感上的打击也让人难以接受。

听完零风险承诺后，任总改变了以往客服时的说辞，完全站在买家的立场上，让买家感觉不到有任何的风险。他说：“亲，你现在看到的这张图，是实物拍摄的，我的拍摄技术不太好，所以光泽都没有显现出来，你将拿到的实物只会比照片中的更好看，我店里每样玩品就一个，卖完立即下架。如果你拿到实物后，发现不像我说的那样——实物比照片更好看，我将立即、完全、100%地给你全额退款，邮费也由我出。本店已经加入消保了，如果我的承诺兑现不了，你就到淘宝投诉我，让淘宝赔付你！如果你发现这是假货，或者以次充好，我承诺东西白送给你，你的钱也全额退给你，再赔偿1万元给你。这些都是我的承诺，如果我说到没有做到，你可以用这个聊天记录当做证据找淘宝要说法，甚至可以请求淘宝封我的店!”

“用了这番铿锵有力的承诺，我也觉得对自己的商品更有信心了，那晚上的4个咨询的客户，拿下了3个，以前晚上从来没有卖出去过东西，我兴奋得晚上都失眠了——因为利润很不错嘛，呵呵!”任总说。

2.6.4 实体店因零风险承诺销量提升40%

零风险承诺不是只写进宝贝描述里挂在那里，上面你看到了其在客服中的应用对成交率的提升有很大的帮助，它也可以用在线下实体店里。看完后这小节你会得出这样的结论：**零风险承诺可以用在任何场合，只要有交易的地方，都可以使用。**

学员苏阿姨参加完培训课程后，极力邀请我去她们实体店参观。我明白，她是想让我和她老板谈谈。因为在她看来，外人的营销观点，她老板更能听进去。她迫切想改革，因为她看到老板太累，而且效益一年不如一年，手里拥有很多资源，但这些资源不仅不能为公司赚钱，反倒成为了负担。

某日，我抽空去了她们公司，在苏阿姨的带领下，参观了她们的三个门店。她们公司从事花艺事业，业务非常多，在一楼商场入口处还有一个花店。虽说该花店是独立核算，过往的人流非常多，但该花店也只是略微赢利，碰到淡季可能还会赔点钱。

其他业务的门店参观完后，我支开了苏阿姨，就专门在花店里，想探探花店能不能赢利的究竟。我跟卖花员小姐聊了一下，问大概有多少人看过后有一人买，她回答：“20人左右”。我惊讶了一下，这样的转化率也太低了吧，快跟网店的转化率差不多了。

在我印象中，来花店看花的，两个人中也要有一个半购买吧。

她说，多数都是只看不买。我问原因，她说不知道。可能是路过的多。

我满腹狐疑，认为大概不是人流少的问题，而是售货员水平的问题。

我待了半小时左右，大概有五六个人进来，观看并询问，拿起又放下，最后离开。从表情看，脸上似乎略带遗憾。

我快速地思索着：刚才买家的问话及“遗憾的表情”分明表示很想买，但是却不敢行动。因此，我基本上可以断定：买家的确很喜欢，但是有顾虑，担心拿回家养不活，怕很快死掉。

拿定主意后，我就跟售货员小姐说，再有客人进来，你在旁边辅助，我来跟客人谈，她满脸疑惑，不知道我想干什么，不过很快就微笑着点头答应了。话音刚落，又进来一对男女，年龄在三十五六岁的样子，他们的关系很难判断，不过却也过了买玫瑰花的年龄了。

果然，女士朝着一盆仙人球走去，端起花盆慢慢端详。看了一会儿，她放下仙人球，又端起了另一盆花（名字我忘了叫什么了），看了一会儿，朝我们看了一眼。我捕捉到了这个眼神，马上走过去，问她有什么需要帮助的。她就问我这花的情况，我其实也不懂，即便懂也不能瞎说，就问她想摆在哪里，想做什么。她说了一堆，我从她的话里提取到的信息是，她想买两盆花，一个是仙人球，另一个是第二次端起来看的那盆，她的目的是想改善室内空气的质量，防辐射或吸收辐射。

我马上就赞扬她的眼光，说她有学问，并介绍说，这两种花搭配真叫一绝了，一个是白天能吸收二氧化碳释放氧气……可以很好地改善室内空气，还列举了开窗存在进灰尘、有噪声等缺点和用花改善空气质量的好处，另一个仙人球，我倒确实听说过可以吸收辐射，像电脑、手机的辐射都能吸收，家里放这个花最好了。

一番话说完，通过她的表情我感觉到她已经动心了。不过旁边的男士给她泼冷水，说这花难养，过几天就会死。听到这些，她的表情慢慢变沉，手里的花盆正在徐徐放下。我赶紧给她承诺，打消她的顾虑：“这两种花最好养了，养几天就死，是因为很多人不会养花，很多花不是被旱死，就是被淹死，你看这个仙人球，它就需要多浇水，而我们常识中的仙人掌，多浇水就可能会淹死。你如果确定买这两盆花，她（我指着售货员）就是养花的专家，会教你养花的技巧。掌握了这些技巧，如果花还养死了，算我的。你不是担心几天就会死吗，这样吧，我承诺保你一个月，如果在一个月内这花死了，只要把花盆抱回来就行，你愿意再抱一盆走也可以，你直接要求退钱也行。而且你放心，我们这么大的花店也不会因为你这两盆花跑了，这样能放心了吧？”

买花的女士脸上露出了笑容，很爽快地交了钱，让男士抱着花，她跨了男士的胳膊，高高兴兴地走了。我再回头看看售货员小姐，一脸复杂的表情，我读出的信息是既惊讶，又有几分抱怨。惊讶的是，这样的客户太多了，我居然给搞定了，让她们成交了。抱怨的是，我也太能许诺了吧！我给她分析了一下情况，她不仅打消了顾虑，而且也跃跃欲试。我给她讲了一下要点，尤其是强调了零风险承诺的关键点后，我就出去办事了。回来路过的时候，她看见我就乐呵呵地笑，说今天买家真多，你的办法真灵，我问成交了多少？她答：销量比平时提升了40%！

2.6.5 零风险承诺真的不会赔钱吗

有家灯饰店的老板，对零风险承诺很畏惧，不仅如此，她甚至对加入“七天无理由退换”都讳莫如深。我问她原因，她说担心买家退货，好不容易成交了一笔，万一退货了，挣到手的钱还得退回去。再说，万一有点什么意外，还会赔钱。

所以，自她开店以来，最头痛的事就是不断地收到差评和投诉，虽然她总躲着，但淘宝的消保还是扣掉了她的保证金。而且，她的好评的评语多是自己写好的词，发给买家，借买家之口说的。我不知道买家真实的评语会是什么，我更不知道买家以后会怎么看待这个卖家。

对这种做法，我很不赞成。我们应该对买家负责，对买家想要的结果负责，不负责任的做法与欺骗何异？她作为厂家的代理，对产品的勇敢承诺，会督促厂家不断地提高产品质量，技术上精益求精，这才是长久之计。

其实，像她这样的卖家很多，大家最担心的问题就是实行零风险承诺会赔钱。这是所有卖家最敏感的神经！那么，实行零风险承诺，果真会赔钱吗？我们从下面的两方面看。

第一，实行零风险承诺，会有一定的退货率，但是从很多行业的实践经验来看，只要商品的质量能过关，退货率一般都在2%以下。

第二，实行零风险承诺后，会让销量增加30%左右。你把所有门槛都荡平了，买家成交没有风险，就有更多的人敢于尝试购买，转化率会增加，销量也会跟着增加。30%的数据，是经过一些行业的卖家试验后得出的结果。

一方面是增加了30%的销量，另一方面是2%的退货率，哪个合算？多出的利润能裹得住因退货造成的损失吗？我觉得完全可以，绝对绰绰有余！

退一步说，不管做什么事，都有风险。你想赚钱，就应该承担赔钱的风险。本来就应该这样。世间没有只赚钱不会赔钱的好事。

再退一步说，淘宝也要求卖家加入消费者保障（消保）了，甚至承诺了"七天无理由退货"，既然都加入了承诺，为什么不敞敞亮亮地说出来呢？

零风险承诺不仅不会让你赔钱，还是让你多赚钱的杀手锏。

零风险承诺能让你在竞争环境中脱颖而出，超越竞争对手。

零风险承诺是一种境界，是一种姿态，体现的是信心，更是人品。

必须指出，零风险承诺并不等于无限承诺，只是在自己该负责的部分承诺。有时候，仅仅是比竞争对手多承诺那么一点点，以便能突出优势。承诺也需要合理，不可太过分，过分了好事也会变坏事，因为它会遭到买家的怀疑。

Section 2.7 转化率的第二关键因素——销量

请问：转化率是固定不变的，还是不断变化的？如果是变化的，是不断提高的，还是逐渐降低的？如果是不断提高的，转化率是受什么因素影响而提高的？

答案就是销量！

2.7.1 买家为什么喜欢跟风

我们经常看到有的店铺某款宝贝销量非常大，越是卖得很火，每天新增加的销量越是让人眼红。

我们经常称后来的这些买家为"跟风"。

买家为什么会跟风呢？就是因为看到别人都买了，也去模仿。

那为什么不去别家买，非要都在这一家购买呢？

因为在这家买，放心。那么多人都在这里买了，都很放心，所以我在这家买，也放心。即便出了问题，我们共同维权，人多力量也大。这就是买家的思维逻辑。

前面购买的人越多，后面的买家思考的就越少。缩短了思考时间，直接把信任建立在别的买家身上，让其他买家帮助其承担了“心理风险”，在另一个侧面却帮助了卖家提高了转换率。所以，随着销量不断增加，转化率在不断变化，而且是在提高。

跟风也被称为“羊群效应”，只要使用得好，效果是非常惊人的。

2.7.2 销量对转化率的影响

最初看到转化率的公式时可能会感到疑惑：我们追求的是销量，为什么销量现在成了影响转化率的一种变量（放到括号里面）了呢？而且公式的两侧都出现了 Y？

先不解释原因，就这个公式来看，它至少说明一个问题：你的转化率是随着你的销量不断变化的。换句话说，宝贝的销量影响了宝贝的转化率。

试想：一个销量为 0 的宝贝页面其转化率不会很高；相反，一个月销过千过万宝贝的页面，其转化率应该达到了一个峰值（这时的转化率就非常高）。

从经验来看，**转化率跟销量是成正比的，即宝贝卖得越好、销量越大，宝贝的转化率就越高。**

不过，这种正比关系有两个特殊点的例外：一个是销量为 0 的那个点；另一个是百分之百的那个点。

第一个特殊点：销量为 0 的时候，实际上你的转化率并不为 0，这个时候宝贝的转化全靠宝贝描述的功夫。只有宝贝描述做得好，才会有销量。

试想，如果说销量为 0 转化率就为 0，那就太可怕了，似乎永远也跳不出这个泥潭了（转化率为 0 的含义是没人买，而且一直没人买，一直下去）。常识告诉我们，这是不可能的。

第二个特殊点是百分之百的转化率。

实际上，这个点是不存在的。无论你的宝贝描述写得有多好，无论你的销量有多大，你的转化率都不会达到百分之百。因为百分之百是个极限值，只能够无限地接近却永远也达不到。

这就告诉我们所有开淘宝网店的人，不要以为我们做得足够好了，其实都还有不断努力进步的空间，都还需要继续努力，把它做得更好。

除了这两个特殊点之外，其余的部分转化率都是随着销量的增加而增加的。

2.7.3 知道销量对转化率影响后，我们怎么利用

知道了转化率的特点，就要充分利用，否则就是浪费资源。一旦错过时机，就会后悔，又要重新开始。

当销量过千时，转化率达到第一个峰值。通常情况下，这个转化率都要高于行业平均值不少。

这个时候，最缺的就是流量。花钱买流量无疑是最快捷有效的方法。

其实，花钱并不可怕，可怕的是赔钱。只要转化率高于行业平均水平，投直通车之类的收费广告，一般来说都是有赚头的。我建议先测试，如果真能赚，就加大投入。

这同时也说明花钱买流量的一个原则：一定是在转化率达到一个峰值的时候再去投钱买流量。

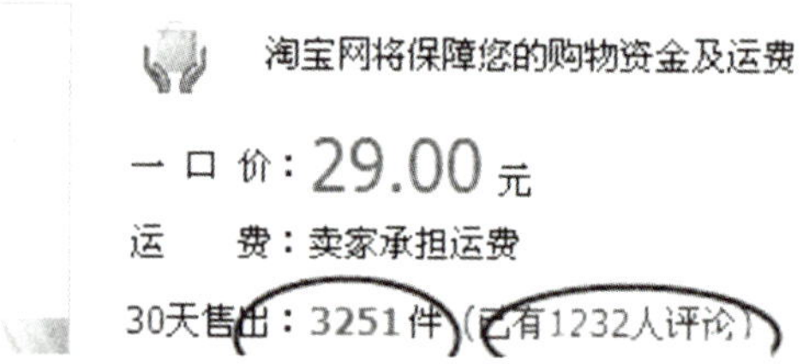

峰值的指标很简单，第一个峰值等级就是1000件。这个数字是人（买家也是人）的一个敏感级别。你也可以设定为100，最终的效果你自己核定。

很多新手卖家不懂这个道理，还没有任何销量，或者只有很少的销

量，就开始猛投直通车之类的花钱推广，结果造成血本无归，对淘宝失去信心，其做法是错误的。

也有走另一个极端的，那就是浪费的做法。当靠活动把宝贝的销量做到几千甚至几万时，转化率也达到了更高级别的峰值，活动结束后流量急剧下滑，眼瞅着很高的转化率只缺流量，却不想办法去买，时间一过，流量恢复到平常状态，后悔莫及。

Section 2.8 转化率的第三关键因素——打造好口碑

对于实现好口碑的目的所实行的策略是这样一个顺序：先保证自己的商品都是货真价实的好商品，在此基础上可以适度夸张地推销，让买家尝试。如果买家不满意，觉得商品不能帮自己实现结果，可以退回来（兑现承诺），这样基本上可以最大限度地避免坏口碑。当然我们也清楚，即便这样也难免碰到一些难缠的买家，就是不退，就是差评你，怎么办？我们也只好兵来将挡，将他的差评影响威力降到最低。与此同时实施积极的口碑策略，从客服态度（语言、精神）和赠品（物质）两个方面征服人心，让买家说我们好。在实现了有口皆碑的时候，立即计划实施口碑营销，让生意进入一个新境界。

2.8.1 为什么要打造好口碑

对淘宝的店主而言，口碑其实就是买家的评价和评分。口碑为什么能占据转化率关键因素中第三把交椅这么重要的位置呢？回答是：这是由买家的购买习惯来决定的。

如果你是买家的话，你也有可能有这种购物习惯，即在决定购买某款宝贝之前——当然前提是已经被其宝贝描述打动了心，在决定是否购买之前，要去看看这款宝贝的评价，看看其他买家是怎么说的，还要看看店铺的相关评价，尤其是中评或是差评（买家对中评和差评都非常敏感），然后决定自己的行动。

正因为买家非常重视别的买家是怎么评价的，因此对卖家而言，以往买家的评价就会影响新的买家是否购买。换言之，**口碑是影响新买家是否购买的关键因素。**

所谓的打造好口碑，就是让买家帮你说好话，说你的好话，夸你，赞你。当新买家看到通篇评价都是夸赞的时候，他对卖家的印象也是良好的。这样，你的印象得分就会很不错，对销售是有利的。

其实说心里话，每个卖家都想让买家赞美你的宝贝好、你的人好，但是买家为什么要这么做？这需要我们每个卖家首先要付出！你的所作所为感动了买家，买家才会心甘情愿地说你的好话。因此打造好口碑要有正确的思想和一套好的方法。

2.8.2 现实中的口碑案例

打造好口碑的正确思想从下面的这个故事开始。

我们以一个故事来做比喻，这个故事其实就是人们身边天天发生的事。比如，你去一个陌生的地方，在一个商店买了一瓶矿泉水，这样的一次交易很简单，你拿一块钱出来给店主，店主拿一瓶矿泉水给你，交易结束。可能过10分钟、20分钟之后，等水喝完后对这个店主就忘了，没什么印象了。这是第一个层次。

第二个层次是，在这个买水的过程中店主跟你交流了一下，聊聊天，关心关心你，看你人生地不熟的问你有什么需要帮助的没有，嘘寒问暖的。这个时候虽然也是一次交易，但是你会对店主有一个直观的印象，觉得这个人还不错，卖家这个人在你脑海里的时间可能会长一些。

第三个层次，卖家不光和你交流，还会把店里的一些其他的新品，比如说试吃啊试用啊，也免费分享给你。本来你就买一瓶水（正常交易），却额外地又得到了一些东西，心里就会非常的高兴，因为它超出了你的期望。这个时候，你就不仅觉得店主人不错，而且是个大好人。如果你是买家的话，我想你夸几句卖家是会心甘情愿的、发自肺腑的，不敢说很长一段时间你都会这样做，至少在热乎劲没有退去的情况下，你可以做到逢人便说逢人便讲这是没问题的。

通过你嘴里说出的这些好话，却影响了别人，这就是口碑。其实，我们每天都在影响别人，我们每天也都在被别人影响。所以，我们开淘宝店，要打造好口碑，也要按照这个思路来。也就是说，想让买家说你的好话，你首先要问一下自己买家凭什么说你的好话，也就是问问自己是否感动了买家。像我们刚刚举的这个例子，对于第三个层次，卖家是感动了买家的，这个卖家的好口碑就是这样得到的，其实也算是你的付出所换来的。

2.8.3 口碑三要素及其特点

每个掌柜的都希望得到好口碑，但是有时候又觉得获得好口碑比较难。之所以难，是难在笼统上。其实，我们不妨把淘宝上的评价口碑分解一下。也就是，说买家会从哪几个角度对卖家进行评价，每一个角度成为一个要素，分解之后发现口碑有三要素（我这里提到的是三要素，实际上淘宝上有些物品是不只三个要素的，可能四个，不过绝大多数都是三个）。三要素的内容是这样的：

第一个要素：实物与描述是否相符。买家拿到东西以后会和卖家描述的那一套对比一下，看看是否符合。

第二个要素：卖家的服务态度。

第三个要素：卖家的发货速度。

买家就是从这三个角度来对卖家进行评价的。当我们努力去打造好口碑的时候，会有积极的表现。在积极的表现下，最终很富有戏剧性，你的东西可能不太近人意，但是你得到的评价不一定差；反之，如果你不去积极努力的话，则会有相反的结果，即你的东西虽好买家未必会说你好。可见，不同的态度导致的结果差距有多么大，也足以说明这中间是有很大的努力空间的。下面我们对这三个要素来解说一下，看看每个要素都有哪些特点。

第一个要素就是实物与描述是否相符。其实，在绝大多数情况下都不会是百分之百地相符。**正常情况都是描述要高于实物，即都有夸张的成分在里面，只是成分多或少的问题。**

实物与描述之间的关系就好像咱们个人拍艺术照那样，最终的结果就是你本人（实体）与这个艺术照（描述）的关系。照片拿来给你看，你可能会觉得有些夸张，但是人还是那个真实的人。这样的道理想必大家都能认同：即便丑人，也想拍出漂亮的模样。即便看丑人的照片，也喜欢看最美的一面。

的确，实物如果不夸张一点、不给人一种美的感觉就没有人买。真实，往往就是真实卖不掉。还记得吗，宝贝描述的核心任务就是卖货，先把货卖出去才是最重要的。第一个要素（实物与描述相符度）就是这个特点，基本的结论是“不完全相符”，这是正常的。

第二个要素是卖家服务态度。作为卖家，当然都要求笑脸相迎，态度积极，为人平和。除此之外，还要做到有耐心，百问不厌。其实，这些都是大道理，之所以还有“卖家服务态度”这一条，是因为很少有卖家能时时刻刻地严格做到，不得不给予严格的监督（用评价制度做保证）。其实，卖家的态度不完全在卖家一方来主导，也还是很受买家严重影响的。如果买家通情达理，不做无理要求，卖家当然也很爽快，卖家的服务态度当然就会很好。但如果买家自视清高，以“上帝”自居，吆五喝六，砍价狠，无理要求甚多，也会有卖家心情变糟糕的。当一个人心情不好的时候，常常会出言不逊。如果买家觉察到卖家的态度不友善，即便当时不表达出来，事后评价的时候他也会说“卖家服务态度很差”。所以对卖家来说，最后的结论是：态度在于你自己掌控和选择。**如果你想要好评价，你就选择好态度，提高自己的涵养。**

第三个要素当然也是买家最关心的核心利益要素——发货速度。你发货的速度越快、越早，买家拿到货的时间就越早。买家付完款后，都恨不得立即拿到，这种感情很强烈。所以速度也是买家的核心利益。你拖着货不发，压几天再发，买家本来很兴奋，很盼望，但一直等啊等，后来等得都没有热情了，他还会说你的好吗？结论可想而知。

2.8.4 评价与评语预期

把以上这些都做到位之后买家会有什么评价呢？当然他也是围绕着三要素来评价的，他可以夸商品本身。夸商品本身我们认为是求之不得型，因为我们自己知道宝贝描述是过于夸大的，而且货也保证不了百分之百的合格。这个时候要是有客户夸：

“商品真不错”

“非常喜欢”

"超值"

……

这种评价就是求之不得型。

或者买家夸这个：

"东西很值、性价比很高，而且实物跟描述一致"

对于夸商品的来说，我们能获得这样的评价就已经相当高了，这就是胜利。

如果没有夸宝贝质量这一条，通常说明我们的东西只是一般，不能说买家不满意，但也不能说买家很满意，总之还凑合吧。但是，因为我们在客服的过程中通过聊天让买家感觉到我们的热情的时候，买家可能会夸卖家人。

我们前边讲了买家一个是看宝贝评价，再一个是看店铺评价，并不是只看一头评价。夸人也是很重要的，这种评价是通过努力可以获得的一种评价。比如说，我如果获得这样的评价就是胜利：

"卖家人超好"

"老板人非常不错"

"态度非常好"

"很热情"

"很赞"

实际上，买家看店铺评价就是不光看一个宝贝的评价，而是从多个宝贝、多个角度来了解；不光是了解他要买的产品，可能还会了解卖家的人品到底怎么样。他们想了解并且能了解的多个角度是：有评价产品的，有评价卖家本人的，有评价发货速度的。通过看店铺的评价，他对这家店铺和卖家本人就有了综合的印象。

第三个是夸发货速度的，这一条是可以做到的类型。比如：

"发货速度超快"

"很快就收到了，速度很棒"

如果我们获得了这样的评价也算是胜利。

2.8.5 商品货真价实是好口碑的基石

"货真价实"不仅是你经营网店的产品策略，更是应该始终坚持的原

则底线。因为你是想做长久生意的，不是只骗一时。

你应该坚信，只有卖真货，才能做长久，才能得到买家永远的支持。

我必须强调，“货真价实”，既包含“货真”又包含“价实”两层含义。“货真”就不用多解释了。“价实”并不是“价廉”的意思，“价实”是该贵的，可以卖得比别人都贵（用价格映衬这是真货，反衬便宜没好货，好货不便宜），该便宜的，可以不赚钱卖。

“货真价实”也是做人的原则，只有对自己的货心里有底，才敢实行零风险承诺，才敢追求好口碑，其结果也必是有口皆碑。

2.8.6 主动承担风险以避免坏口碑的产生

正如人一样，世界上没有不犯错误的人，只有不断勇于改正错误的人。同样，对于货物也一样，虽然我们尽全力保证货真价实，对自己的货心里有底，但风险无处不在。例如，厂家也有一定的次品率，在包装过程中出现的任何纰漏，在快递物流过程中出现的任何意外，买家收到货时的心情，等等，这些都是难以预料的。如果买家拿到的货物真的和发货时不一样，再极端点儿说和买家想象得不一样（不能实现买家想要的结果），都会造成买家的不悦。有一部分人就是这样，心情好的时候，很通情达理；心情不好的时候，很不讲理，这时难免买家就会找卖家讨说法。

如果卖家不给解决，或者解决得不满意，势必会得一个大大的差评。

既然敢进行零风险承诺，此时就是该兑现的时候了。**积极地帮买家解决问题，或退或换，所付成本都应由卖家承担**。不仅承担，而且表现得非常痛快，证明承诺并不是忽悠人的噱头，而是真真正正为买家着想。

既然买家给我们机会了，既然我们的商品没有帮买家实现他想要的结果，这个风险就理应由我们负担。有这个姿态和表现，会最大限度地赢得顾客的心，最大限度地避免坏口碑的出现和传播。人心都是肉长的，当你表现得很慷慨时，买家也会表现得很慷慨，对于细小的瑕疵通常会“既往不咎”原谅之，更妙的是，你在买家心目中的分量更重了。

2.8.7 化解差评的威力

在淘宝开店当掌柜，不能不接触中差评，正如老话说的，常在河边走，难免不湿鞋，开店时间长了自然中差评就会找上门来的。不是说我们兑现了承诺就没有差评了，因为会有那么一些人不依不饶，甚至别有目的。

我们怕中差评怕在哪里呢？也就是说，中差评有哪些杀伤力呢？

其实，如果说买家单纯给你个差评而没有评语的话，它的影响是非常有限的，顶多对你的好评率有轻微的影响，不会影响其他买家购买。**坏的影响主要来自于差评的评语**，不管说你的哪个地方不好都会影响买家的思考和判断，进而会做出离开你店铺的决定，这就是要害的所在。

所以差评就差在这个评语上。在收到差评的时候，我们需要仔细地辨别一下这些评语是否属实。如果不属实，甚至是单纯的恶意攻击卖家，以达到影响其他买家不在你这购买的这种目的的，就属于一种恶意的差评，是可以请求淘宝支援的；如果你能提供证据而且证据充分，淘宝会帮你删除差评的。但"恶意"这种事是很难判定的，即便恶意买家也会说得冠冕堂皇的。

我们收到中差评该怎么办呢？基本上有两种处理方式。

第一种处理方式是协商解决，让买家把它给修改过来。你需要好言安慰和真诚的沟通，如果买家不愿意，你需要损失一部分金钱给他一部分的补偿，面对好言抚慰和补偿会有一部分的买家同意修改差评的。但也会有一部分买家说伤透心了，无论怎么补偿就是不理不睬不同意，补偿多少都不同意的。以前面对这种情况时，会有一部分不良卖家用逼迫或骚扰的方式让买家改过来，这种做法现在在淘宝上是严禁的，如果被查到的话会有相应很重的处罚，甚至会有封店的可能，一定要杜绝这种行为。

第二种处理方式是接受中差评。现实是已经收到了中差评，买家也不同意修改，协商也协商不成，那能怎么办？只有接受！接受中差评会有什么感觉呢？开始的时候会感觉很痛很痛，尤其是刚收到前几个的时候，慢慢的时间久了，收到差评多了就麻木了，再到后面也就觉得坦然了，收到了也觉得是正常的。每隔一定的时间，每卖出一定的交易笔数，收到一个或是几个差评，心情很平和又能很坦然地面对，这就是百炼成钢了。

我们只是接受吗？如果只是接受的话，我们来探讨这个中差评也就没有什么意义了。我们应该采用一些积极的做法，这个**积极的做法就是解释，即在评价的后面你可以解释原因。**

当然，即便拥有“解释”工具，也可以有三种态度：

第一种态度是对骂，在解释里面跟买家对骂，卖家也很委屈和恼火，你想我一开始给你那么大的优惠，给你那么多的让利，还给你发了那么多的赠品，结果居然给我这么恶劣的差评，甚至还骂卖家，你当然会很气愤，你就开始在解释里骂他。

第二种态度是不管不问不理不睬。这样处理时，后来的买家看了会以为你默认了，也就是买家的评语里面说的都是真的，他可能会这么想。

第三种态度是积极、和善和谦恭就是用一种积极的态度、和善的言辞、谦恭的语气来解释。

毫无疑问，我们认为应该选择第三种做法。我来解释下为什么这样做。这里有三句话，这三句话就是解释的根据。

第一句话：你的解释是给谁看的。很多人认为解释是给我差评的买家看的，其实这是错误的，**我们的解释是给其他买家看的，也就是给后来者、尤其是还没有购买的买家看的，是给正在看这些差评的评语的潜在买家看的**。这一点我们要心中有数。

第二句话：解释就是在搞公关，即公共关系。你的解释就表明了你跟后来者这些买家大众的关系，这些解释就是你在做的形象广告。

第三句话：解释是在展示卖家的态度、气度和风度。

有了这三句做基础，让我们更加坚信了第三种态度的正确性。其实，即便采用第三种态度，在解释的时候也要遵循一定的技巧。建议按下面这个顺序来解释：

先承认错误，然后再列举一些这位买家的无理，最后表示一下自己会更加的努力。

为什么要用这样的解释顺序？这是从买家的接受心理角度看问题的。因为你只有先承认错误了，其他买家看到了你的态度，他才愿意继续往下看；人们都愿意看到态度好，尤其是认错态度比较好的这么一个人，甭管有错没错你都先认错了，这就用事实无可辩驳地展示了你的态度。买家都骂你了，你还那么客气，这说明你很有风度，也很有气度，部分买家还会产生悲悯和同情之心。

当然，先承认错误，只是一种姿态，或者说是缓兵之计，如果不对事实加以解释的话，其他买家可能就真的认为是你的错了，所以还要列举一些事实来证明这个买家的无理，取得其他买家的谅解。最后再说一些今后会更加努力的话，让买家有所期待，毕竟不发生不愉快的事才是最好的。最应该杜绝的就是第一种做法，即在解释里和买家对着骂。为什么不要这么做？正如刚刚说到的，你的解释不是给差评你的买家看的，而是给后边的这些买家看的。人都是很敏感的，如果让新买家看到你在骂别的买家，他一定会想有一天你也可能会骂他。因为你既然能这样对别人，就有可能会这样对待他，他就会觉得你这个人不怎么样，不厚道且不可靠，最终放弃你。

总之，我们**应该杜绝在解释里和买家对骂这种错误做法的**。因为这样做的影响是非常不好的，你一旦骂出去了就再无修改的机会，甚至都不如不“解释”了。其实，你尽管很生气、很窝火、很想骂，但你也不能在解释里面骂。

2.8.8 利用评价存储释放策略建立良好的第一印象

人都有以第一印象定好坏的习惯，认为一个人好时，就会爱屋及乌，认为一个人不好时，就会全盘否认。这里我们再给出一些策略，利用好淘宝的评价机制，建立买家良好的第一印象。

一个买家来到一个新店铺，会先从宝贝的评价开始看，然后再看店铺的评价。**起初看到的前几条评价会建立买家的第一印象**。如果这些评价都是好的方面，买家对该卖家就会产生好的第一印象；反之，就会产生不好的第一印象。

我们该怎么做才能让买家尽可能多地产生良好的第一印象呢？就是利用存储回评，集中释放的策略。以往你的做法可能是买家给我们评价了，我们就立即给买家回评，如果某个买家突然给个差评，则该差评排在最上面，被很多买家看到，就会使他们产生不好的第一印象。所以，现在的这个策略就是告诉你，要把买家的评价存储起来，先别着急给予回评。

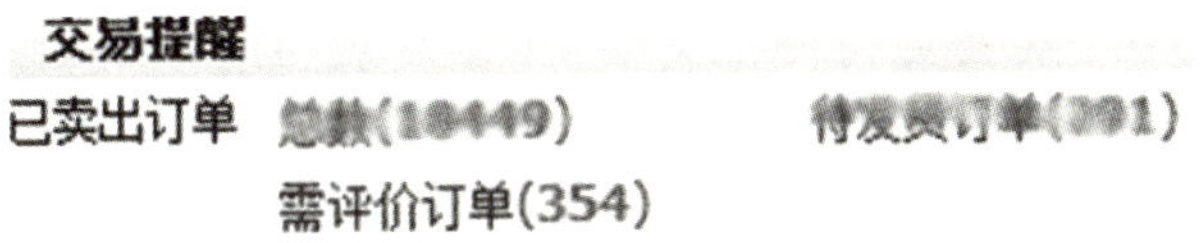

等到积攒到一定数量的时候，每隔几天释放一次，并不释放完，而只是释放一部分，也就是回评一部分。释放评价的时候，会有好评的，也可能会有中评的和差评的，因为积攒的数量比较多，我们可以控制释放的数量。当发现一个不好的评价的时候，我们就继续释放，把这个不好的评价给冲下去。直到释放到对我们最有利的时候停止，这样就可以保证买家看到的都是我们想让他们看到的比较好的评价。这个时候买家看评价的时候，自然就会留下良好的第一印象。由于他看到的是很不错的评价，所以留下的第一印象是非常不错的。

2.8.9 口碑三要素，功夫该下在哪里

买家评价商品的时候是从口碑三要素的角度评价的。自然，卖家要打造好口碑也是希望从对每个要素都下足功夫的思路考虑的。上面分析了口碑三要素各自的特点，目的是说明要实现“打造好口碑”这个目标，卖家的功夫应该下在哪里，以及怎样下这个功夫。

怎样才能有的放矢，不至于做无用功？其实，所下的功夫要围绕口碑的每一个要素的特点来制定，以下从三个角度来分析。

（1）把功夫下在“实物与描述的相符度”上。

从宝贝描述的角度看，卖家不可能天天改变对宝贝描述，基本上是做好一次，在相对一段时间内不变，即：一次写好，长期不改。另外，问题的关键还在于宝贝描述肩负着卖货的重任，它必须有点夸张。

从实物角度看，卖家不能完全保证商品有100%的合格率，因为绝大部分卖家都不是生产厂家，而只是代销或者是经销，即便是厂商也不能保证自己的产品合格率达到100%。因此，卖家能保证自己发出去的货就是买家想要的（符合买家的想象）吗？买家和卖家之间的初次交往只是靠图片，第二次交往才是靠实际商品。

从买家的角度看，买家拿到商品之后会是一种什么样的心情呢？实际上卖家很难预料。抛开商品本人的质量不谈，一切都在于买家的心情。如果买家的心情好，就会觉得商品好；如果买家心情不好；即便商品质量好，也能找出茬来。只要买家感觉不像他想象中的那样，就可以找出很多理由来。

总结一下就是：实物是死的，描述是活的，要把它的特点、优点写足。商品卖出去之后又很难预料买家的心情，因此卖家要想有好口碑，首先要把功夫下在实物与描述的相符度这一条上。因此，还是很难的。当然，这要把功夫下在后面的两条上。也就是说，要通过服务态度和发货速度上面来弥补。

（2）把功夫下在“发货速度”上。

实物描述在打造好口碑上是用不上劲的，但发货速度是完全取决于卖家的，只要你手里有货就完全可以做到24小时内发货。那么，这一条是我们卖家可以努力的。总而言之，卖家发货的速度越快，客户收到货的时间就越早，买家对卖家在这一条上的评分就会高，所以卖家要在发货速度上下功夫。

（3）把功夫下在“服务态度”上。

在发货速度上我们卖家可以努力，但是能努力的空间也是有限的，现在只剩下“服务态度”一项了，没有别的选择。所以，**要想得到好口碑，必须把我们卖家的功夫大部分都放在客服上，**即卖家的服务态度上，这就是最需要下功夫的地方。怎样下功夫呢？后面一节我们会专门来探讨这个问题，这里只作简单介绍。

其实，除了完成销售的基本任务之外，要下的功夫就是把买家哄开心就可以了（让买家笑起来）。人都是凭感觉去评价另外一个人的。你让他高兴，他就对你印象很好。他对你的印象好，就肯说你的好话，还肯包容你。

不要忘了，电脑面对面的买家和卖家也是人，是人就会有心情，心情是会不断变化的，而且一方的心情会影响另一方的心情，一方的态度会影响另一方的态度。同时，卖家本身还承担着把东西卖出去的任务和责任，因此需要小心翼翼。功夫下得足，就可以做到把货卖出去，买家还会说你的好。总之，值得在这方面用心去下好功夫。

2.8.10 赠品绝对是笼络人心的好办法

淘宝掌柜经常做的一件事情就是看买家的评价，不光要看对自己的，也要看对别人的，不光要看好评，也要看差评，目的是看看大家都把问题集中在哪里。我们刚刚说要把功夫下在客服上面，那么可以从卖矿泉水老板的做法中得到启发。要想感动买家，卖家不光要在语言上，表达出来还要在行动上体现出来，**最常用的笼络人心的做法就是给买家发赠品，而且要做到超出买家的期望**。

当买家收到的商品超出了自己的期望时基本上都是非常高兴的，这个时候他就会夸你。所以，这里我们要讲的一个技巧就是发赠品，即在买家买的东西之外额外地发一些试吃、试用或者有意义的小礼物给他，赠品对他非常受用，又没有花他自己的钱，对此买家会非常高兴。

想要别人说你好，你就应先对他好。“伸手不打笑脸人”，何况“拿人家的手短，吃人家的嘴软”。所以，可以把赠品看做是购买口碑的“糖衣炮弹”，多多使用，就会有人念着你的好，而且会口耳相传。

2.8.11 店铺评分体现了“日久见人心”

俗话说，日久见人心。你究竟做得怎么样，从评分中一看便知，容不得半点狡辩和抵赖。我相信，多数掌柜看到自己店铺的评分状况时，必然会会心一笑的。

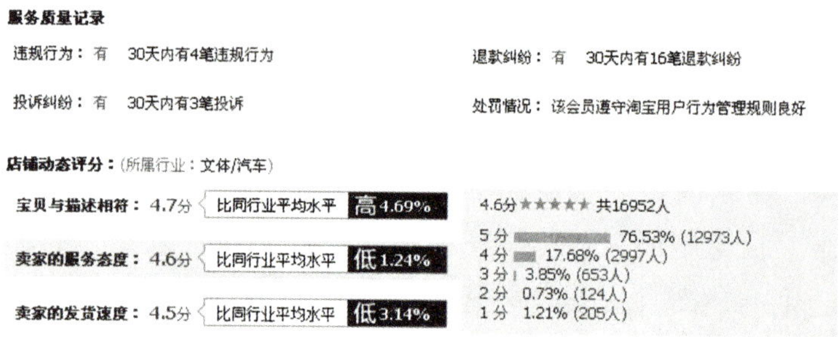

这里我们主要想谈谈评分的其他意义。淘宝新规则中提升了店铺动态评分的权重。店铺获得较高的评分，意味着从商品的质量到卖家的服务态度，再到卖家的发货速度等各方面做得都很不错。这样的卖家当然是买家喜欢的了，所以淘宝就把这样的卖家给予比较高的权重，在搜索的时候排名靠前。

店铺是在哪里得分的呢？是在评价的时候。买家在给你写完评语之外还可以打分。

评分有这么一个特点：**但凡认真写评语的，他也会认真地给你评分**。

所以做好口碑工作，基本上都会有比较高的评分。实际上大家可以看到，很多大卖家所得到的动态评分多半呈现绿色（超出平均分的给红色标记，低于平均分的给绿色标记），也就是低于同行的平均水平。其实这很好理解，因为大卖家生意火暴，客服不能让每一位买家感动，他们没那个精力，也不允许他们在一位买家身上花太多的时间，最终买家和卖家之间情谊淡薄，评低分甚至不评分（可以看到有很多很多都是默认好评的），最终导致平均分低于行业平均水平。

反观皇冠以下的中小卖家占红色比较多一些，即超出平均分的比较多，就是因为这些中小卖家生意不是很忙，对每一个客户照顾得都很周到，感动得这些买家都愿意给他们写评语打高分。

买家为什么不愿意给你写评价呢？这就是值得卖家反思的地方。可能商品很好，买家也不管，这不是说明他们薄情寡恩，而是因为我们卖家的客服工作确实没有做到位，就是刚刚讲的，我们卖家没有打动买家，没能让买家心甘情愿地给卖家写评语、打分。

因此，从获得的评分的角度看，做好客服工作还能得到高的评分，也算是一个超值大礼，超值的地方就在于这个大礼会对卖家宝贝的人气排名有影响。

2 8 12 搞活动时兼顾售后口碑

我们再来讲一下做活动的时候如何打造好口碑。其实，这个标题改叫“好口碑不在售前更在售后”会更好。

按照我们前面的标准是要对每一个客户都“伺候满意”。但是，在卖家做活动（交易量巨大）的时候，这是根本做不到的。

卖家如果把时间集中在某一个买家的身上，就会造成其他一大片客户都不满意这么一种状况，更划不来。那个时候，售前只允许快速地处理销售任务。

根据我们的打造好口碑的原则，这样做显然不符合卖家的初衷和意愿，活动过后，卖家自己心里都清楚，卖家的售前客服没有做到位，是因为时间不允许。

既然售前没有做到位，只有售后来弥补了，客服不在售前就在售后嘛。但是这个售后不是我们传统意义上所讲的“售后服务”，这里叫它“售后口碑”，因为**卖家的目的是弥补售前工作的缺失，为的是和买家拉关系、讲感情，最终获得好口碑**。因此称这项工作为售后口碑。

“售后口碑”不是等客户找上门来你为他服务，而是在他没有收到货之前你去主动地联系他，跟他说“昨天你拍的时候我比较忙，没有对你进行好好的服务……”进行一大堆解释，跟他再聊聊。总而言之，表现出你很关心他、重视他，让他对你产生一种好感，目的就是让他给你好评，写好的评语，打高的评分。

售后口碑的时机很重要，一定要在货物发出去之后，或者是已经拍下付款之后，但是一定要在收到货之前。如果他收到货了，你再去讲这个就没有多大意义了。

2.8.13 快人一步抢占口碑营销

买家的评价不只出现在你的宝贝评价和店铺评价里，还会出现在淘江湖上，供所有淘宝的买家以及全互联网上的人观看，向他们传递信息并影响他们的购物决策，这就是淘宝的口碑营销。

从2011年开始，**口碑营销将是淘宝的一个新重点**。因为口碑营销不只向其他的潜在买家传递信息，它还能给店铺带来流量。下面的截图想要表达的意思是，在淘宝网首页的最大流量入口之一——搜索工具栏里，已经加上了“宝贝分享”的搜索选项。

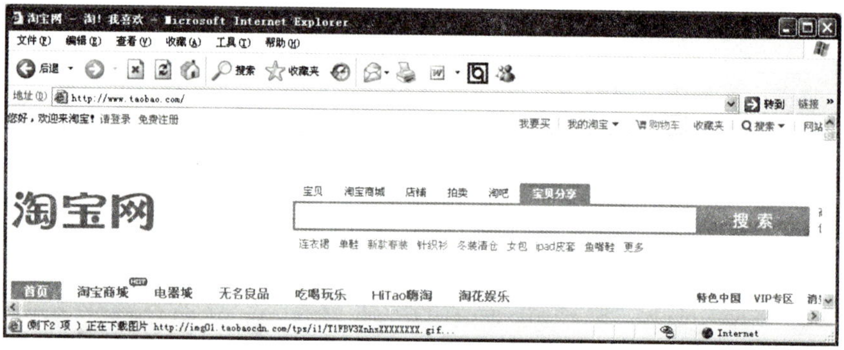

上面这个图只是一个入口，表明可以给分享带来大量流量是没问题的。与此同时，淘宝的口碑营销工具已经初步完善，它们分别是：分享评

价奖励淘金币、搜索分享、跟随购……一整套机制都已经建立起来了。从目前的结果看，有很多卖家已经尝到了口碑营销的甜头。

在坚定地执行上述“打造好口碑”的思路下，就具备了口碑营销的先决条件，只需多鼓励买家分享、晒单即可，因为买家分享出来的都是对卖家有利的，不利的因素已经被卖家提前化解得差不多了，甚至有很多不利因素也都被扼杀在摇篮里了。买家分享得越多，排名越靠前。排名靠前意味着流量就多，又进入了良性循环。

不管要不要开始口碑营销，对于转化率来说，打造好口碑都是必需的。打造好口碑的内容就是上面这些，把每一项都做到位了，那么你的评价就会比较好，当一个买家进入你的店铺看到的都是赞美声的时候，他的心也就非常容易被打动了。根据买家购物时的心理状态变化，现在他应该对你比较放心、比较相信了。

记住这句话：**任何一笔交易都是建立在信任的基础上的。**谁最相信你？你的客户最相信你，他愿意把钱给你，他是最相信你的。但是在相信之前他要做这么多步的检查，也就是我们前边要做好的那几步：好的宝贝描述叫他动心，大的销量让他放心，好的口碑让他安心。这一切是不是真的呢？他需要亲自验证一下卖家是不是真的那么好。所以，下一步就是旺旺你，跟你聊天沟通，这个时候你的客服就要上场了，下一节见。

Section 2.9 转化率的第四关键因素——客服

客服被称为成交前的临门一脚。买家看到你的宝贝描述后已经心动了，又看到了销售记录（无销量就没记录）之后感觉更有信心了，买家看到你的宝贝评价和店铺评价还不错，尤其看到老板人不错甚至非常好，这个时候买家就会想亲自体验一下。于是，接下来买家就开始旺旺你。这对于卖家来说，就是接单的开始，接下的工作就是客服。

客服就是在谈生意。这个阶段是决定成不成交的最后一个环节，也是销售前的临门一脚，所以说客服的作用非常关键，在成交作用中所占的比重超过90%。总之，做好客服是非常重要的。

2.9.1 客服的三大任务

好客服对于每一个客服人员都有很高的要求，综合起来考虑，我们先给客服规定下几项任务，然后在明确怎样去做好客服。

客服的第一任务就是把货卖出去。

由于是买家主动联系你的，所以作为卖家，你就会比较主动，这个时候的生意就好谈。在这种主动的情况下，你能不能把东西卖出去，取决于客服的两大专业知识。其细分为：一是关于商品的专业知识；二是关于客服的交流技巧知识。

客服的第二任务是让买家笑起来（高兴）。

结合我们前边讲的第三因素（好口碑），在这一步我们要通过良好的态度和服务让买家笑起来。因此，客服的第二任务就是让买家笑起来，他笑了，他高兴了，那么在他评价的时候会评价“老板人不错、卖家不错、态度非常好”，这对于我们打造好口碑有着直接的作用。

客服的第三任务就是推销其他商品。

这里所谈的推销其他商品是指追销。追销就是买家想要买的主要商品已经买了之后我们顺便向他推销一些其他的商品以增加销售额和销量。那么，这两个任务是建立在前两任务的基础上的，只有把前两个（第一个任务是把东西卖出去，第二个任务是让买家对你建立一种信任感）任务胜利完成之后，这个时候你追销的其他商品买家才有可能购买。

对于客服的第一任务——销售来说，我们只讲两点，首先买家会问你这个商品的一些专业性知识，所以对商品的专业性知识需要下功夫和努力学习，客服比较多的大店，一般对客服都有专门的培训，目的都是一样的，就是要求你在专业知识方面表现得非常的专业，甚至像一个专家，谈起来头头是道，说出来的话给人感觉合情合理，有时候还受益匪浅。买家只有觉得你很专业，这样他才能对你产生信任。还是那句话，一切交易都是建立在信任这个基础之上的。

其实，前面已经做好了信任的铺垫。比如说，你在宝贝描述中进行了一些承诺，这样就建立了一定的信任关系，买家所看到的销售记录和评价等都会使你的信任度逐渐地积累。他跟你聊天是进一步判断他对你的了解是否准确，所以你要一贯保持下去、继续累积下去。当你在买家心中的信誉累积到一定的程度时，他开始放心了，接下来就顺理成章地决定购买了。

另外一点就是感情方面的交流，因此客服既要专业又要通情达理。通情达理就是会说话。我们说过，客服的第二任务就是让买家笑起来，这就是情感交流。情感交流就是让对方感到很高兴，尽管双方都面对电脑看不见对方，但双方又都是可以感受得到的。

为什么这一条那么重要呢？因为现在我们网络一代跟电脑打交道多了，跟人打交道少了，所以表情表现得更木讷，很少笑，**如果你能让别人开心地笑起来，不难想象他对你的印象有多深、对你的好感有多强，最终对你的生意多有帮助是可想而知的！**

实现了这两个目标之后，最直接的结果就是你的生意好谈，第二个好处就是他购买之后的评价、评语会非常好。看吧，打造好口碑的效果在这里不知不觉地就体现出来了。

2.9.2 客服人的目标——十拿九稳

在专业知识方面，因为每一家店所卖的东西不一样，所以各店需要的专业知识也不一样，这一点我们没法进行多讲解。现在我们主要讲一些客服工作通用的知识。这些通用的知识可以放到各个店的各个客服的身上使用：就是跟买家的交流，情感方面的交流。

我们觉得，做**一个合格的客服，应该要完成一定的销售任务，上进的客服应该给自己定下这样一个目标，即抛去那些没有购买意向、没有购买诚意的同行卖家或者一些瞎逛的人，抛去这些之外通过我们的积极的客服工作，应该能达到十拿九稳的这么一个成果，这才算是好的客服。**

十个人能搞定九个，这样的结果应该是每一个立志当金牌客服的同仁都应该追求的目标。不过，要达到这个结果需要每一个客服人员下功夫和不断努力的，尤其需要掌握沟通的技巧。

2.9.3 沟通的技巧

首先，做客服要有激情。买家做在电脑前面和你沟通，你看不到他的表情，你不知道他的心情是什么样的，可能像一湖平静的水面一样，没有一丝浪花。我们做客服就是用旺旺沟通，需要通过语言文字、通过表情符、通过图片让他的心情有所起伏和变化，也就是通过自己与买家的沟通来感染他。

记住：**要想感动别人，首先要感动自己**。你在不知道对方的表情，也不知道对方的心情的时候，你要先把自己的表情和心情传递给对方，你要传递出你永远是激情的、开心的、乐观的和通情达理的这种心情，并让对方感知到，最终的结果是让对方的心情从平静变得不平静，起一点涟漪，最好翻起一朵浪花。

如果你跟对方沟通了半个小时或是一个小时，对方的心情还是如此平静，还是保持着冷静的头脑，根据经验，你的成交几率会很小。这就是客服没有沟通到位。没沟通到位的原因，是因为没有掌握沟通的技巧。因为你没有把话说到他心坎里，他没有敞开心扉，更没有投入感情，所以他最终还是保持如此清醒的头脑。

我们怎样才能让买家笑起来呢？我觉得，这里对语言的运用是有技巧的。

所有技巧归结为两点：

其一，是要站在对方的角度说话。你一定要让他感觉到，你是在为他着想，为他的利益着想。本来他对你是抵触的，他满脑子装的都是卖家是要赚他钱的想法，他会有防备、有戒心的。你要做的是怎么让他对你不这么防备，不要对你产生很大的戒心，也就是慢慢地让他相信你并打开自己的心扉，唯一的办法就是要从他的角度着想，站在他的立场说话。

这里告诉你一句话：如果你要能替他省钱的话，说出这种建议来会立刻事半功倍。因为别人都在向他推销东西，而你却在为他着想，建议他怎样做才划算，告诉他怎样做更有利。这样，他就会很容易对你产生好感甚至一定的信任。

其二，要善于利用表情符。表情符是表达心情的重要工具。很多掌柜只会用文字交流。其实，文字有的时候是表达不了一个人的准确心情的，有个词叫“不可言传”。再有，文字有时候还会造成一些误解，因为文字的感情色彩多数是中性的。对于同样的文字，当买家心情好的时候读到它可能觉得是好的，当买家心情不好的时候读到它可能会造成误会，但表情符却不会。所以，卖家要掌握旺旺的工具中，很重要的一个武器就是表情符。

旺旺表情符还是比较丰富的，对于人们常见的表情基本上都有对应的表情符。这里我们举个例子。比如说，你要先传递你的心情：

要是高兴，你可以用微笑，吐舌头这样的表情符。

自己此刻很高兴，可以跳舞，也可以张嘴大笑

当你说了为他好的话（比如替他省钱）的时候，你可以用捂着嘴偷笑的表情。

当你想表达你受感动的时候，你可以夸张一些，用一下痛哭流涕的表情（眼泪哗哗流）。

旺旺表情符非常丰富，我这里没有办法一一列举，关键是你能在恰当的时候应用上恰当的表情，就可以收到奇效。

2.9.4 交流，交流，还是交流

因为现在的网购人群主体是“70后”和“80后”，这个年龄段应该属于30岁左右这个范围。这个范围的人群基本上来说应该是高素质、高学历的一个群体。因此要想跟买家建立共同语言，客服人员就要不断地学习以增加自己的涵养、知识和阅历。这将有助于避开在与客户聊天侃大山时你听不懂的尴尬局面，否则难以建立共同语言。

没有共同语言就没有良好的沟通。关于交流的这些秘诀，我们再来总结一下。

第一，你一定要先感动自己，然后再去感染别人。

如果连自己都感动不了，你也很难感动别人。一定要记住，是用你的情感来感染对方，不是来说教。要让对方感觉到你是一个活生生的人，是有感情、有思想、有喜怒哀乐的人。你就是一个和他一样，区别只在于你是一个开淘宝的人，是为他服务的，除此之外你们都是一样。

这样一来，他就会觉得与你无话可以不说，无话可以不谈，因为你们之间已没有了任何的距离感，很容易形成平等的地位，进而他会敞开心扉，并和你的心更加贴近。做得比较好的是买家把卖家当成了知心好友。这样，他就会成为你最忠实的客户。

第二，一定要站在对方的立场上思考和说话，帮他说话、替他省钱，这是建立信任的最有效的手段和方法。

第三，不要买家问一句你回答一句，买家不说你就不理。

交流过程中要掌握一定的话语主动权，多去询问，以便更多地掌握买家的信息。接下来，你要对掌握的信息进行一定筛选，判断这个买家是一个什么样的人，判断他的性格是开朗的还是内向的，掌握他的性别，根据他的谈吐判断他的学识与受教育程度，了解他的家庭成员情况（有没有宝宝）。根据这些情况，加上自己的经验，来选择合适的话语（主要是他喜欢听的话），用这些话去跟他沟通，他听着就会舒服，慢慢地他就会喜笑颜开。

对于销售任务来说，因为大部分的买家已经从宝贝描述中获得了他想知道的详细信息了，现在来旺旺你的目的是为了把心中的疑惑稍微释然一下。这样买家的比例占很大的一部分。按照刚才的交谈技巧来交流，他对你有好感、有共同语言，就很容易建立信任。

有了信任，它的疑惑也就不存在了。疑惑一旦被化解，接下来顺理成章的就是拍下和付款，我们的销售任务也就完成了。

实际上，这两个任务（即销售和让买家笑起来）是在同一个时间段一起来完成的，并不是哪一句话是为了销售，哪一句话是完成第二个任务（也就是让买家笑起来），并不是这样的，这两个任务是同时完成的。最终，既让买家买了我们的东西，又让买家感觉到我们态度非常好、人也不错，这个过程是同时进行的。

2.9.5 竭尽所能出单

有些买家刚开始旺旺你的时候，他的购买意愿很强烈，但聊了一会儿之后，他反倒有些动摇了。你甚至能感觉到，他有些想跑单的意思。他为什么动摇了呢？原因很多，有一些买家节外生枝，比如说想砍价，又比如说想要一些额外的东西，也就是想占便宜，或者提出无理的要求。总而言之，他就是想在你这里得到一些什么。这种客户我们称之为难啃的买家。

难啃的买家也占一大部分群体，完全不砍价的人少，有些买家即使表面上不砍价，实际上他也希望能优惠，能便宜。遇到不砍价的“大方且痛快”的人算我们运气好。不过，我们不能期待全靠好运气，还是要掌握一定的技巧，以应付“不爽快”的买家。因为遇到这样一群难啃的买家时，就给我们完成第一任务（销售）带来了一定的挑战。

怎么来拿下这些难啃的买家呢？

传统谈业务拉生意的做法中有个词叫“跟单”，跟单就是不停地跟客户联系，保持沟通，让他表达自己的真实想法和要求，我们帮他解决，整个过程中不断增进了解、建立信任，最后客户可能在摇摆中就选择在你家买了。

我们淘宝的客服要想拿下难啃的买家也要用到“跟单”。当买家跟你说“谢谢了”，那意思就是跟你说拜拜，不在你家买了。这个时候，我们要根据我们所掌握的情况不断地追踪。前面说过，不要买家问一句你答一句，因为你掌握的商品信息比他多，你店铺的一些优势（像优惠信息以及灵活性）是装在你心中的，他并不一定知道，所以他可能直接说拜拜的时候，他并没有掌握你们店的一些优势，或者一些特殊的东西，这个时候需要你主动地去跟单，不要他说拜拜你也说拜拜。说拜拜意味着，你的生意就泡汤了。

跟单就是，即使他不说话了，你也要把你店的优势说出来，主动地去找他说话，争取他回心转意，争取用优势去打动他。你的话哪怕被他反驳了，都是一种好兆头。

买家要是不在你这买的话，他一定会到别人那里买。比如说，客户常说的一句话是“下次吧，下次吧，下次再来买吧”，这个时候如果你是买家的话，你说了这句话的同时，你在干什么呢？亲身的经验告诉我们，买家多半是在看别的店铺和宝贝页面，甚至在和别的卖家聊天。

我们如果放任不管，等个10分钟、8分钟，他们的生意一旦谈成，那你就一点戏都没有了。

你不要想着他还会回头，他虽然嘴里说“下次”，实际上只是说说而已，岂可当真？记住：如果他这次没有在你店里买，那么他下次再来到你店购买的几率会更小，甚至为0。因为他已经买别人的货了。

被否定过的，再被选择就很难了，因为他不是没别的选择，而是可选对象很多很多。但是相反，他否定掉一个合作过的老卖家就要难一些，毕竟合作过一次就表明建立过一次的信任。所以说，从第一次他跟我们沟通的时候我们就要把他拿下，尽最大限度地拿下，抓住这次机会，以后可能会合作长久。抓不住这次机会，以后这个客户可能不会为你带来一分钱的利润。

跟单就是我们不断地找他、不断地跟他说话，跟他聊，只要他愿意跟你说话，你还是有机会的。

一定要抓住时机，如果错过时机，他在别人的店里选上了中意的商品后，我们的机会就不是很大了，所以我们的跟单一定要及时。当然，跟单不光是光说话不解决问题，你一定要把他的问题给化解一下。他会有哪些问题呢？无非是想要多占点便宜，想要得到你的一些承诺，现在就面临着下一个问题——应付砍价的问题。

2.9.6 如何看待和应付砍价

只要是人，不爱占便宜的总是少数，爱占便宜是人性。什么是便宜？便宜就是在价值之外的东西，争取一下就可以得到的一些东西。可能不值多少钱，但是能极大地满足内心潜在的一种欲望，因为占了便宜他就会觉得很舒服，心里很满足。所以说，他可能并不是为了要占多少多少钱，这种心理上的满足感不能完全用钱来衡量。

有些店铺写了“谢绝讲价、免开尊口”之类的条款，其实不符合中国人的作风和习惯，这是一些舶来语。

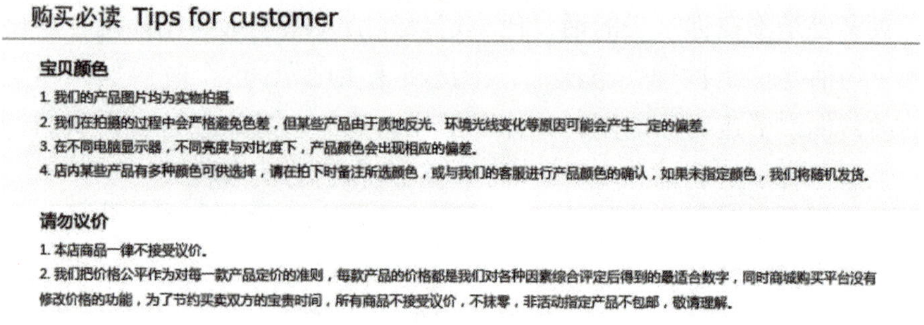

购买必读 Tips for customer

宝贝颜色

1. 我们的产品图片均为实物拍摄。
2. 我们在拍摄的过程中会严格避免色差，但某些产品由于质地反光、环境光线变化等原因可能会产生一定的偏差。
3. 在不同电脑显示器，不同亮度与对比度下，产品颜色会出现相应的偏差。
4. 店内某些产品有多种颜色可供选择，请在拍下时备注所选颜色，或与我们的客服进行产品颜色的确认，如果未指定颜色，我们将随机发货。

请勿议价

1. 本店商品一律不接受议价。
2. 我们把价格公平作为对每一款产品定价的准则，每款产品的价格都是我们对各种因素综合评定后得到的最适合数字，同时商城购买平台没有修改价格的功能，为了节约买卖双方的宝贵时间，所有商品不接受议价，不抹零，非活动指定产品不包邮，敬请理解。

比如说，你会看到从国外进来的一些大超市的生意很火，但是我们周围的小卖店也照样生意不差。

这是为什么呢？这是因为一些个体的小卖店的老板做生意很灵活，零头可以不要了，尽管数额很小，但你会觉得心里很舒服。这就是一种叫做人情的东西，给人的感觉是卖家很有人情味。所以，我们开淘宝不能那么死板，太死板只会丢生意。

对于有很多客服的大店来说，需要形成一套规章制度，订一个标准，在订好标准后也应该给每一个客服一定的灵活性。这种灵活性就是价格上的灵活性。

事实上，尽管在页面上写着“请勿议价”那几个大字，你不能够完全杜绝砍价。如果买家觉得自己买的东西比较多，他不会不砍价的。而我们对于买家砍价的基本态度就是：一定要保持灵活性。**当买家非要砍价，如果不能给一定的优惠就不能够成交甚至要跑单的时候，我们就要给他一定的优惠，但是并不一定是按他要求或希望的那个幅度来优惠。**比如说，他要求包邮之外再抹去 10 元钱的零头，这个时候我们一般很难从命，但是因为他买的东西比较多，我们又不能不卖他面子。

此时，我们的策略是给予适当的抹零，但是还要注意你的话术——你的说词也很重要，比如可以这样说：

“亲，本店从不砍价从不抹零，但因今天老板非常开心——他喜得贵子，所以决定破例一次，但是绝无例外，原价 40 块钱，现在呢 38 块钱。”

这样买家会觉得很有面子，觉得他跟别人不一样，对别人从不砍价从不抹零，但是决定给他一个人搞一下特殊，可能他的砍价并不是非得较真要砍到多少多少，听你这么一说，他感觉自己心里的某种欲望满足了，也就答应了，这个时候你的生意就谈成了。

抛出一个问题请思考：当砍价砍到只有一块钱的利润时，卖吗？

2.9.7 追销商品的技巧

其实，在你把货卖出去的同时，已和买家建立了一定的信任关系，这个时候再根据聊天所获得的信息以及所掌握的情况，觉得他应该还有某某商品的需求，可能他并不知道，这个时候你要推荐一下，推荐的目的：第一，你觉得他需要，你这个东西对他有帮助；第二，可以增加销售额和销量，会带来一定的利润。

在追销的时候，一定要记住一个原则：**推荐对他最有好处的产品，而不是最暴利的产品。如果你是将以赚钱的为目的作为出发点，那么将注定要失败**；反之，你觉得这个东西能够帮助他，对他有好处，但他可能并不知道有这个东西存在，而且这个东西正处于优惠期，过了今天就没了，或者说现在买这个东西不用花邮费，总之，让他觉得你是为他好，要让他感受得到。这样，你追销成功的几率就大。

出发点决定了心态，心态决定了你的言辞和态度，追销成功的结果就是：你赚了钱，而买家还非常感激你。买家会感觉到你很关心他，因为你是通过用心之后发现他的需求的，你的关心买家能够感受得到，所以他会感激你，在感激你的同时又买了你推荐的商品，在买的同时又非常感激你。这样，我们的追销就成功了。

有很多店主也经常追销。下面就是常用的几种追销方式，请比较一下哪种成功率最高。

（1）用旺旺对买家说："欢迎选购本店其他商品"。

（2）用旺旺对买家说："欢迎选购本店其他商品"，并发店铺地址的链接。

（3）用旺旺对买家直接发的商品链接，希望买家选购。

（4）精选的推荐的商品（最便宜或正在搞特价的），发链接，并强调不用多花一分钱的邮费。

需要强调的是，买家是懒惰的，你帮他发了链接他点击的可能性就会增加，发宝贝链接（买家可以看到宝贝主图）他点击的可能性要点击比店铺链接大。如果再把买家担心的事（比如邮费）强调一下，尤其是从便宜的商品开始推荐起，成功率会进一步增大。下面这个案例，其成功就是得益于追销商品的技巧。

某老板刚加入商城不久，报了几件商品被"聚划算"小组选中后，既喜出望外，又忧心忡忡。事情是这样的，总共选中了 3 件，给了他一个专场，两种商品各报了 1 万件的，4 折包邮，倒也有一点点利润。还有一个 1 元包邮的商品，报了 1000 件。这个商品要赔 3 万多。

他找到我咨询，让我给他出主意。我说，最能立即见效的，就是在关联营销和追销上下功夫。

这场运营活动下来，有两个预期，一个是 1 元包邮的商品被抢光，4 折包邮的商品卖了一小部分，最后赔了 3 万多；另一个是靠积极追销，1 元包邮的商品被抢光，4 折包邮的商品也能卖出一大部分，力争做到持平，当然，如果再能赚点就更好了。不用说，1 元包邮的商品在几分钟内就要被抢光，这是赔钱的地方。从哪里赔的，还要从哪里找回来，所以一定要争取通过这些客户找回来。

找回来的办法，就是靠追销。应用上面的追销技巧，最后，经过努力，这场运营活动下来不仅没有赔钱，还赚了 5 万多元，后续收益不计。

Section 2.10 标题是宝贝的广告

标题对于宝贝的意义，就像名字对于每个人的意义一样，其重要性是不言而喻的。标题是由关键词组成的，这是人尽皆知的事，我们不再细述，这里我们要重点强调的是，标题是宝贝的广告。买家在一堆搜索结果中看宝贝标题，就好像我们每天读新闻一样，促使你点击的，一定是哪款新闻标题吸引了你，只有被点击那条新闻才有价值。同样的道理，对于宝贝而言，宝贝的标题必须能吸引买家点击，它才能为卖家创造价值，所以，为宝贝写标题就应该像写广告那样用心、慎重。

2.10.1 标题的双重功能

对于我们卖家来说，一种商品最重要的就是宝贝的标题。宝贝的标题具有双重的功能，我们分别介绍如下。

（1）标题承载着被搜到的重要任务。

一个宝贝再好，首先必须能被人找到，如果搜不到，也几乎等于零。买家通过搜索关键词的方法去找宝贝，作为卖家需要做的就是“让宝贝自己冒出来”，也就是首先需要做好在标题里包含关键词的准备。最终，这个重要任务又落到了“关键词”的头上。因此宝贝的标题中必须包含关键词，而且关键词要尽可能多。这样，买家在搜索不同的关键词的时候，你的宝贝被搜到的几率就会大大增加。

经常分析统计后台，你会发现一个有趣的现象，就是买家搜索的词会五花八门，可能是每个人的出发点和他对要买的东西的了解程度不一样吧，每有一个考虑角度，买家用的词就会不一样，有的可能搜的是一个词，有的可能搜的是一个短语，还有的只用几个单独的字来搜索。有写正确的字的，也有写错别字的；有按正序写的，也有倒着写的。另外，同一个商品在不同的地区会有不同的叫法。作为卖家，我们都需要了解这些情况，合理地把这些关键词揉进你的标题里。

（2）标题要承载着激发买家点击欲望的光荣任务。

一个宝贝标题，不光要被搜到还要激发买家来点击，有点击才能带来流量，有人来才能带来销售。因此，你的宝贝的标题不仅仅是关键词的罗列，还是一个语句，让人看了之后明白这是卖什么的，同时还有一个更高级的任务，就是激发买家的点击欲望。这样，你的宝贝标题在一堆的宝贝标题中就会脱颖而出。买家为什么会点你的？概括一下就是：这一条标题应该能让买家一眼就看出它所要传达的信息，除此之外你的标题的言语也要不一样，最好是说出买家最关心的问题或激发他的好奇以求点击，这样才能够带来流量。

既然标题有这么大的重要性，每个买家都应该写一个好标题出来。什么样的标题算是好标题呢？有什么标准吗？我给的答案是，**好标题就它的结果来看就是点击率，以点击率来衡量。点击率高的就是好标题，点击率低的就不是好标题。**

2.10.2 写出好标题的模板

每个人都想写一个高点击率的标题，该怎么写呢？这里我们总结出了一套模板，大家按照这个模板来写，就能够写出好的标题来。这个标题模板是这样的：

品牌名(可以省略)＋名称＋叫卖＋属性

过去我们看到很多标题仅仅是关键词的罗列，现在看了这个模板之后，就会知道为什么要反对那种关键词的罗列了。因为罗列关键词的做法点击率是最低的（毫无吸引力可言）。

需要说明的是，这里的“品牌名”、“名称”以及“属性”，都是为了完成“被搜到”的任务的，它们包含的都是关键词；而“叫卖”部分，是为了完成“激发点击欲望”任务的，它说出了买家最关心或者是最好奇的事。下面用例子来说明。

2.10.3 好标题实例

这个例子是真实的正在销售的宝贝标题，被我信手拈来借用一下，这个标题是这样的：

飘飘香 牛奶提子奶酪豆 咬一口口水长流 内蒙古特产零食

对照我们的模板，我们来解析一下。“飘飘香”应该是一个品牌名或是一个店铺名。模板里说品牌名可以省略，这个标题里并没有省略。

“牛奶提子奶酪豆”，对照模板，它应该是商品名称，名称的作用是让人看了之后一下子就明白这个宝贝是什么东西了（对，是牛奶提子奶酪豆）。

后面一句话是“咬一口口水长流”，对照模板这句该属于叫卖。

最后一句是“内蒙古特产零食”，对照模板这应该叫做属性。

先来解释一下名称，名称就是看一眼就知道是卖什么的。在这个示例中，名称告诉我们这是卖什么的呢？卖“牛奶提子奶酪豆”的。

叫卖是哪一句呢？是“咬一口口水长流”，叫卖是为了“勾引人”，也就是说是激发人的欲望，对于很多第一次看到这种话的买家，看到这样的一句话的时候，通常会被吸引。

属性是什么呢？是对本商品进一步的描述，就是进一步解释这个奶豆是怎么回事，它是“内蒙古的特产，而且这是一种零食”，加上这些之后，是不是感觉对奶酪豆的出身和属性都有一个清晰、直观的认识了呢？这就是属性。

当然，属性是被买家还会额外搜到的一些词的罗列，主要还是从能够多被搜到的角度考虑问题的。

2.10.4 为什么这是一个好标题

直觉告诉我们这是一个好标题。但为什么说它是一个好标题呢？总得要说出点理由来吧，总得要有点根据吧。我们来分析一下其中的道理。从我们拿到的统计数据看，我们知道很多买家都很喜欢吃特产，喜欢吃零食，尤其是对一些女孩子来讲。

对统计数据进行分析后又发现，很多人买奶酪尤其是对第一次买的人，他可能不知道“奶提子”这种专业且确切的名字，而只知道“奶酪”，或者听说过“奶提子”或“牛奶提子”，也可能听说过“奶酪豆”或“奶豆”，等等，我们就“像鱼儿一样站在买家的角度思考”。

我们猜想某买家第一次可能会搜“奶酪”这个词，你看我们的标题名称里有“牛奶提子奶酪豆”，是包含“奶酪”一词的，这个标题理论上是可以搜出来的。

稍微熟悉一点的买家可能会搜：

“奶豆”

“奶酪豆”

“奶提子”

“牛奶提子”

“牛奶提子豆”

“牛奶提子奶酪豆”

……

不管是搜其中的哪个词，根据淘宝搜索引擎的组词规则，这个名称所在的标题都能够被搜出来。大家看一下我们这一个名称，一网打尽多少个词和字的组合！

也就是说，刚刚我列举的这些叫法不管买家搜哪一种，我们的标题都能被囊括进来。因此，这个标题被搜到的几率就会比别的大很多，因为组合的词多。

当然，这是在我们分析了买家的搜索习惯的基础上，对常见的搜索词进行合并后得到的这个名称，那么，我们的宝贝就用这个名称。

我们再看属性。很多人都听说过内蒙古特产，或许看过别人吃过内蒙古特产，自己也想吃内蒙古的特产，此时她可能会搜“内蒙特产”一词，也有的搜“内蒙古特产”一词，还有的搜“内蒙零食”或直接搜“零食”这样的词，很容易想象的。

没有买过的买家如想知道网上都有哪些零食可买，就只搜“零食”两个字，比较有明确目标的可能搜“特产”这个词，那么不管买家搜“内蒙”也好、“内蒙古”也好，“特产”也好、“零食”也罢，我们属性中的这几个词都已经把它囊括在里面了，哪怕买家没有刻意地去想买，只要买家搜这个词我们都会列出结果来并且呈现在买家的眼前，让买家有一种选择。

接下来就是“叫卖”，先让买家看一眼，然后再激发买家的欲望，这个叫卖写的是“咬一口口水长流”，这是在激发人的欲望。很多人看了这个标题之后无非有两种反映：一种是被它吸引了——“真的有那么好吃吗?”，不如去看看究竟，于是点进去看了；另一种是以怀疑的目光来看的——“真的假的?是不是真有那么好吃？是不是夸张啊?”

其实，卖家是想在告诉买家，**真的假的不重要，想知道真的假的点击进去看看不就知道了吗**——只要买家一点击，卖家立即就达到了目的——流量!

至于好吃不好吃，只有尝了才知道。买家现在买不买呢？那就要看卖家的宝贝描述能不能把买家的欲望激发到无比想吃的程度了，如果买家真正已经口水长流了，那么卖家就胜利一大半了。

当然了，买家也会参考别人的销量和评价的，那些都是我们前面所讲的打造高转化率要做的工作。不管怎么说，这一步对于吸引流量来说，这个标题是足以胜任的。

设想买家搜出了一堆标题，这个标题就会在他的眼前一亮，由于叫卖的那一句话他就有可能点击，点击后店铺就有流量，在内功修炼的很扎实的基础上，买家可能会抱着将信将疑的态度——不管是真的还是假的，就会先买几包尝尝。这样，我们就完成了销售这个光荣而又艰巨的任务。

由此看来，这个标题就是一个好标题，**好标题会帮助宝贝提高点击率。**

2.10.5 在数据分析基础上提炼关键词

这么好的标题是怎么写出来的呢？你可能会回答“参考我们前面的

模板”。其实，光参考模板还不够，首先要在数据提取和分析的基础上提炼出关键词，也就是关键词的提取要建立在对搜索词分析的基础之上。

记住一句话：**你卖什么并不重要，买家搜什么才是重要的**！我们所要做的工作就是迎合买家，因此在提炼关键词之前，需要换位思考：在买家的脑海中，对于自己想买的东西他会搜什么词……这样，就会想通很多问题，就会得到与过去很不一样的结果。当然，我们一要想，二要通过“拿”数据，毕竟想到的都是主观的，数据才是客观的。

怎么去“拿”这些数据呢？有三个步骤可以寻找和汇总这些词。

第一，你卖的宝贝要有一个主词，比如说刚刚说的那个奶酪豆，它应该属于奶酪这个大类，先从搜“奶酪”这个词开始，这就是主词。

第二，搜出来一堆结果，同时淘宝会在搜索栏下面出现“你是不是想找”，下面跟着好几个“相关词”。我们“拿”到“相关词”再挨个搜索，会进一步“拿”到这个词的“相关词”。就像每个人都有朋友一样，朋友也有朋友，朋友的朋友仍有朋友，抓住一条线，找出一大串。

我们把这些词罗列出来进行一下排序，然后再参考一下别人的标题，尤其是卖得比较火的那些卖家的标题，看人家是怎么写的，人家那样写必定有人家的道理。与此同时，我们再对着我们的参考表，对新列举的这些词按搜索次数排序，最后我们把排在前面的这些词进行一下组合，像刚才例子中的那个名称“牛奶提子奶酪豆”，就是对于经常搜到的词合并的结果。看来写一个好标题并不是很容易。

第三，要借助一下直通车的工具。直通车里面的工具你搜一些关键词的时候它会列出这个词的搜索指数或者叫搜索次数，以及每一周的搜索次数。那么，你多试几个词就会知道，哪些词搜索次数多，哪些词搜索次数少。这样，就可以得到一个排序。

为什么要对这些词排序呢？是因为不同的关键词，被搜索到的几率是不一样的。

例如，大家可能都喜欢搜“奶酪”这个词，如果你得到的排序中“奶酪”这个词不是排在前面，那么你的标题里面就有可能不带“奶酪”这个词，果真不带“奶酪”这个词的话，你的标题就会损失很多的流量，最终你的标题也不能算是一个好的标题。还是要记住那句话：你卖什么不重要，买家搜什么才重要！买家搜什么，就包含了搜什么次数最多这个因素在里面。

2.10.6 人气要集中不要分散

上面的这种做法显得很麻烦，有些人觉得没必要，认为多写几个标题，多发布几个宝贝不就可以了吗？何必在一个宝贝标题上费那么多劲呢？

如果在以前淘宝没有彻底地执行人气排名规则时，上面的说法也许能站得住脚，但是现在规则变了，这种说法就站不住脚了。不仅如此，过去的那种做法还被淘宝定了一个新的罪名：“重复铺货”。

在以前按下架时间排名的时候，“重复铺货”是一种能提高排名的技巧。然而，时过境迁，“重复铺货”现在却要被处罚（扣分和降权）。

在人气排名的新规则下，我们必须转变思想，那就是**宝贝要集中不要分散**。即：与其分开成10个宝贝，每个有100个销量，不如集中到1个宝贝有1000的销量。原因已经解释过多次，高销量就是高人气，高人气能带来免费流量。再者，高销量还会带来高转化率。如果分散开来，这些利好全化为泡影。

宝贝数量少没有错，销量小才是错。单纯追求店铺内有数量众多的商品是没有意义的，应该集中心思把其中的几款卖火，就够了。

2.10.7 珍惜标题的字数

淘宝规定每个标题的最多字数为30个字，这对每个卖家都是公平的，因此我们既要充分利用，又要有效利用。

充分利用，是指尽量写够30个字。**有效利用，是指不写无关的字，对于那些不能帮助提高点击率的字，其实都是在浪费资源。**常见的有：

【冲钻】

【皇冠信誉】

【消保卖家】

【万人好评】

站在买家的角度看，买家购物的时候会搜“冲钻”吗？买家会搜“皇冠信誉”吗？买家会搜“消保卖家”吗？买家会搜“万人好评”吗？如果是我，我不会搜。我问了很多人，他们也都表示不会搜这些词的。不会搜这些词，就是说这些关键词不会增加被搜到的几率。

那么，这些关键词会激发点击欲望吗？我看也不会。因为这些词，看得太多了，早就麻木了，而且买家会认为，这些都是卖家自卖自夸，关我什么事。**买家真正关心的不是这些，买家更关心的是你卖的那个商品，到底对他有什么好处，**也就是标题模板里叫卖的部分。

写个好标题不容易，需要花费很多心思。有的人觉得30个字不够用（常见写得密密麻麻连个空格都不舍得用的情况），也有的人在浪费宝贝的字数资源（就像上面的例子），删除这些无效的关键词之后，多补些叫卖的语句，那才是宝贝真正的广告，需要完全站在买家的角度，去琢磨买家到底想要什么，并精准或具有鼓动性地表述出来。

Section 2.11 主图是宝贝的脸

主图是宝贝的脸，详细描述是宝贝的着装。买家通常不看宝贝的着装，先看的是宝贝的脸。如果脸蛋好看，才会看其他的；如果脸蛋不好看，就直接一闪而过，不给任何机会。

2.11.1 主图要有吸引力

主图既然是宝贝的脸面，说明它在吸引买家眼球时发挥的作用重要，因此对这个图我们要下点功夫。我们没办法说明哪个主图是最好的，因为对于主图而言，没有最好，只有更好。但是与之相反，不好的主图却可以很容易地被指出来。有两种比较典型的差的主图，我们继续用脸作比喻。

（1）主图的脸要五官端正。

主图应该是一个全景图，最好是实拍的全景图。全景图能让买家在最短的时间内看明白卖家卖的是什么东西。即便不上全景图，起码也得是个规则的方形图（标准的尺寸应该是 310×310 像素），像下面截图的中间一幅主图就不规则，给人感觉五官不端正。

也可以说主图是面子工程，但不管怎么说，这个图都非常重要，最好体现出精美。自己要是不懂，可以找人来帮忙设计，即便需要花钱也是值得的，这个图是能帮你赚钱的。

（2）主图的脸要干净。

有很多主图看上去会给人一种非常邋遢的感觉，就是因为在主图上涂抹了太多的“脂粉”。例如，下面这个主图看上去脸就很不干净。

让人看起来容易生厌的事不要做，因为买家不会看那些让他心烦的事物。第一部分我们说过，“得人心”不仅要“所欲与之聚之”，还要“所恶勿施”。

上面这个例子让主图的脸看起来不干净，好像是因为文字没有仔细排版导致的错，于是有些聪明人就会精心排版。但是一不留神，也会走入另一个极端，下面的图就是例子。

老实讲，上面这张主图没有 10 秒钟都看不明白到底卖的是什么！因为内容太多了！内容多就好吗？很多时候“多不如少”，“少就是多”。

2.11.2 让主图更吸引眼球

即便主图是脸蛋，而且是漂亮的脸蛋，但是当有很多很多的漂亮脸蛋在一起竞争时，谁更吸引眼球，谁被点击的几率就会增加。所以，我们还需要给主图进行适当的装点，让它更吸引眼球。装点的办法，就是在主图上添加一些简单的文字或图形点缀。

下面的截图就是一个例子。

中间的主图上有“包邮”两个字，并且用红色底纹作为衬托，显得更加醒目。买家在同时面对这三张主图时，中间这个宝贝的主图要比前后两个光秃秃的主图显得更加吸引眼球，点击率会大增。

在主图上加文字，文字可以是标题的补充，也可以是你想强调的重点。比如，标题文字里有不方便说的，或者限于字数而没能写上的，再或者是担心有后遗症的，都可以通过在主图上加文字来强调。所谓后遗症是指，如果随意改变标题文字，那么买家在拍下后所看到的标题与之前不一样时，买家心里就会产生疑惑甚至怀疑，但如果更换主图就没有任何痕迹。还需要强调的是，加在主图上的文字不能多，越少越有效果。下面的截图就是在强调“速度”卖点。

第一个宝贝主图中的“加急送 · 当天吃”字样会吸引那些对速度很敏感的买家的注意力，非常有效。这个例子中，不只用了文字，还出现了一个人在跑的图形，它会让该宝贝在这一堆图片中首先脱颖而出。

上面你已经看过不干净的宝贝的脸了，就是说明**文字加多了或加错了都不如不加，**所以切记：少就是多。

Section 2.12 从营销的角度装修店铺

对每一个淘宝店而言，都离不开店铺装修。但如果问一下店主：你的装修原则是什么？一些人回答不上来，更多的人是从来没有考虑过这个问题。不过，概括为两个字——唯美。也就是说，装修的目的是让店铺更像个店铺，更好看。

我不能说这种做法是错误的，但我让你转变一下观念：要从营销的角度装修。何谓从营销的角度装修呢？即，**一切装修的目的都是为了销售，不再单纯考虑美观。换句话说，美观不是目的，美观要能帮助销售。**

2.12.1 装修就像人的衣服

有一句谚语——人是衣服马是鞍，是指人的衣着打扮很重要。在我看来，**装修就像人的衣服。衣服的作用，是一种衬托，通过衣服的衬托，可**

使人更有魅力。淘宝店铺的装修就是这样。

店铺首页，是宝贝的展台，我们不仅仅是为了展示宝贝，更重要的是希望买家更多地点击宝贝图片、拍下购买。宝贝图片是买家最关心的，也是卖家最关心的。应该把宝贝图片的魅力突显出来。

所有的气氛营造，所有的挂件装饰，不过是对宝贝图片的一种衬托而已。通过衬托，让宝贝图片显得更好看，使浏览者更有点击欲望，仅此而已。因此，装修素材的作用最好遵守以下两个原则。

(1) 牢记目的。装修素材本身是不能直接帮你多赚一分钱的，赚钱靠卖货，卖货靠宝贝图片。

(2) 不能本末倒置，更不能喧宾夺主。

装修素材只是起到衬托作用，或营造氛围、营造意境、营造气场，它们只是辅助的，并不是主导，更不是主角。如果因为装修的原因让买家的注意力分散了，那就是把装修的目的本末倒置了，要坚决避免。

2.12.2 删除无关的内容

我常常看到，不只在店铺首页，还有宝贝描述里，都有很多不合适的装饰品在影响着成交。我认为，这些东西的存在与“从营销的角度装修”的原则相违背，最好删除掉。这些无关的内容有：

(1) 在最重要的位置放置的是通告和注意事项之类的文字，建议删除。

店招下方的位置是店铺首页里的黄金位置，这里放什么直接决定了给买家留下什么印象。不管怎么说，店铺公告和注意事项都不是最重要的内容，店铺最重要的任务就是卖货。所以，**在最宝贵的位置一定要放置能帮助多销售的内容**。

(2) 店铺首页用了很多闪图挂件装饰品，建议删除。

有很多店铺使用的都是装修模板，模板的设计者完全从美观的角度进行设计，而且越通用用户就越多，并没考虑到你是具体卖什么的特殊情况，所以对你没用的东西仍然保留着。

再者，闪图会分散买家的注意力。你要清楚，买家的注意力是很宝贵的，买家越把注意力集中到我们的宝贝图片上，对我们越有利，购买的几率才大。闪图的存在，极大地吸引了买家的注意力，对于不想看闪图的买家来说，又成了一种干扰，非常晃眼睛。不删除，无奈的买家就会弃你而去。

（3）左侧喜欢用一些有趣的卡通图，建议换成宝贝的广告图片。

类似“不要差评我”之类的卡通图片的确很有意思，我们也都清楚卖家的心思，以“开玩笑的方式告诫买家不要轻易给中差评”。试问，给不给中差评，真的靠这几张图就能避免吗？其实，等到买家真的评价的时候，早就把这些丢到九霄云外，忘得一干二净了。所以，放这些东西没有任何的作用。删除掉这些内容，原来的空间就会显得空荡荡的，怎么办呢？

当然不能空着了，赶紧给自己要热推的宝贝做广告啊！我的地盘我做主，放哪个产品的广告，自己决定。但一定要用好图。**宝贝多卖唯一的诀窍就是最大限度地曝光宝贝图片**！在自己的地盘上，不用花一分钱的广告费，何乐而不为呢！

你可能会反驳说，何必放在这里曝光呢？首页不是已经有了吗？就是有很多买家通过搜索直接进入了宝贝页面，店铺首页根本看都不看一眼。懒惰是人性，你勤快一点，就会拥有更多的机会。

（4）宝贝描述页面以及店铺首页里有碍成交的文字信息，统统删除。

很多店铺在宝贝描述页面以及店铺首页里写着长长的购物须知类的免责条款，就像下面这样：

请买家收到货后，在验收货没有问题的情况下，尽快在1～2天内确认收货，如果有问题及时告知以便及时为你处理。如果在收到货1～2天没有确认也没有和店主联系，将视为买家收到的货物为合格品。其过后再要求店主更换配件或说货物有问题，本店一概不负责！

即便你写得再多，告诉你，没用。为什么呢？听我给你分析：已经购买宝贝的买家，多半没看。即便看了，如果出事了，照样来找你，你的条款根本不起作用。如果卖家不处理，买家就要投诉，请淘宝来解决，而淘宝一定会向着买家的。

这些情况想必都是你有亲身体会的，而我更关心的是另外一个问题，就是**因为有了这些条款，那些买家可能会被你吓跑的。**

在前面部分我们说过，成交的路上有很多障碍，像一道道门槛，每一道门槛都把一部分买家挡在了门外，最后真正成交的，只是其中的一部分，很小的一部分。

要想放大销量，就要把这些障碍统统铲除掉，让买家在通往和你成交的道路上，畅通无阻。想想我们前面的做法，承诺了零风险，甚至有的承诺其风险比零还低。退而求其次，也可以不实行零风险承诺。但是，如果保留了这些信息，就等于你和你的买家之间增加了很多交易的阻隔。

从正反两方面看，这些信息都没起到好作用，还留它做什么，立即删除之！

那么，这些信息删除之后怎么办呢？如果真的还需要的话，就把它留到旺旺沟通时，再和买家说。那时候说，效果会好很多倍，关键是成交的买家更多了！难道让生意更好，不比你要强调的条款更重要吗？

第三部分
淘营销第二层次——把宝贝卖火卖暴

本部分的目标非常明确，就是要把宝贝卖火卖暴。

通过第二部分的内功修炼，店铺和宝贝都有了较高的转化率，在这个基础上，要实现把宝贝卖火卖暴的目标，唯一需要的，就是流量。因此，本部分的根本任务就是放手弄流量。与此同时，还要考虑把流量弄到哪里：是店铺页面还是宝贝页面？从某种意义上说，弄流量还没有把流量弄到哪里的问题更重要。把流量弄到哪里需要遵循一些原则（产品线的调整），有了这些原则，推广才能真正转变为流量，流量才能成倍地增长，流量的价值才能真正发挥出来，进而推广的成本才能降到最低。

Section 3.1 销量公式：销量 = 转化率 × 流量

所谓把宝贝卖火卖暴，就是把宝贝卖出一个高销量。

在我们的印象中，30 天内卖出数千件、数万件、数十万件都是高销量，上不封顶。

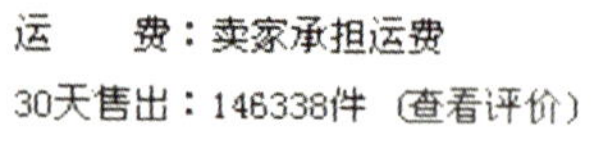

实现高销量，从哪里入手呢？

先来看销量公式：

销量 = 转化率 × 流量

这个公式告诉我们，要做销量，可以从转化率入手，也可以从流量入手。

销量与转化率成正比，销量也与流量成正比。转化率越高，销量越大。流量越大，销量越大。

因此，我们的具体任务就是提高转化率和提高流量。双管齐下，做大销量。

打造高转化率，已经在上一部分打好了基础，这里，我们就是要放手去做流量。

需要多多地开源。涓涓细流，汇聚起来也可以成为洪水般的流量。

详细来源	到达页浏览量	趋势
淘宝专题	34600	查看
直接访问	10340	查看
淘宝管理后台	2667	查看
淘宝类目	2068	查看
超级卖霸	1970	查看
淘宝收藏	1928	查看
淘宝站内其他	1872	查看
淘宝搜索	986	查看
blog. sina. com. cn	939	查看
直通车	878	查看
淘宝店铺搜索	397	查看
淘宝其他店铺	260	查看
淘宝信用评价	243	查看
淘宝首页	213	查看

话说回来，如果流量真能实现洪水般，即使转化率很低很低，宝贝也能卖火卖暴。

淘宝网每天几千万乃至上亿的流量，整个互联网每天数亿乃至十数亿的流量，而我们只拿到了那么可怜巴巴的一点点，为什么？单靠一条渠道去获得流量是不行的，需要多多开源。

Section 3.2 流量的来源与获取方式

首先，我们要明确流量的来源与获取方式都有哪些。

按流量的来源，可以分为：

- 淘宝站内的流量
- 淘宝站外的流量

淘宝站内的流量，就是聚集在 *.taobao.com 上的所有流量，这对所有淘宝店主而言都是主要渠道。我们希望从淘宝的几千万乃至上亿流量中分得一点点到我们的店铺和宝贝页面。

淘宝站外流量，也就是除淘宝网以外的所有互联网上的可以为你所用的流量。

概而言之，流量总共就这些，不是在淘宝网上就是在淘宝网外，但中国人多（还有在国外的中国人），有几亿网民，上网人群非常巨大，所以总流量非常巨大。

流量的总量已知，怎么获取呢？按流量的获取方式可以分为：

- 免费的流量
- 收费的流量
- 其他流量

免费的流量很好理解，就是不花钱就可以得到的流量。收费的流量，也很好理解，只要花钱就可以得到的流量。其他流量是什么意思呢？是花钱呢，还是不花钱呢？

之所以用“其他”这两个字，就是有时候收费，有时候免费。例如，像淘宝客推广带来的流量，如果它帮助你成功销售了，就需要花钱（付佣金），相当于收费流量；但如果没有带来成功的销售，就不用花钱，相当于免费流量。再比如，像一些赞助类的运营活动，只是赞助产品，淘宝帮你曝光带来流量，这些流量没有花现金，但产品也是有成本的，也不好界定算收费流量还是免费流量。

3.2.1 淘宝站外的免费流量

先来看淘宝站外的免费流量都有哪些，以及怎么获取。

淘宝以外有数以万计个网站，我们要从这些网站中的获取免费的流量，有两个要点，其一是看哪里聚集的人群多，哪里有人经常出没，我们就在人多的地方曝光我们的产品；其二是曝光的产品有吸引力，先保证有人看，再想办法吸引人点击进来。这样我们就可以得到免费的流量。最常用的方式有：

- 开博客

- 论坛发帖子
- 群发广告（如 QQ 群发、MSN 群发、QQ 群群发等）
- 写软文

……

淘宝站外的流量获取方式很多。网上这方面的资料很多很多，所有关于做流量的技术都可以用在你的淘宝店里（他们做流量的目的是吸引更多的流量去他们的网站，而我们的目的则是来我们的网店，差异仅此而已，别的都一样）。再者，因为我不主张使用这种方式，所以不再细述。

3.2.2 淘宝站外的收费流量

基本来说，互联网上的流量主要都集中在网站上。不同的网站，流量是不一样的。大多数的网站都有卖广告位的业务，因为开网站的人也要吃饭，也要生存，也要赚钱，而且并不是每一个网站都能够赢利，也并不是每一个网站都清晰赢利的模式。不过，不管怎么说，只要网站有人来访问，有流量，就可以卖广告，因此靠卖广告位是网站的基本赢利方式之一。

用付费的方式从别人的网站上买到的流量，都是收费流量。具体说，有以下几种方式。

（1）直接联系站长买广告位。

碰到业务对口的中意的网站后，可以直接联系该网站的站长洽谈广告业务，谈妥价格后他会把你设计好的广告挂在他的网站上，并做好链接。在流量大的网站做广告，广告上线后就会有源源不断的流量。

直接联系站长买硬广告位的弊端是，各个网站流量并不是很均匀，有的网站流量很可观，有的网站流量却很小，而且事前我们无法一一得到真实流量数据。这就给我们大面积地投放网站硬广告带来一定的困难。

（2）通过广告交易平台买流量。

直接联系站长买广告位的方式不太灵活，需要联系站长，需要了解情况，需要讨价还价，等等，很麻烦。进一步说，如果你想在几十个、几百个网站投这种硬广告，需要逐一联系站长，洽谈价格，工作量巨大且是相当麻烦的一件事。幸运的是，广告交易平台出现了，它可以避免以上的这些问题，它就是阿里妈妈广告交易平台。

阿里妈妈是一个全新的互联网广告交易平台。它是主要针对网站广告的发布和购买平台。它首次引入“广告是商品”的概念，让广告第一次作为商品呈现在交易市场里，让买家和卖家都能清清楚楚地看到。广告不再是一部分人的专利，阿里妈妈让买家（广告主）和卖家（发布商）轻松找到对方！下面的截图就是阿里妈妈的例子。

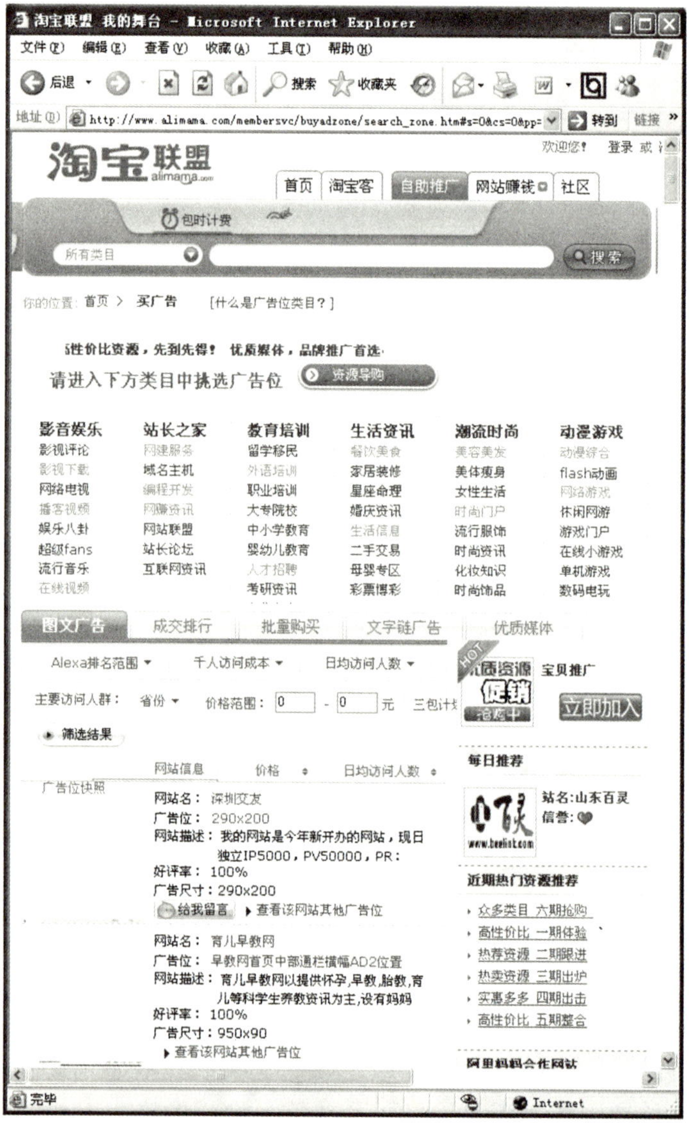

在阿里妈妈平台上，买广告就像买商品一样，中意的广告位你可以预定下来，预定从某日到某日的时间段，明码标价，可以按日收费也可以按点击收费，方式非常灵活。另外，在淘宝建立的整个诚信体系下，广告主的交易安全也得到了提高。和广告主谈妥后，广告按时上线，之后就会有流量源源不断地进来了。

（3）在搜索引擎上买竞价关键词广告。

流量真正巨大的地方还是在搜索引擎上。搜索引擎也是靠卖广告赚钱。搜索引擎卖广告的模式是竞价广告，谁出的钱高就给谁排名在前，也就是买关键词。当网站用户搜索某关键词的时候，谁出的钱高就给谁放在前面。收费方式是按开户费加上服务费作为基本账户费用，每一次点击单独收费，价格以出价计算，跟直通车大同小异。

目前，在国内大家都在使用的搜索引擎广告有：百度竞价排名、谷歌竞价广告、有道竞价广告、搜狗搜索引擎等。

百度的流量非常猛，所以就有很多掌柜想在百度上买广告。但都说百度竞价排名不给淘宝网店做广告带去流量，因为淘宝和百度旗下的“有啊”是竞争关系，很多淘宝卖家转向了其他搜索引擎的竞价广告了（不过，百度也并不是绝对的，本人也看到过例外，这要看你的实力和公关的水平了）。

调查发现，淘宝店主最常用的搜索引擎是搜狗竞价排名和有道竞价排名。下图就是在有道下搜索“电脑”这个关键词后显示的结果。

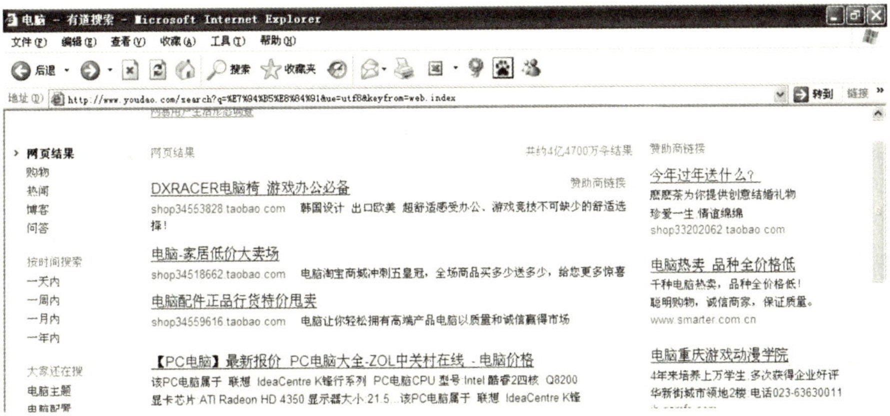

请注意右侧和上方的“赞助商链接”区域，凡是域名后缀是“.tao.com”的，都是淘宝网店的广告。感兴趣的朋友可以亲自去调查一下。

搜索引擎网站不仅自身的流量巨大，同时兼营了网站联盟广告的业务，其中广告主最常用的有 Google Adwords 系统和百度联盟广告。例如，下图就是在某网站中的网页里的截图，你肯定见过这样的页面，这就是挂的 Google Adwords 广告。

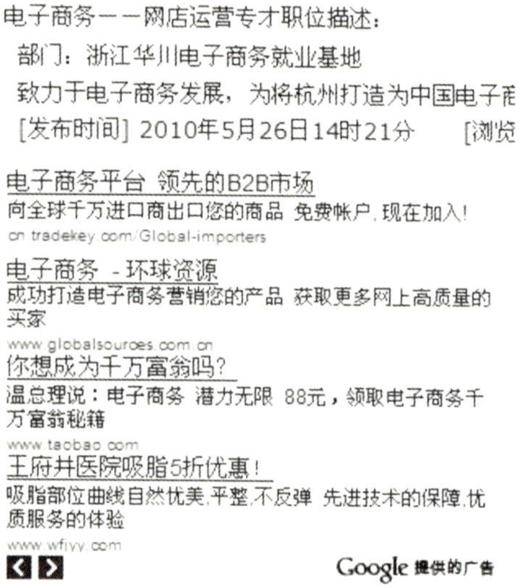

当网页里出现了你事先选定的一些关键词之后，系统就可以把你的广告出现在联盟网站里，感兴趣的人看到后，可能会点击，从而给你带去流量。因为加盟的网站众多，这些网站流量加起来总体非常巨大，所以买到的流量很可观。

3.2.3 我在 Google Adwords 投的手写板广告赔了

下面这个案例是以前做过的一个测试，当时的目的有两个，一则通过测试我想甩货，二则想亲自感受一下淘宝站内和站外流量质量的差别。

当时我在淘宝店铺里卖电脑上用的手写板，手写板的消费对象定位在年轻人买来送给正在学电脑的父母的。推广这个宝贝，使用的推广方式是 Google Adwords 系统。

推广的时候开通了搜索竞价广告，同时也开通了联盟广告。对于前者，广告出现的位置是在 Google 搜索结果页面的右侧，即在 Google 里搜

“手写板”这个关键词时，就会看到我的广告，点击之后就可以进入我的宝贝页面。

与此同时也开通并投放了联盟广告，所有挂 Google Adwords 广告的这些网站，当他们的网页上出现“手写板”这样的词的时候就会出现我的广告，点击之后也是进入到卖手写板的这个宝贝页面。

我测试花了100多块钱，最终这100多块钱也买来了不少的流量（按点击收费，不点击不收费，所以钱花出去了，必然会买到很多点击量），但最终只卖了2个手写板！

手写板卖多少钱呢？才卖10块钱。尽管货都是新的，但因为是一批需要处理的库存货，做亏本甩货处理，因此即使在这么低价和宝贝描述都没有任何问题的情况下，来了那么多的流量，结果只成交了2单。也就是说，广告费远远没有赚回来，几乎算全赔。

我非常纳闷，来的流量都是搜“手写板”这个词的人，搜这个词也就是说他对手写板这个东西有需求；否则，他不会搜这个词，他也想不到要搜这个词。搜了，看到了，也点击了，更了解了，但就是不买，唯一的解释就是，他没有在淘宝上购物过，甚至从未网购过。他还不相信网购，不愿冒险，可能也没那个条件。

但如果这100元的广告费投在淘宝的直通车里，我敢肯定绝不会只卖出去2个。这倒不是说淘宝直通车系统比 Google Adwords 系统有多高级，也并不是它们吸引流量的能力谁高谁低，仅仅是看到广告的人群有差异而已！这个例子可以说明很多问题，但是这里我只强调一点，就是从**淘宝站外来的这些流量的质量是相当差的。**

3.2.4 丁总每天2万的百度广告费去哪了

丁总是卖保健品的店主。在参加培训之前，我照例分析了他的店铺。让我非常惊讶的是他店铺的流量，分明写着：“今日 IP：7326　昨日 IP：15213”。

我以为这是挂的假图片，随后跟踪了几分钟，在不断刷新下，数字每次都在变化。

原来这是真的，而且流量还不小。

但是看销量，并不理想。为了验证刚才数字的真伪，以及实际的疑惑，我在旺旺上找到了老板丁总。

丁总回答说："流量都是真实的。"

我问："从哪来的流量？"

他答："在百度买的。"

我问："每天要花多少广告费？"

他答："一天一两万。"

最后我说："你肯定赔钱！"

他好像一下子找到了知音，非常激动，忙问原因。我就把上面手写板的故事告诉了他，当天他就把百度的广告停了。

事后得知，他每天赔得都很厉害。可以说，如果不是保健品的利润丰厚，他会赔得更惨。

后来在培训班上，他分享了一些内情：有很多买家，都是当天刚刚注册的淘宝账号、新开通的网上银行和支付宝，每天这样的买家都不少。

悲剧，真是悲剧！丁总承担了本该淘宝来承担的教育网民成为淘宝网购人群的重任，把自己以前的积蓄都交了学费。

我亲自看过丁总的宝贝描述，也是非常棒的，这一点从注册的淘宝新会员的数量就可以看出来。每天能把那么多普通网民教育成网购人群，让他们甘于突破自己去购物，可见宝贝描述的吸引力和可信度的确达到了一定的高度。但我还在想，每天来了15000多人，只有100多人购买，其余的14000多人哪去了？为什么不买？

原因非常复杂，但必定是没有网购经验、对网购不信任、没有支付宝和淘宝账号这样的人占据大多数。

如果同样的流量是来自淘宝的买家呢？效果可能是天壤之别。

幸好，结束了错误的方式，又找到了正确的方式。丁总在很短的时间内就把"学费"赚了回来，还打开了一条新财源。

3.2.5 把货卖给网购人群

每个上网的人都是一个流量来源，每个网站都聚集了一群"相似"的人。真所谓"物以类聚，人以群分"。聚集的这群人自身的一些条件和状况（收入、年龄、观念、家庭因素），决定了这个群体的价值，群体的价值就是网站的价值。

淘宝上每天几千万甚至上亿的流量，淘宝为什么有那么大的流量？这么多年来，从最开始的一小撮网购群体，开始培养他们的网购习惯。另外，淘宝也在花大量的人力物力财力到外边去做广告，把互联网角角落落的人拉到淘宝网上来，拉进来后就培养他们购物的习惯，所以，整个网购群体盘子越做越大，且当一个习惯养成了，也是很可怕的，每天都习惯性地去逛逛。流量就是这样积聚的。

淘宝就是一个大集市，设想一下我们去赶集都去做些什么，基本上经常去逛街去赶集的都是非买即卖的人，纯粹闲逛的也有，但是比较少，所以来淘宝这里的人绝大多数都是网购人群。

我们开店就是要把货卖给网购人群！他们有网购经验，又有很强的消费能力，这些人群正是我们要找的。所以说，这里不缺人也不缺流量，更重要的是，来这里逛的人的素质都是比较高的。

相比之下，淘宝站外的网站，比如什么八卦网站、什么乱七八糟的网站的流量，买和卖的观念比较差，消费能力也比较差，对我们网店来说价值不大。没有价值的流量，在我们开网店的人看来就是垃圾流量，这样一对比就可以发现哪个质量好哪个质量差了。

前面两个故事告诉我们，目标人群的差异，就决定了一切：你赚钱还是赔钱。

3.2.6 你该获取哪里的流量

网店的流量来源一方面是淘宝网内，另一方面是淘宝网外，流量都很巨大，不过质量差异业已比较过了，差距很大。

每个淘宝店主都在费尽心思搞流量，尤其是免费的流量。因为淘宝站外搞流量的手法可以有多种，正道的有，歪门邪道的也有。也因为淘宝站内可以获得免费流量的手法有限，“难度”较大，所以有很多店主就把搞流量的目光投在了淘宝站外。

我们对淘宝站内流量和站外流量进行分类，并不是排斥哪一种方法，流量当然是越多越好，多多益善。但人的精力毕竟有限，人的长处毕竟不同，因此我主张把有限的时间和精力投入到最能产生价值的地方。

怎么衡量价值呢？就是投入产出比。投入少，产出高的，就是高价值，就是值得我们倾力去做的事。

根据上面对流量质量的分析，也经过实战经验的总结（淘宝站外的流量做的不错的，转化率可以达到3‰，而淘宝站内的流量做得好的转化率可以达到3%，转化率差了10倍。不要小看10倍，它是你盈亏的分水岭。不要小看10倍，你知道要让流量提升10倍你需要费多大劲?）。我们认为做淘宝站内流量更有价值，**我们的精力都应该集中在淘宝站内的流量上。**

淘宝站外的其他互联网流量怎么办？不要了吗？不。那些流量留给淘宝客帮我们做吧！他们比我们更擅长推广，他们的人力资源更强大，要把我们不擅长的互联网外的事交给淘宝客。让淘宝客把我们的宝贝信息推广到互联网的角角落落吧！

Section 3.3 淘宝以外的推广留给淘宝客

淘宝客，是广告形式绝佳的创新。以往，都是先拿钱投广告。对广告的效果，没有任何人给你做保证，但是淘宝客颠覆了这种传统的模式。淘宝客不仅帮你推广，而且还要保证卖掉，否则你是不用付一分钱的流量推广费的。只有卖掉货了，你才付给淘宝客一定的佣金。这对于卖家来说，基本上是毫无风险的。

既然是毫无风险的，每个卖家都要尝试，并争取最大限度地发挥淘宝客的力量，人多力量大。不过从实际操作来看，有数量众多的淘宝卖家都加入了淘宝客推广的行列，但是效果并不理想，其中的主要原因是开通了淘宝客但却没人帮你推广。于是，有一部分人怀疑淘宝客到底有没有推广，推广到什么程度，有多大威力？我们不妨从淘宝客的收入角度看看实际情况。

3.3.1 淘宝客收入龙虎榜上的钱都被谁拿走了

下图是在淘宝客首页上截取的淘宝客收入龙虎榜，这是一周的收入。

你会疑惑，这么多的佣金，都是谁给的呢？

显然是卖家。

既然卖家付出了那么多佣金，必然有成交，甚至可以说必然有更多的成交。

这些钱都是谁付的呢？下图显示的是支付佣金的一些店铺，从中也能看到淘宝客给店铺带来的推广量。

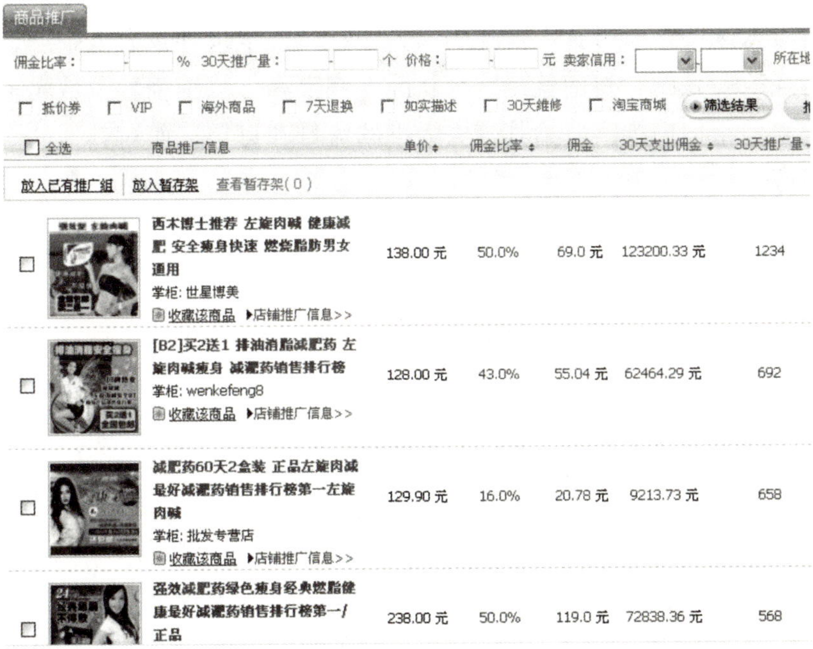

如果你觉得上图中的推广量不大，那么下图的推广量足以令你动心。

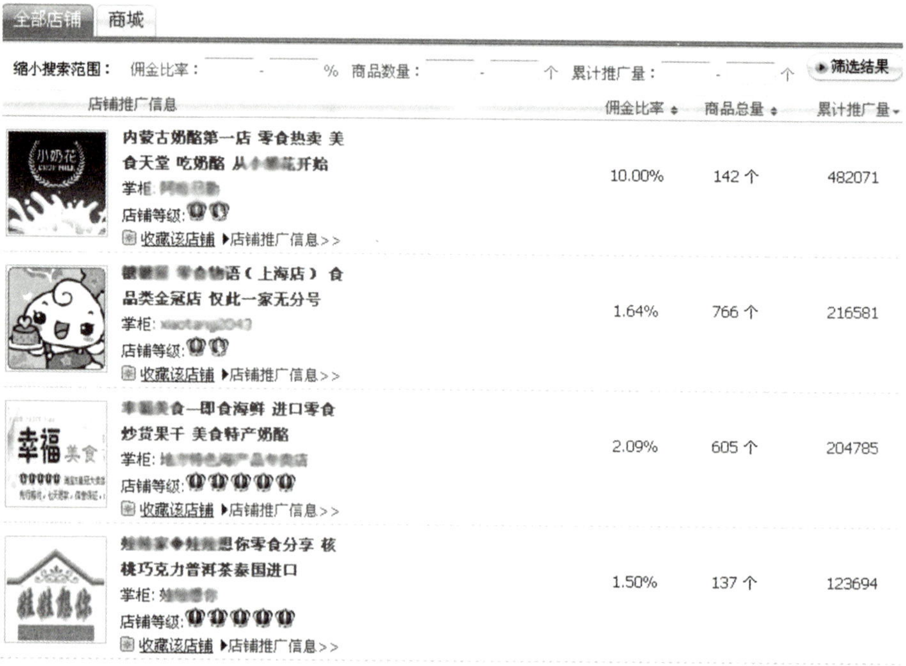

看看人家的宝贝被推广量那么大，而自己的宝贝却没有人推广，这其中必有缘故。是的，目前就是这种状况。淘宝客会只围绕着少数卖家的宝贝，狠狠地帮他们推广，给其带去大批的流量和订单，而对其他的卖家却不理不睬。

为什么呢？

3.3.2 淘宝客关切的利益

不了解淘宝客关切的利益，是没人推广的关键原因。其实，淘宝客最关心的问题有两个：

其一，你出多少佣金？

其二，你能不能把东西卖出去（其实就是转化率有多高）？

再回想一下你的做法，可能只是开通了淘宝客推广，可能只是设置了店铺佣金和主推宝贝的佣金，然后就不再管了。

你没有关心淘宝客的利益，自然，他也就不会为你的事上心。

很多卖家说，我出的佣金是我们这个行业里最高的，为什么还没有人帮我推广？

原因很简单：佣金高，并不代表淘宝客的实际收入就高。他最终能拿到多少钱，不是取决你设置多少佣金，而是取决于最终成交了多少交易额。

所以，你把转化率打造得越高，越会有人帮你做推广。因为他一推广，就能卖货。只要卖货，他就能拿到佣金，这是实实在在的利益。

但是，打造高的转化率也只是“内功”，淘宝客并不知道。所以，你不仅要把内功打造好，还要让淘宝客知道你的转化率很高，这样你才能进入他的视线，成为优先选择推广的对象。

怎样进入淘宝客的视线呢？你需要站在淘宝客的立场上思考。

3.3.3 让淘宝客优先推你的秘诀

淘宝客的职业就是帮人推广赚取佣金，他也需要找到好品。他是怎样找的呢？

把自己当成淘宝客思考一下，如果是自己，该怎样去找好商品呢？

我为了多挣佣金，我得找最好卖的商品。哪些商品最好卖呢？在没有现成结果的情况下，我就认为那些推广量最大以及付出了最多佣金的商品是最好卖的。所以，我只需要按推广量从高到低排序，或按支付佣金从高到低排序即可。

排在前面的，是优先选择推广的。我会这样想，别人推广这个商品都能销售这么大量，我推广也能销售这么大量。别人推广这个商品都能得到这么多佣金，我推广也能做到。我也不比别人笨！

反正别人已经验证过了，事实摆在那里了，风险最小，也省得思考了，直接照做就可以了。

所以，接下来的问题就是让你优先排在被选择的最前面。

怎样排在最前面呢？是等着淘宝客慢慢地推广吗？肯定不行，我们得主动出击，找自己人当淘宝客做推广。开通一个自己人的淘宝客账号，然后去推广这个链接。

最快的方式当然是用广告的方式去推广这个链接了！目的是为了通过淘宝客的方式产生大销量、高佣金支出。只要销售出去了，推广量和佣金支出双双上涨，就会被淘宝客优先发现和选择。当然，这样做需要“舍得”，需要付出，需要投资。除此之外，还要有额外的损失，就是佣金提成要被淘宝客抽走15%。当然，这只是启动阶段，一旦启动起来后，就可以抽身退出了，从此进入良性循环。

3.3.4 主动吸引淘宝客

通过上面的做法，把推广量和佣金都做上去之后，也仍然有两种选择，一是被动等待淘宝客主动找上门来帮你推广；二是主动出击去寻找淘宝客帮你推广。

主动总是没错的，消极等待是不可取的，毕竟你是花了成本的，推广量和支付佣金过了30天就会降下去，店铺的销量也会因下降而影响转化率，更重要的是，淘宝客可能并不知道你的销量大、转化率高，这个时候需要你主动地去做宣传，吸引他们来帮你推广。

可以设置一些奖励措施，激励淘宝帮你推广，把这些激励信息发到淘客社区或者淘宝客主页。例如，下图就是一个激励措施的案例。

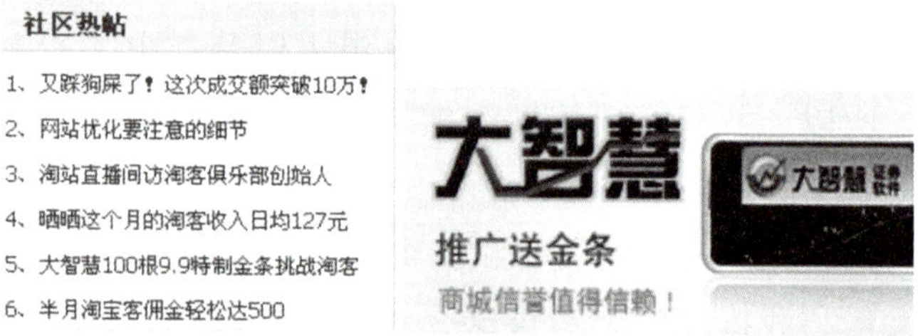

案例中，店家用“金条”作为奖励措施，激励淘宝客加入推广行业，并积极推广。

等到推广见到成效了，每个月的佣金支出达到一定的数额时，不用宣传就会有更多的淘宝客自动加入到你的推广行列。总而言之，淘宝客是一股强大的力量，如果能借助他们的力量为你服务，那么你的店铺就不会为流量而发愁了。每个卖家都应该好好利用这种机遇。

3.3.5 哪些行业适合用淘宝客

从道理上说，所有行业都适合用淘宝客。在实际浏览查证一番后就会觉得实际上也是如此，每个类目下，淘宝客都有成交记录。只是有些行业更特殊，比别的行业对淘宝客更迫切一些。它们是哪些行业呢？以下是几个典型的行业例子：

（1）淘宝直通车不支持的行业，比如“减、丰、壮”产品。

淘宝规定“减、丰、壮”产品不允许做直通车广告。这3类产品又都是暴利型的，断了直通车后，推广一直是个大问题。自从淘宝客出现后，很多卖家都把目光盯在了淘宝客身上。

减肥产品一直在淘宝推广力度和佣金支出方面名列前茅。其佣金比例也是所有行业中最高的，达到了淘宝规定的上限：50%。

50%的佣金，意味着什么？意味着淘宝客拿到的，比卖家都要多（卖家还有进货成本、人员工资等各种费用）。重赏之下必有勇夫，从推广结果和佣金支出看，淘宝客也算非常卖力。

像减肥产品，只买一次肯定难以实现理性的减肥效果，即便有效，也减不到梦想中的身材。因此，卖家赚的是后期的长期效益。所以，即便把第一次的所有利润都让利给淘宝客，也在所不惜。

（2）淘宝上买家少的非主流行业。

类似股票软件这样的产品，淘宝上的网购人群中股民并不多（主要是不集中），主要人群还都在淘宝网外，尤其是集中在股票论坛和股市网站。

是自己花钱买广告把流量引入到淘宝店铺中（自己承担风险），还是靠淘宝客把买家流量引入到淘宝店铺中成交后付佣金（卖家没有风险），这是每个店主要考虑的。毫无疑问，使用淘宝客是最划算的。

虽然这两个行业类别有显著特征，但对于除此之外的其他行业还是建议都开通淘宝客，开通就会有好处。只要被淘宝客推广过的，用百度搜一下行业关键词或者你店铺的名字，都可以搜到相关网页。点开之后，会一步一步引导你进入到自己的店铺。如果不开通，就没人帮你做这些。这就是淘宝客的力量和价值。

有些精明的店主，开始设置很高的佣金，引来许多淘宝客推广，信息在全网都能搜到，不知不觉中就带来了很多流量。后来又把佣金调低甚至取消淘宝客推广，流量照样哗哗地来。

这种做法有些不厚道，呵呵。

Section 3.4 淘宝站内的免费流量

淘宝不仅是一个交易平台，更是一个网站，拥有庞大的流量。作为一个网站来说，流量都是有价值的，何况上面都是“网购人群”呢！淘宝站内的流量也分：

- 免费流量
- 收费流量
- 其他流量

其他流量的含义，前面已经解释过，不再重复。收费流量，后面再做介绍，本节主要谈淘宝站内的免费流量。淘宝站内的免费流量有两种类型，一类是自然搜索来的，有点“靠天收”的意思，因此它是被动的；与之相反，也可以主动出击，去获取流量。

3.4.1 主动流量：帮派、社区和淘吧流量

淘宝站内可主动获取流量的地方至少有三处，分别是淘吧、社区和帮派。

这三个地方跟淘宝站外的论坛功能一样，可以发帖、回帖、做软广告，等等，只是规矩要比普通的论坛要严得多。

下图是淘吧里发帖的截图，从图中可以看到有的帖子点击量达到了数万。

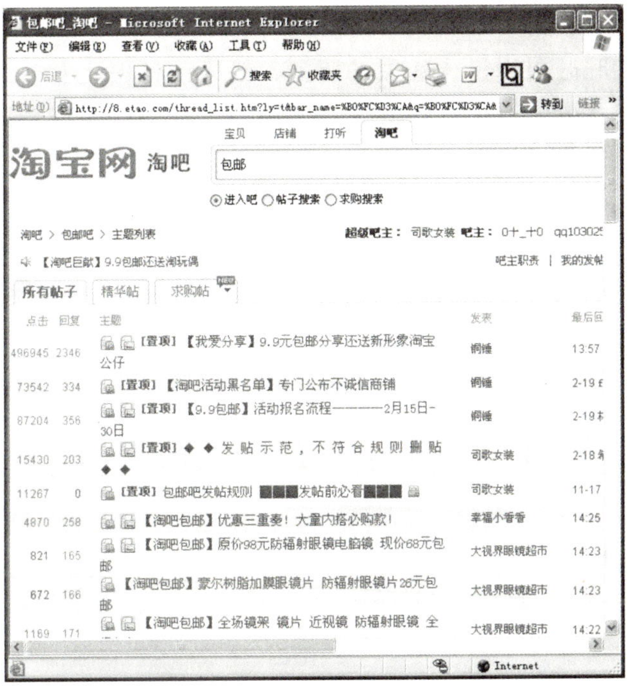

只要帖子的点击量高，就会给店铺带来一定流量，这也是有人愿意付出劳动的原因所在。

淘宝社区鼓励卖家写经验分享帖。质量好的帖子，会被加“精华”标志。例如，下面截图中的很多帖子后面都有“精华”标志。

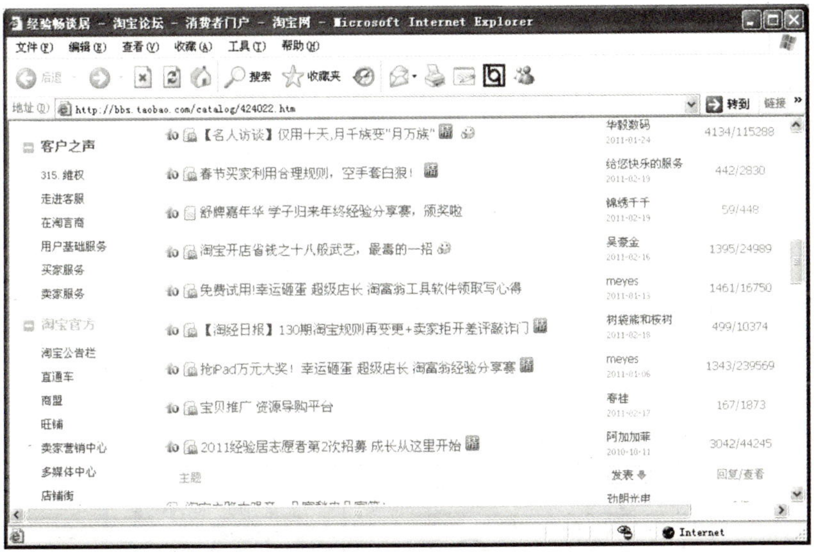

从图中看到，有“精华”标志的帖子浏览量都非常大。浏览者通过点击发帖人的旺旺可以进入卖家的店铺，给店铺带去流量。

其实不只在淘宝社区，在淘宝帮派也鼓励写经验分享贴，并给质量好的经验帖加“精华”标志，引起读者的优先阅读。下面就是一个加了“精华”标志的精华帖的截图。

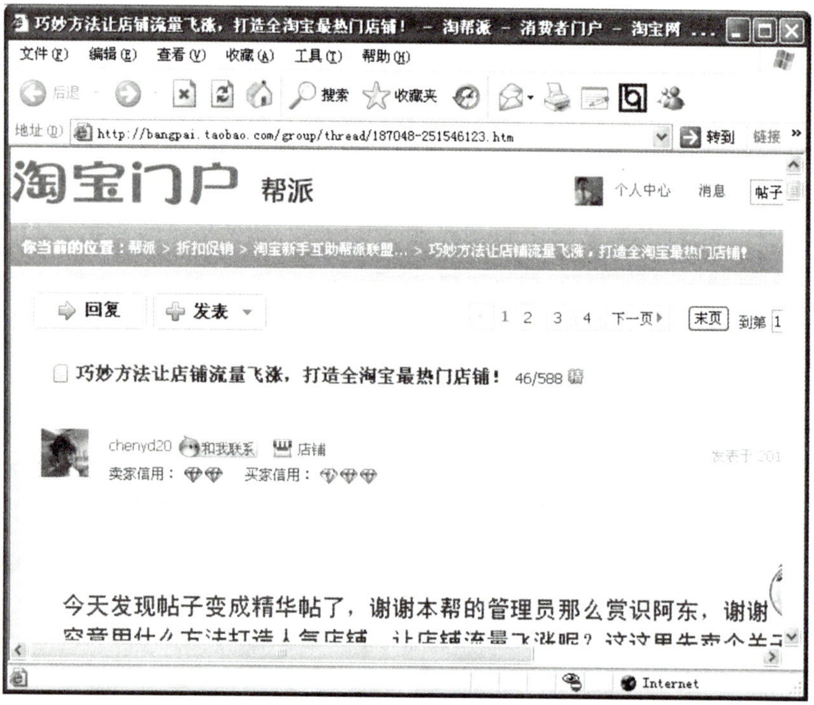

淘宝鼓励卖家分享经验，但卖家却需要用它做宣传。不过，直接发广告是被禁止的。下面的截图就是直接发广告（链接）的例子。

一旦广告被管理员发现，都要对账号进行处罚，这样矛盾就出现了。

最终，平衡“分享经验”和“宣传需求”矛盾的解决办法是写软文，也就是在经验帖里做不太容易被发觉的软广告，以此给店铺带去流量。从上面截图中的数字看，有的帖子的浏览量很可观，但是如果把写帖子作为一种主要的吸引流量的方法，仍有下面几个不可回避的问题。

（1）写软文需要较高的写作技巧。一个帖子只有被“加精”成为精华帖后，才能比较吸引目光。又要分享经验，又要不暴露广告，需要写作者有很深的写作功底。

（2）无法作为宣传的常态方法。你能每天都写一篇或多篇精华帖吗？你有那么多经验可分享吗？

（3）转化率很低。一篇精华帖能吸引多少流量？也许不少，但是你统计过吸引来的流量能成交多少单吗？转化率是多少？你想过转化率为什么这么低吗？

他们来这里都是学习经验的，可以说天天有时间和长时间泡社区的，基本上都是没啥生意的，都是来取经的，并非有真正需求的买家。从“鱼”和“饵”的角度看，你用的是“卖家经验”当饵，吸引来的自然都是对这个饵感兴趣的“鱼”。

我曾经碰到一个卖家女孩，旺旺交谈后发现想买得不得了，我也鼓动三寸不烂之舌，让她心动，但最后一刻她又忍住了，没买。她说，如果买了等于3天的生意白干了，现在生意很差。

她还在坚持。坚持的精神是可贵的，但是如果只是坚持，没有正确的方法，只是在盲目坚持，没有意义。

（4）后遗症问题。他们不仅从帖子里学习，还会在旺旺上当面请教。你回答还是不回答？

不回答，会说你耍大牌，恶语攻击你。回答，你不用干别的了，会有很多人来请教你，占用你的时间。所以，大卖家不是没经验分享，而是不敢分享，怕惹麻烦。

还是那句话，要想钓到鱼，要到有鱼的地方去钓。这里没鱼。

3.4.2 被动流量：搜索和类目导航

在数以万计的商品库里，搜索和类目导航是找到商品的主要方法。因此，搜索和类目导航也是给宝贝带来流量的主要工具。

上一部分，我们下功夫写好了标题，做好了主图，修炼了内功。然而，这些工作做好之后只是让我们的宝贝增加了胜出的重要因素，但并没有解决主要问题。主要问题是什么呢？

主要问题还是排名。排名不靠前，再好的主图别人也看不见，再好的标题也吸引不到人点击。最终还是没流量。所以，有必要再探讨一下排名的问题。

淘宝的宝贝排名规则是什么呢？

淘宝当前的宝贝排名规则，是人气排名。在人气排序下的搜索，能获得靠前排名的宝贝，一定得是人气宝贝。

对于获得免费流量，我们的思路就是要根据淘宝的排名规则——即人气排名，去打造自己的人气宝贝，使之始终处于搜索结果的靠前位置，在这个基础上，类目导航靠图片、搜索靠标题来激发点击欲望。也就是说，你排名靠前了，现在又能吸引人的目光和激发人的欲望，这两个一结合，点击率立即就会上升，免费流量就来了。这些是免费的、高质量的流量。

有一款人气宝贝，就可以获得一款宝贝的理想流量。有多款人气宝贝，所有宝贝的流量加起来就很可观，最终整个店铺的流量也非常可观。

那么，到底什么是人气排名呢？具体的指标是什么呢？在介绍人气排名之前，我们先介绍一下淘宝 SEO 的概念，它会帮助理解人气排名规则。

3.4.3 淘宝 SEO 与普通网站 SEO 的异同

SEO 这三个字母是搜索引擎优化（Search Engine Optimization）的英文缩写。

通常所说的搜索引擎是对专业的搜索引擎而言的，专业的搜索引擎是通过抓取别的网站内容并建立快照信息的庞大数据库来提供搜索结果服务的，例如百度、Google 这些都是专业搜索引擎。相比之下，淘宝的搜索工具栏只能算是一个站内搜索工具，不能算是一个搜索引擎，因为它只能够搜索淘宝站内的宝贝信息，而不能搜索别的网站上的内容。

尽管不能算是一个搜索引擎而只是一个搜索工具，但是它对于我们所有的卖家来说，这个工具实在是太重要了，每个网店都离不了它，店铺和宝贝的主要的自然流量来源全靠它提供。

如果某个宝贝被降权，流量将会急剧下降。若是某个宝贝被搜索屏蔽，该宝贝将是灭顶之灾。

SEO 优化的是什么呢？它主要是通过改善网站关键词、网站内容、关键词布局、外链的权重等来提升网站的关键词排名。

淘宝上也有 SEO 吗？有！但是淘宝 SEO 与普通网站 SEO 完全不同，我们之所以在这里要讲它们的异同，就是因为普通网站 SEO 风气正盛，已经刮到了淘宝上，很多人误以为优化网站的方法也能优化淘宝网店，以此达到提高排名的目的。实际并非如此，我们先用实例来简要讲述一下普通网站 SEO 的关键。

比如，在百度搜“淘宝”一词，“淘宝网 www. taobao. com”排在了第一位，如图所示。

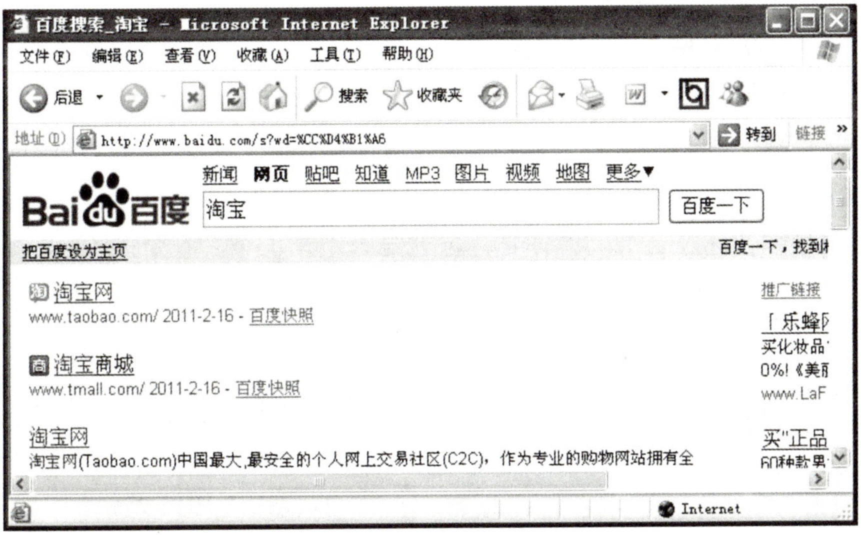

毫无疑义，这正是我们想要的，通常会直接点击进去。似乎就应该这样，思维也到此停止了，因为这太正常了，本来就这样，所以就没多想。如果多想一下就会问，百度怎么知道这个网址“www. taobao. com”的网站就是“淘宝网”呢？而且是你想要找的那个网站呢？

其实，百度也不知道它就是“淘宝网”，更不知道它就是你想要的那个，它只是机器并没有人的智商，不过它有自己的一套判断标准。这个标准里有两点特别重要，其一，是“标题”，点开网站后看到它的标题里有

“淘宝”两个字，如图所示。

这个标题就好像在自己脸上贴了自己的名字一样，让别人一看就知道你是谁。是“张三”还是“李四”，一看便知。但是，如果大家都这样干，很多网站都在自己的标题上写上“淘宝”两个字，那该怎么办呢？这就是另一个指标。

其二，大家都说“www. taobao. com”是“淘宝网”，别的都不是，别的都是冒牌的。

“大家”是谁？一个是指说话有分量、有影响力的一些人，再有就是网民大众。你自己说你自己是谁，不重要，重要的是那个“嘴大”的人，他说你是谁，你才是谁。说你是，你就是，不是也是。看个例子。

比如搜关键词“国际站”排名第一的，就是“www. alibaba. com”(阿里巴巴)，如下图所示。

但是点开这个链接后，发现这个全英文的标题里并没有“国际站”三个字，如下图所示。

如果把在自己的标题里写的字看做是自己名字的话，那么出现的字就是你叫的名字，没有出现的字就是你不叫的名字，则上图中的标题足可以认为是“我不叫国际站”，因为标题里没有出现“国际站”这三个字。

但是搜索的结果显然不是这样，结果里隐含的意义是说，有重要的人说你就叫“国际站”，你就别“抵赖”了。可见，重要的人说你是，你就得“是”，不是也得是。

这些“重要的人”是谁呢？它们是淘宝、支付宝、口碑网等重量级的网站。这些网站下方的友情链接里都加了阿里巴巴的链接，而且链接上的文字都叫“国际站”，如图所示。

因为淘宝等网站在搜索引擎的心目中是“德高望重”的，所以，搜索引擎们就认为“www. alibaba. com”就是“国际站”。当有人搜“国际站”这三个字的时候，就把它排在了第一位。

这些“德高望重”的网站的“话”，就是外部链接，简称“外链”。这些话所占的分量就是“权重”。搜索引擎不得不靠这些指标，毕竟它只是机器。

不过，这种**排名并不是始终固定不变的，搜索引擎既相信“权威”的推荐，同时也依靠“群众”**。如果给某个网站第一的排名，但是实际的点击中，发现排在第一的点击量很小，连排在后面的点击量大都不如，搜索引擎就认为这个第一并不是网民想要的，而是权威抬举的，其中可能有诈，就会慢慢地把它降权，排名靠后。

所以，SEO 优化的是什么呢？给你撑腰的，不一定是如淘宝、口碑那样大牌的网站，你还不在标题里写上自己的名字吗？你不把网页的内容安排得更合理些吗？你不去多找一些有分量的人替你说话吗？把这些细节都做了，让搜索引擎更容易发现你，就是优化。这就是普通网站 SEO 的排名核心要旨。

因为搜索引擎没有办法判断谁是真正要找的，只有借助第三方来判断。如果第三方是个位高权重的（网站），那么它推荐的网站自然错不了，搜索引擎就给该网站较高的权重，靠前的排名。归纳一下，搜索引擎给网站排名的时候，有几个逻辑要点：

（1）搜索引擎的宗旨是什么？

搜索引擎的价值，就在于帮助网民方便、准确地找到自己想要的信息（及所在的网站）。如果某个搜索引擎找到的信息都是垃圾信息，不是网民所需要的，那么搜索引擎很快就会被抛弃。

（2）自己推荐。你得推荐你自己，要么在标题里加上你的名字，要么在描述里加上内容里出现的关键字，方便搜索引擎找到。

（3）借助口碑。为了实现自己的宗旨，搜索引擎需要借助口碑，也就是大家的推荐，这其中有影响力的网站的推荐非常重要，网站的权重就是影响力的量化。

（4）结果是变动的。借助网民的力量，不断地根据实际情况调整结果，把网民最想要的结果展示给搜索者。

有了这几条要点我们发现，淘宝搜索工具与此大同小异，我们对比着分析一下：

（1）淘宝搜索工具的宗旨。淘宝搜索工具的宗旨，是给买家呈现出买家最想要的宝贝。

以前，淘宝卖家少、宝贝数量少的时候，按下架时间轮流展示给买家。那样做，在那个时候看，轮流坐庄论次序对卖家也显得比较公平。

但是随着淘宝卖家的增多、宝贝数量呈爆炸性增长的时候，再加之很多卖家利用下架时间排序的机制重复铺货以达到提高排名的目的，这时候原来的搜索机制已经不能实现最初的宗旨了，买家用它来找到“好宝贝”越来越困难，如果再不改变机制，淘宝搜索工具将没有任何价值，也注定会被买家抛弃。

为了实现服务买家的宗旨，淘宝搜索排名机制才变成了按人气排名的规则。

（2）自己推荐。在淘宝搜索工具里，自己推荐是最重要的，标题里不出现关键词，搜索的时候根本就不在候选之列（注意，这里所说的是搜索，不是类目导航）。

（3）借助口碑。这一点差异最大，淘宝不需要借助第三方的口碑来判断谁好谁坏，它自己有充足的数据，淘宝搜索工具掌握着每一个宝贝的所有情况。不需要第三方的“权威”了，所以外链内链等根本没有意义。取而代之的是宝贝的综合情况，也就是要宝贝吻合搜索工具的宗旨，其实就是把“网站权重”换成了“人气分”。

（4）结果是变动的。人气分本身就是个动态数据，所以宝贝的排名也在不断变化之中。

由此看来，**淘宝 SEO，卖家所能主动做的，也就是优化一下标题，**优化标题并不能改变排名的顺序。可以这么说，在淘宝上，写好标题几乎等同于 SEO 的全部，所以淘宝 SEO 已经不神秘了，千万不要被深奥的技术概念迷惑而浪费了宝贵的精力，耽误了赚钱。

3.4.4 人气排名规则

2010 年 7 月 8 日，淘宝对搜索排序规则作出调整。新规则规定过度地

SEO 将被视做作弊，淘宝搜索引擎将对店铺降权。卖家服务质量对搜索排序的影响权重大大增加，卖家的违规扣分程度、退款次数和比例、投诉笔数等，将直接影响卖家在淘宝搜索结果中的排位。淘宝搜索排序规则调整，有利于把与搜索词匹配度最高的商品和服务最好的卖家优先展示给消费者，促使卖家在提高服务质量方面投入更多精力，从而达到整体提升淘宝网消费者体验的目标。

人气，反映的是宝贝受欢迎的程度。

人气排序，主要依据两方面的因素，相关性和人气分。

相关性是宝贝和搜索关键词的相关程度。相关性是前提，是基础，如果你的宝贝和搜索关键词不相关，是不会被搜到的，更别说好的排名。比如，搜“足球”，优先出来的结果是所有“足球”类目的宝贝，至于“足球服”、“足球袜”、“足球鞋”等类目宝贝，基本不会出现。

相关性包括：类目属性相关、宝贝标题相关、搜索关键词相关。

“足球”的例子也说明，一个宝贝的类目属性，有时候直接决定了这个宝贝的排序位置。有两点非常值得注意：

（1）发布宝贝时类目尽可能准确。有很多卖家，发布宝贝时图省事儿，喜欢选择其他类目，这对排名很不利。还有一些卖家，把同一个系列产品发布于不同类似类目，认为被搜到的可能性会大一些，也是错误的。

（2）属性尽可能详细。很多卖家发布宝贝只图快，必填项填完，就算完了，其他一概不管。实际上，这样会损失很多优质流量！

相关性没有大问题的时候，人气分就是关键因素了。

人气分是一个综合分数，计算非常复杂，参考的因素非常多，下面是其中几个主要的因素：

（1）销量。宝贝是否受欢迎，最直观的反映就是销量。一个没有销量的宝贝不见得没人喜欢，而一个销量很大的宝贝却一定表示该宝贝的受欢迎程度很高。销量分成交件数和交易笔数，人气分会参考最近 30 天的数据。每天的销量是在变化的，所以由销量导致的人气分也在不断地变化。

（2）收藏量。买家肯收藏某个宝贝或店铺，表示他喜欢，可能以后会购买。收藏量从侧面反映了宝贝的受欢迎程度。

（3）转化率。购买的人数占浏览人数的比例，就是转化率。转化率越高，表明宝贝越受欢迎。这里要说明一点，过去在解读“人气分”的时候，认为最重要的三个指标是销量、收藏量和浏览量，所以那时候很多人都在刷收藏量和刷浏览量，以求提高人气分。这里特别强调“浏览量”不对人气分起多大作用，不仅如此，还会起副作用。因为刷大了浏览量，却没有成交，转化率就会下降，最终导致宝贝的人气分也下降，实在是弄巧成拙。

（4）回头客。回头客是指在你店里重复购买的客户。回头客越多，越反映你的宝贝质量好，服务也好。

（5）其他。其他因素诸如支付宝使用率、消保、发货速度评分、服务态度评分、好评率、卖家信用、橱窗推荐等，这些因素也都是保证让买家有好的体验。

人气分的计算非常复杂，尤其是会先对要参考的因素数值进行去噪处理，防止作弊。总之，歪门邪道是行不通的，只有老老实实地做销量和服务质量才是正道。一旦这样做了，人气分又真的上去了，排名也提高了。

3.4.5 他的宝贝总排名在别人后面的原因

苗总是一位刚加入淘宝不久的店主，因为商品具有很强的地域性和很好的优势，加之多年线下积累的出色经营能力，虽然是新手，也照样保持了很好的销量。

不过，让他非常不解的是，他的宝贝排名始终处于同行的后面。他问我原因。

我就按人气排名的道理给他解释，试图解答他的疑问。

他就问人气排名中什么因素最重要。

我说，最直观的因素，就是销量。

似乎他早有准备，“我的销量比竞争对手大，不管是销售数量，还是销售笔数。而且我排在他后面不是一个月两个月了，自从我关注这个竞争对手开始，我的销量就一直比他大，但是我的排名一直在他后面！”

我本来还想说有些不确定的因素会导致排名的波动，但他用言之凿凿、不容置疑的经历一下子堵住了我的话，让我哑然。

到底是怎么回事呢？我必须找到真正的原因，否则根本没法给苗总满意的答复。

我想通过买家的评价找到一些线索，不过没有找到线索。

无奈，我亲自用旺旺联系了他的买家，开始跟买家聊。有个别买家挺配合的，东吹西侃的，聊到卖家的产品后，满意之情溢于言表，同时表示也很后怕。

我问买家，有什么后怕的？

买家说，怕被骗——钱财两空。

我开导买家，淘宝上卖家都是很诚信的，这位店主我认识，很讲诚信。

买家说，现在来看，是挺讲信用的，但当时不敢相信。他连消保都没加入，万一被骗，就非常麻烦。

哦！原来如此！

我一下子想通了他排名靠后的原因，大概就是因为没有加入消保。

我赶紧打开搜索验证结果，果然他的宝贝排在“非消保”类的第一名。在他的宝贝之前，都是有消保标志的，随意点开一个，销量各有差异，但都没苗总的销量大。因此，**可以断定没有加入消保，就是苗总宝贝排名靠后的关键原因。**

没有加入消保，影响就那么大吗？我一开始也不太理解，直到有一天我发誓再也不买不消保的东西时，对消保的印象才至为深刻。

有一次，我在淘宝上买手机充值卡。搜索之后，出来很多结果，右侧是直通车的广告。

根据以往经验，右侧直通车广告里，有卖最低价的（赔钱冲信誉）。

果然，通过一番比较，有一个宝贝是所有宝贝里最便宜的（当然，也仅仅比别人便宜1毛钱，惭愧）。我就直接点进去，拍下，付款。因为着急，就没注意它加入消保没有。

过了两分钟，手机短信提示充值成功，不过让我疑惑的是，以往都是中国移动提示，这次的提示则是淘宝发的（他们的号码不一样）。紧接着，旺旺上卖家提醒已经充值成功，麻烦尽快确认好评。

我想，既然都充上了话费，就没多想，直接给确认和好评了。

过了 10 分钟左右，我有个电话要打，拨号后被告知余额不足。

不是刚充的吗？怎么回事？

查余额后发现余额并没有增加，打移动客服，客服说刚刚并未充值。

我有点懵了，赶紧联系卖家，点击卖家后旺旺结果更让我吃惊：该账号不存在。

交易记录还在，旺旺图标还在不停地闪动表明对方还在线，但真正点开后却被告知是这个结果。我一下子明白过来：我上当了，被骗了。回想刚才接到的短信提醒，就明白过来这完全是一个骗局，以为已经充值成功。而实际上不过是借淘宝的名义发的短信，迷惑买家相信。

能不能发起维权把钱追回来？

幸好，多打开了一个宝贝页面，还没关掉，我仔细看卖家加入了消保没有。如果加入了消保，通过维权，被骗的钱兴许可以找回来。结果正如预料的那样，卖家什么保障也没加入，淘宝对这样的骗子卖家也没有任何的制约能力，投诉也没用，只有认倒霉。

这个故事有两个启示：

第一，再次说明人性的弱点的威力多么强大，贪便宜就是人性的最大弱点之一。用得好的，就是让买家疯狂购买。碰到坏人利用人性的弱点，不知道有多少人要被骗。

第二，我发誓，以后再也不买不消保的东西了。同时，我也完全理解了淘宝排名一定要给消保宝贝很高权重的原因。

非常神奇的是，苗总加入消保交了保证金之后，当天宝贝排名就超过了竞争对手，排在了第一位（C 店中的第一位）。可见，在人气排名规则下列出的那些参考因素并不是随意说说的。

3.4.6 七八规则后我们该怎么办

2010 年的“七八规则”让很大一批曾经的利益既得者一下子失去了方向，感到迷茫，生意也是一落千丈，悲观情绪经过渲染之后，更加弥漫。在很多场合，卖家问得最多的问题之一就是“七八规则后我们该怎么办”，还有很多人幻想破解之道。

我的回答基本上就三句话：

第一句话：别再幻想回到从前了，死了这条心。

第二句话：老老实实地做销量，做口碑。

第三句话：忘掉七八规则。七八规则跟你没关系。

不管是私下的不情愿还是公开的抗议，根本没用。适应新规则，才是正途。

正途是什么？就是人气排名，落到实处就是老老实实地做销量，做好口碑，服务好买家。

只要这样做了，也就是按要求做了，管它七八规则呢，跟你有什么关系，对你有什么影响？不过话又说回来，真正转变思路，沉下心来做好人气宝贝的，都已经得到实惠了，从而真心拥护人气排名规则好，认为这样更能“使上劲”，“以前的规则看似公平，实则不公平，有劲使不上，重复铺货利用下架时间的做法自己都觉得对不起买家”。

也有不死心的，认为肯定有诀窍，找我请教秘诀。

我半开玩笑地说不知道，我知道也不会告诉你，不如我自己去用，我自己去赚钱不好吗，我为什么要告诉你呢。

于是又有人请教淘宝小二。淘宝小二其实也控制不了排名。小二就像银行里的柜员，虽然管着钱，但是没密码，也取不出来。有人戏言，如果能知道密码，小二们早就跳槽自己开店去了，呵呵。

3.4.7 新店生意差的原因

刚开的新店生意差，原因很多，但到目前为止，我们能知道的理论上的明显原因有这些：

（1）宝贝没有人气。新店没有销量、没有老客户、没有人收藏、信用不高等所有“人气分”的因素都处于不利状态，导致人气低。人气低，又导致排名靠后。排名靠后又让流量少得像金子一样可贵。没有流量，又何谈销量。似乎进入了“恶性循环”。

（2）转化率低。根据转化率公式看，销量小，转化率也会很低。不仅宝贝自身吸引免费流量的功能丧失，就是花钱买来了流量，成交率也不高。

再有，跟买家接触不多，经验不足，导致了诸如宝贝描述、客服等内功修炼不到位，这些也进一步导致了转化率低。

（3）赚钱心切。上来就砸钱投诸如直通车之类的广告，赔了，又受到很大打击。

整天泡社区，学来的经验又不实用或不可行，进一步让信心受到打击。

其实，这些都是每一个新手卖家的必经之路，所有卖家都是这样熬过来的。

我们每一步都把准备工作做好，尤其是先把内功修炼好，你的新店就像是一台等待运转的机器，不过它是一台凉机器，自身不能发电也不能发热。不能着急，**关键是找到发动机器的那把钥匙。等机器发动起来后，自己可以给自己发电、供热，它就能自动正常地运转了。**

在刚开始最难熬的阶段，最重要的是信心，所以不做错事打击信心很重要。尤其是猛砸钱，一定要慎重。花钱是必需的，不花钱就不能赚钱，但是怎么花、花在哪至关重要。

后面还会有关于这个问题的更深入的探讨，这里先把答案说一下，即第一把钥匙，如果要准备花钱的话，最好把钱拿来搞一场活动，就像第一部分中讲到的超市开业用鸡蛋做活动一样，完全适用。

Section 3.5 淘宝站内收费流量之一——直通车

淘宝作为大型的网站每天有几千万甚至上亿的流量，这本身就是一种宝贵的资源，非常非常的有价值。淘宝的盈利方式之一也是要靠卖这些流量，也就是卖广告。对于卖家来说，花钱买流量，这些流量就是收费流量。

淘宝卖广告的方式比较多，目前对外形成业务的主要有四种方式，第一是直通车；第二是钻石展位；第三是超级卖霸；第四是大客户品牌硬广告。我们先来介绍直通车。

直通车是很多中小卖家都已经尝试的方式，直通车推广原理是根据宝贝设置的关键词进行排名展示，按点击进行扣费，在展示的时候是实行竞价排名的。开通直通车的条件比较低，多数行业只需要在加入消保的基础上交开户费（一般是500元，并作为广告费用）就可以了。

关于直通车的相关技巧，每周淘宝都会安排相关的培训。另外，在帮派和社区里这方面的经验和技巧也非常非常的多，这里我们不探讨具体的“术”，而只在“道”的层面上提几点。

3.5.1 为什么要开直通车

为什么要开通直通车？不是因为别人都在开车所以我也要开车，更不是为了赶时髦。我给出的理由是：

买家想买的宝贝正是我在卖的这款宝贝，但是他却看不到我的宝贝，通过直通车花钱的方式能立即让买家看到我的宝贝。

买家搜索的“关键词”，暴露了他的需求。我凭他使用的关键词断定他想买这款宝贝，我认为买家会有需求，至少是感兴趣。如果他不想买这款宝贝，他根本就不会搜这个关键词，也想不起来会搜这个词。

搜索出来的结果有很多很多，更重要的是，在这些结果里我的宝贝不能被人一眼看到，因为我的宝贝被排在了很后面很后面。那么，现在怎么办？用钱可以改变这种局面。要想让他看到我的宝贝，花钱投直通车就能帮我做到这一点，让买家优先看到我的宝贝信息。

所以，投直通车的原因是因为潜在买家没有优先看到我的宝贝，也就是说，**根本目的还是为了让宝贝优先曝光在买家的视线里。**为了实现这个根本目的，有两个办法，其中一个是通过花钱投直通车的方式；另一个就是靠人气使宝贝自然而然地排在前面，当然后者是免费的。

所以，如果能选择走人气宝贝路线实现长期“霸占”在搜索结果第一页的靠前位置，根本就不必投直通车。这是你选择哪个路线的问题。

3.5.2 直通车的功能——知之而搜之，不知之而告之

直通车有两个功能，其一是“知之而搜之”；其二是“不知之而告

之"。

什么是"知之而搜之"？就是买家明确地知道自己需要什么，然后去搜相关的关键词。在直通车里可以设置相关的关键词，在买家搜索的时候展示自己需要推广的宝贝。这是直通车的基本功能。

什么是"不知之而告之"？买家搜索的关键词，暴露了他的需求，同时也暴露了他的身份。如果我要找的就是这样的人，而我的宝贝这样的人可能需要，但他并不知道，即所谓"不知之"的人，这时可以利用直通车"告之"。

比如，买家搜"炒股技巧书籍"，暴露了该买家是位股民的身份。我是卖炒股软件的，就是要找股民。我卖的这款软件由于是新品，几乎没有知名度，所以不会有人搜我们的牌子，而搜"炒股软件"一词的买家既少又竞争激烈，而且我们的新牌子更不占优势。对于这样的潜在买家，就可以"告之"。

凡事有利就有弊。直通车在炫耀自己"精准"的同时，却也得承受激烈竞争和多重诱惑导致的买家注意力严重分散。面对如此分散的注意力，**一个买家只选中和一个卖家交易，却要拉上好几个卖家牺牲作陪衬**。所以，到底是使用直通车的"知之而搜之"功能好，还是使用"不知之而告之"功能好，真是见仁见智，没有亲自测试就没有发言权。

3.5.3 节省直通车广告费的技巧

投直通车的纠结在于，投了没人点，点了没人买。做广告没有不浪费的，但是如果知道哪个地方容易浪费，然后堵住缺口，就能节省费用。不管怎么说，如果能减少"无关人员"的点击，对节省广告费都大有好处。具体说，节省广告费有如下几种方法。

（1）原产地及卖家集中的地区不投直通车。比如对于卖牛肉的卖家来说，应该知道全国有几大产地，有温州的沙爹味，四川的麻辣，青海的牦牛，山西的平遥牛肉，还有内蒙古的风干牛肉，这些地区都是牛肉卖家相对集中的地方，也是买家较少的地方。如果你是卖牛肉的，直通车广告最好不要出现在这些地区。

原产地这个地方不再投广告，也就是说把原产地这个区域给勾掉。这样的话，当原产地这个地方的人搜索相关词的时候直通车就不会显示你的广告。下面的截图就是用来设置广告投放地域的。

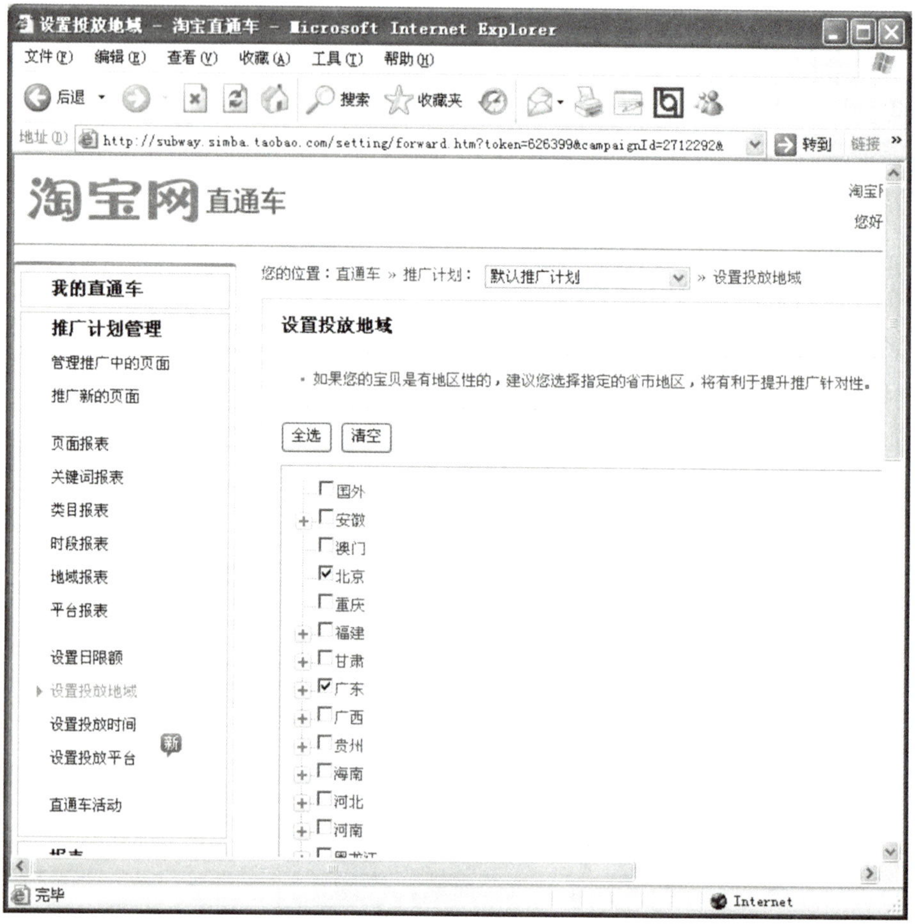

这样做是为了减少一部分同行卖家的点击，其实你没法说他是恶意点击，善意与恶意是无法评判的。**不管是善意点击还是恶意点击淘宝都是要收费的**，所以对这种不能给你带来销售、没有意愿和需求的这些同行也好、做市场调查的也罢，我们还是要尽量减少其点击为妙，以减少开支。

另外，买家多的地区加大投入直通车投入，甚至可以只投这些区域。对于一款宝贝，哪个地方的买家比较多，经常看量子统计，经常发包裹，你应该心中有数，在购买区域比较多的地方应该加大投入。例如，很多行业的卖家，都只设置了江、浙、沪、还有广东和北京为投放区域，别的地方都不投，这是他们的经验总结。

（2）根据时段调整直通车广告。为了节省广告费，不仅要对广告投放的区域进行选择，还要对投放时间进行设置。令人高兴的是，淘宝直通车开始支持分时出价。下面的截图就是这样的例子。

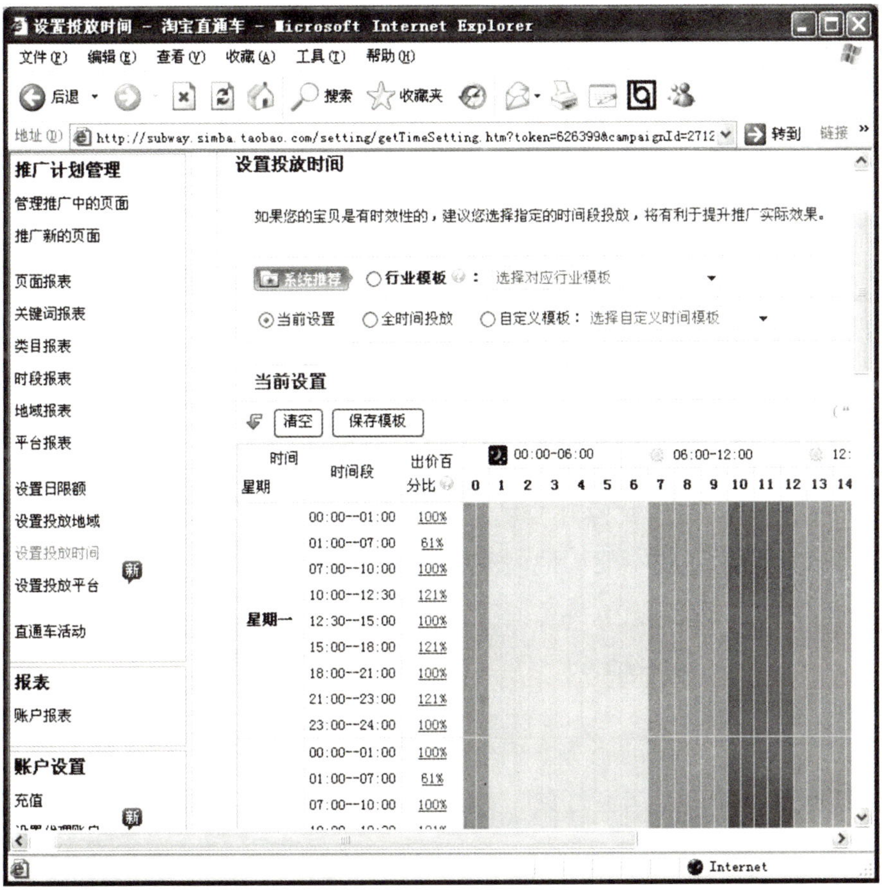

分时出价的操作核心只有一句话：**在重点时段提高出价，在非重点时段降低出价。**正常出价已经设定，如果保持不变，就默认为100%。超过100%的，就是提高出价，低于100%的，就是降低出价。

这样出价的目的，**一方面是为了在买家最多的时段排名靠前而多获得真正有需求的流量，另一方面也是为了避开竞争对手们闲暇下来后的无效点击。**重点时段，大家都忙，竞争对手也无暇去分析和点击你的广告，等到竞争对手们闲下来了，有空去分析广告了，你就把排名降下来了，淡出他的视线或减少点击带来的广告费浪费。

(3) 类目出价要更精准。根据统计，在通过搜索和类目导航到宝贝页面的所有流量中，类目导航大概占30% ~40%之间，搜索流量占60% ~70%之间。类目导航虽然看似比搜索来的流量小了些，但是类目导航也有自己独特的好处，就是客户的购买意愿更强。而且，这里面的同行卖家（及其负责直通车推广事宜的专员）少了许多，因为关注直通车广告的专员通常都是直接使用搜索看排名情况的，所以无效点击更少了。但是，类目出价要更精准，在大类目下排名就不要太靠前，越是接近自己类目的，排名才让靠前，这样的流量因意向高所以转化率会高些。

(4) 避免自己跟自己竞争。自己跟自己竞争花冤枉钱有两种情况，第一种情况是，左侧自然排名比较靠前，右侧直通车又买了第一位；第二种情况是，多款宝贝买了同一个关键词，自己跟自己打擂台。这两种情况都会花冤枉钱，应该避免。

(5) 不必要投广告的不要投。有些非主流行业，搜一款宝贝，出来的结果一页都不满，总共没几个卖家，但是每家都投右侧的直通车。原因是，别人都投了，我不能比他们落后——钱多了烧得。

3.5.4 直通车活动

在很多频道页面的下方，有一块“热卖单品”区域，都是留给直通车精选的宝贝的，像淘宝首页、女装频道、女鞋频道等都有。下面的截图就是例子。

淘宝首页和频道页面的流量大，所以一旦你的宝贝出现在这里，宝贝的曝光率就会很大，相应的，流量也会很可观。

但是要想出现在这里也不是很容易，需要报名直通车活动，审核通过之后才能出现在“热卖单品”区。报名方式在直通车的后台“直通车活动”栏目下，这里会定期发布一些活动的信息，包括频道信息、活动日期和报名要求等，如图所示。

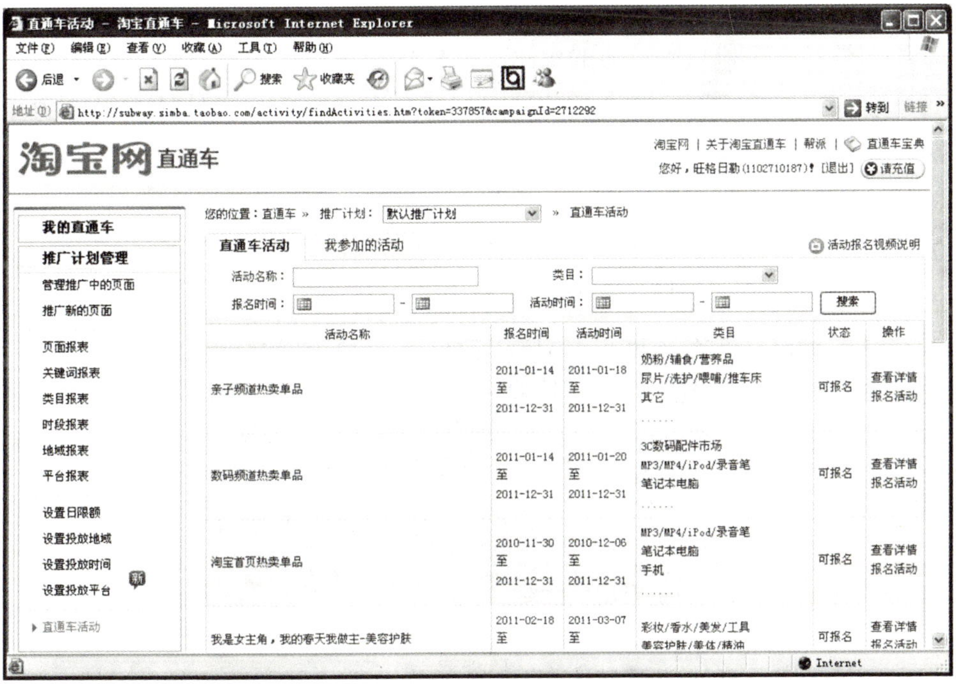

直通车活动仍然按点击次数收费。不过，其效果与传统的搜索展示方式比起来，又有所不同。由于直通车活动出现的频道不同，流量的精准性就不同，首页流量大但精准度不如搜索，但是它的优势在于避开了激烈的竞争，且流量非常可观。

3.5.5 关于直通车的几点思考

在陈述思考之前，有两个大家都疑惑的问题是绕不开的。

第一，直通车烧不烧钱？

关于直通车的效果，很多人抱怨直通车没有效果，是烧钱的工具。作为我本人来说，有的时候效果好的时候会拍手叫快，有时候只烧钱不见结果的时候也会骂直通车。其实，作为一种平台和工具，它也很无辜，效果不在于直通车本身而在于你的转化率本身。

第二，直通车的价格虚高，攀比严重，竞争激烈。你出 1 块，我就出 1 块 1；你出 1 块 1，我就出 1 块 2，大家都在抢前面的位置。由于前面几个位置总是稀缺的，所以价格就会越来越高。直通车目前的状况是：虚高，且只增不降！有的词点击一次都达到好几块甚至更多，超出 10 块的都有，对于一些利润比较薄的出这么高的价格是注定要赔钱的。这太不正常了！另外，我发现一个奇怪的现象，就是直通车理论和技巧学得深的卖家，赔钱的多，赔得惨的也不少，这不得不让我反思以下问题：

（1）每个宝贝都设置 200 个关键词对不对？

（2）每个宝贝都上车推广对不对？

（3）把流量都寄托在直通车上对不对？

（4）只依靠搜索流量对不对？

（5）靠直通车推广直接赚钱对不对？

详细探讨这几个问题，可得出自己的答案。

Section 3.6 淘宝收费流量之二——钻石展位

钻石展位开放的位置基本都是淘宝最优质的展示位，这一点从“钻石”这两个字中就能感受到。钻石展位通过竞价排序决定展示谁的广告，被展示的广告按照展现次数计费。

3.6.1 广告位出现在哪里

钻石展位（也称钻展）的广告位置在哪里出现呢？

钻石展位的位置很多，淘宝的首页上、各大频道、店铺街、跳蚤街、收藏夹、交易过程页面、淘江湖首页、类目搜索页面、“我的淘宝”页面、“我要买”页面，等等。下图中写着“你的位置”字样的阴影区域，就是淘宝首页上的两个钻展广告位。

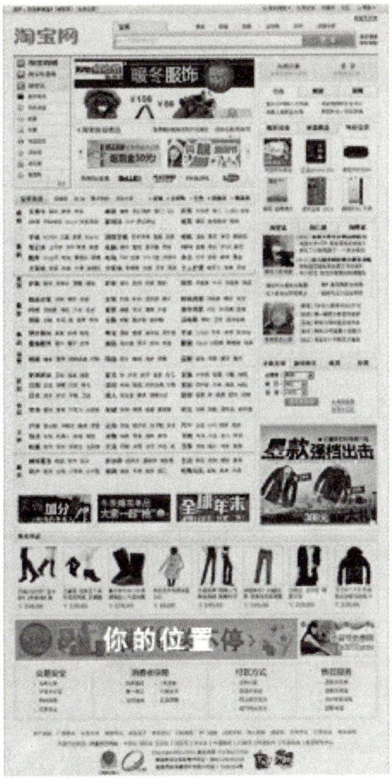

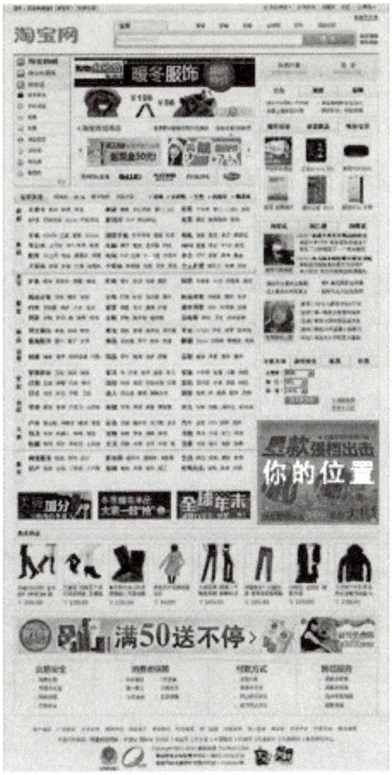

要想了解所有广告位的详情，需要进入钻石展位后台系统。

进入钻石展位系统后，点击“展示位资源”标签按钮就可以了解所有广告位置的详细情况，如下图所示。

从截图中可以看到这些信息：展位名称、展位快照、展位尺寸、素材图片级数要求、展位的日均浏览量、展位的日均点击量、最低千次展示出价以及最低日预算等信息。另外，需要特别注意这两个标志：和。

先说明一点，并不是每个展位都有这两个标志。这两个标志到底表示什么呢？左侧的人形标志表示该展位支持“人群定向投放”，右侧的标志表示该展位支持“店铺定向投放”。它们都是帮助广告展示给更精准的目标看的，稍后我们再解释。

在选到中意的展位后、投放广告前，需要先设计广告素材图片，图片要符合展位的尺寸和等级要求，尤其是图片的大小（一般用KB表示）至关重要！往往广告内容设计得很美，但是因为图片尺寸超标而传不上去，这样的情况屡见不鲜。

3.6.2 钻石展位的收费方式

钻石展位采用一种什么样的收费方式呢？与直通车的按点击次数收费不同，钻石展位是按展示次数收费的，不过它是每展示一千次收一次费（CPM），只要你的广告一露面就有费用产生。

不同的展位，最低千次展示出价是不一样的。例如下面截图中的这个展位，最低千次展示出价是2元。

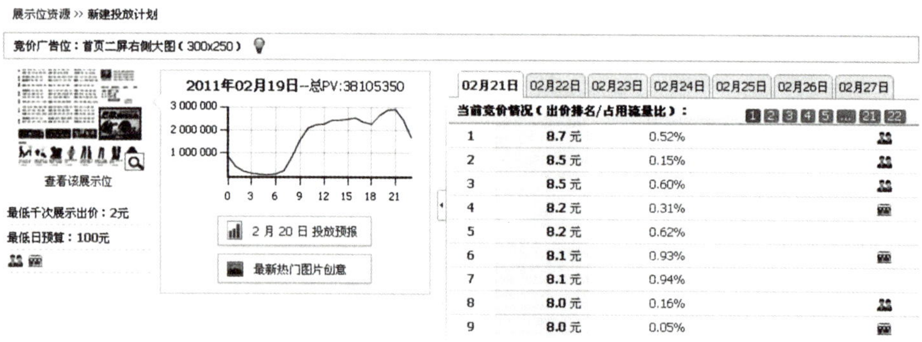

如果想让你的广告出现，需要在最低出价的基础上加价，与所有抢该展位的卖家一起竞价，最终，谁出的价格高，就优先让谁的广告展示。

每个展位都是按时段卖的，每一个小时算一个时段，一天24小时总共分24个时段轮回。在每个时段内谁出的价格高就先展示谁的广告，第一名的展示够了就轮到第二名，然后是第三名，第四名，……依次展示，一直到该时段结束。

下一个时段又重复这样的规则，出价最高的优先展示。如果把每个千次展示比喻成一个馒头的话，就是出价最高的先买馒头，能买多少个，由你的预算决定。只要你的馒头买够，广告就会下去，然后接着给出价次高的继续卖馒头，以此类推，一直卖到这个时段结束。

要想顺利地让广告上线并得到展示，需要知道两点，第一就是出价高低。一个时间段内先上谁、后上谁这是由出价高低来决定的，用一句话概括就是**“能不能展现看出价”**。

第二就是展示多久。如果你的广告有机会展示，接着你会问展示多长时间，也就是能买多少个馒头，是买10个CPM还是买100个CPM呢？这个时候是看你的预算，用一句话概括就是**“能展示多久看预算”**。

3.6.3 少花钱多买流量的技巧

其实，每个参与者心里都很矛盾，那就是既想多展示，又怕多展示（多展示会多花钱）。既担心多展示，更担心不展示。展示之后，还担心点击量少。其实，有这种心理是正常的，没有这种心理的，反而不正常。因为这关系到切身利益。任何东西都是有技巧的，钻石展位也不例外。我这里分享一个技巧，就是如何能多拿到流量。

想多拿到展示有两个办法，一个是出高价；另一个是增加预算。究竟哪个更有利呢？答案是后者。根据钻石展位的规则，一旦你排上了，该你上了，你马上就要登台了。此时，请问你最想问的问题是什么？对，是登台多久。反正，每一轮下来，总的时间是1小时。在每小时的流量展示中，总是先给出价高的先展示，然后往后排，但是往往还没轮流到下一个，就到了下一个小时了，就该下一轮了。那么，为什么时间有长有短呢？因为在不同的时段，流量（也就是浏览者人数）是不一样的，半夜的时候就没有白天流量大。继续用馒头作比喻，其实就是说半夜的时候馒头少，很快就卖完了，怎么办？只能等下一锅了，一个小时出1锅馒头。谁出的钱多，就先卖给谁，卖完为止。

第一个人，他完全可以把所有馒头买完，让后面的人一个也买不到。

所以，买馒头要靠两个条件，一个是出价（出价就是买机会）；另一个就是靠预算（准备花多少钱买多少个）。所以，当好不容易轮到你买馒头了，你可以只买1个，也可以包场。决定者，就是预算。

所以，技巧就在预算的多少和时间分配上。有很多卖家只注意到了预算，而没有注意到时间分配，结果买到的流量也很不理想，为什么呢，我来解释一下。假设我预算1000块钱，出价是1块钱（CPM），当你创建计划的时候，你可以选择在某个小时时间段，也可以选择一整天（24小时）。如果是后者，也就是1000块钱需要在24小时花完，实际上每个小时平均也就是40块钱的预算。但是，一天下来，如果你看一下统计报表，会发现这样的现象：你没上几次，而上的时候时间又很短，就又下来了。为什么呢？因为在很多时候（比如夜里），轮不到你。等轮到你了，但是你的预算又很少，淘宝不敢让你吃太多的馒头，怕你透支，所以让你下来了。

如果我们改变一下做法，会不会效率更高呢？比如，夜里，馒头少，估计轮不到你。白天，比如下午18点，人多，馒头多，估计能轮到你。这个时候，你把所有的钱（预算）都买上，买他个结结实实的（盘满钵满）。下面的截图就是这些技巧的体现（预算有点极端了）。

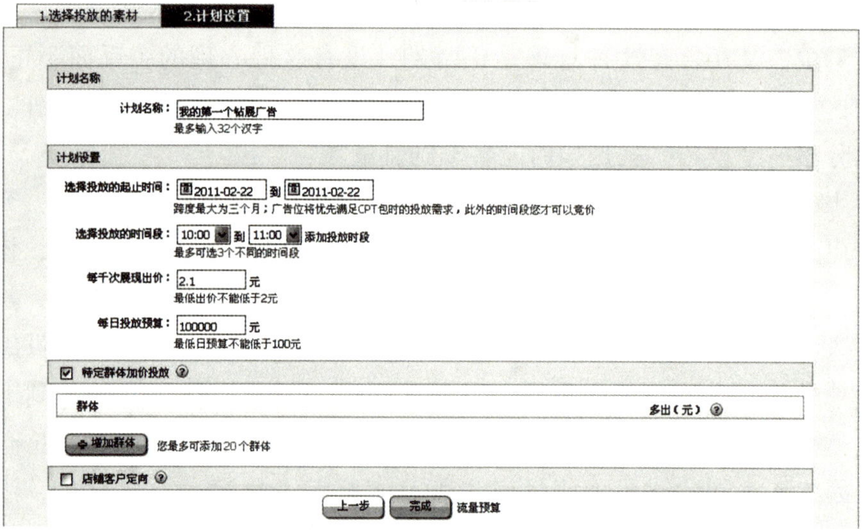

我们看截图中示例的数据，选定是一天内的一个时段（并不是一整天），也就是上午10:00~11:00这个高峰时段，在2元起价的基础上设置了2.1元应该算是很低的出价了，为这一个小时就预算了10万元！什么

意思呢？如果轮不到我就算了，如果能轮到我展示广告，这个时段余下的时间我全部包场了，谁也别想有机会了。

这个技巧也不可走极端，需要测试。例如有很多掌柜只求出价低但是买不到流量，天天上不去广告位，或者上去两分钟就下来了，这就没有多大意义了。

3.6.4 要精准流量还是海量流量

如你所知，钻展的展位都是“黄金位置”，只要广告能得到展示，曝光量就很可观。当然，我们希望更多地曝光产品，但是我们更希望把产品广告曝光给我们想要的人群，只有这样的人群看到我们的广告，购买率才会高。所以，我们需要选择是海量曝光，还是精准曝光？

譬如淘宝首页，一个展位每天有3000多万的展示量，但是这里的人也是最杂的，三教九流五花八门，有购买意向的，也有只是随意逛逛的，更有首次登录淘宝的。如果不加以选择而是海量曝光给所有人看，那就是在浪费钱。值得庆幸的是，**钻展不仅支持海量曝光，更支持定向展示，后者让曝光的对象更精准。**

定向曝光可以按群体定向，也支持按店铺定向。先来看按群体定向。

群体定向从四个方面界定一个群体，它们分别是“人群”、“地域”、“性别”、“财力”。

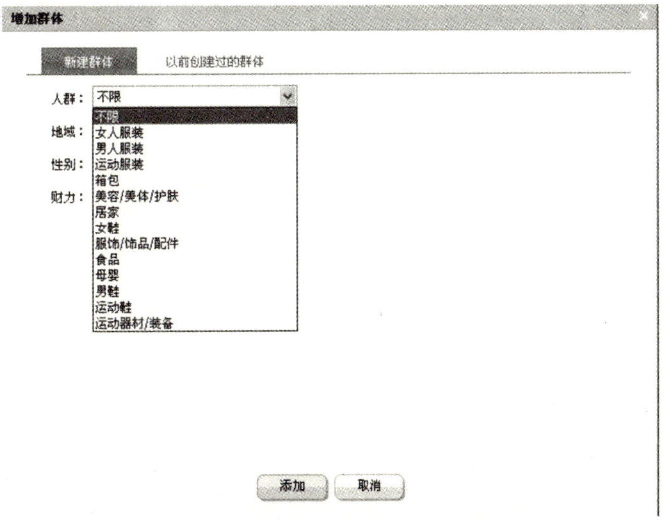

上面的截图就是“人群”的选项，选项的内容其实就是一些大类目。一个淘宝买家（账号）只要购买过上面选项中的任何一个类目下的宝贝，都将被贴上一个该类目的标签。当该买家登录支持群体定向展位的页面时，就把匹配的广告展示给该买家看，不匹配的广告不展示，以求精准曝光。

下面的截图是“地域”的选项。

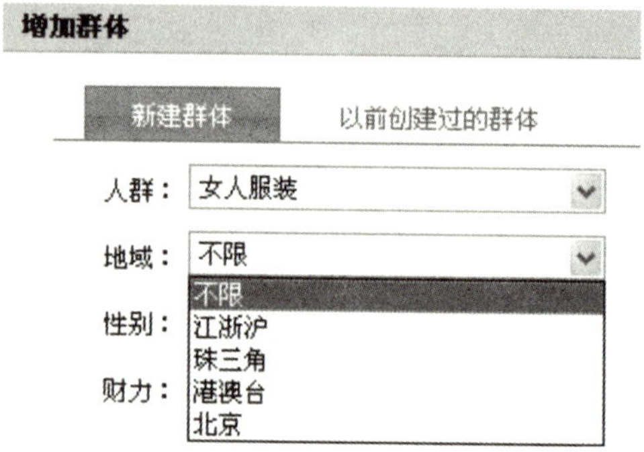

选项的内容主要是网购人群最集中的几个地域或城市，像“江浙沪”、“珠三角”、“北京”和“港澳台”等。跟前面看过的直通车的投放地域设定一样，只有这些地区的人浏览时，才展示广告给他们看。不符合条件的地域不展示。

下面的截图是“性别”选项。

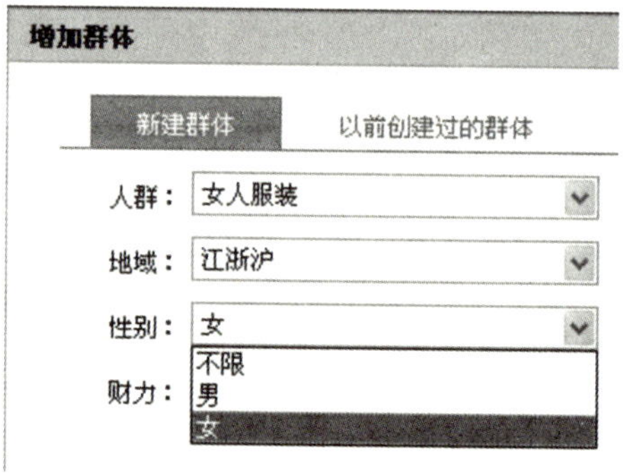

一个买家账号，不仅在认证的时候就明确无误地告诉了自己的“性别”信息，而且即便没有认证的账号，从经常购买的产品也可以判断出性别来。对群体选定性别后，在曝光广告时只有符合要求的买

家才能看到广告，别的买家是看不到广告的。这是直通车所不支持的功能。

下面的截图是“财力”选项。

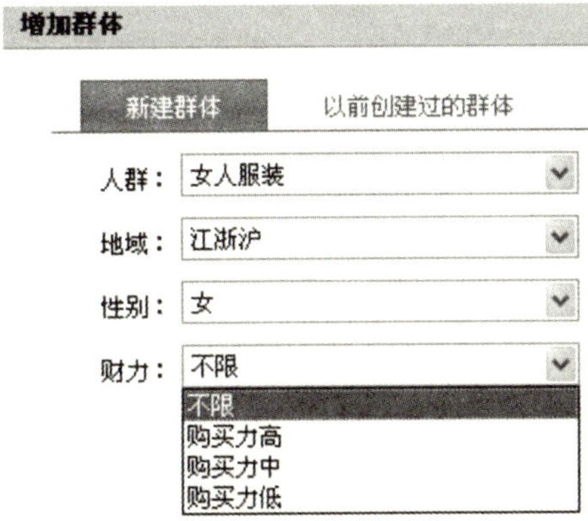

选项的内容主要是对买家的购买力分为“低”、“中”、“高”三个级别。这是淘宝对庞大数据库挖掘的结果。一个买家如果频繁购物，而且如果经常支付大额交易，则可认为该买家的“购买力高”。这样的群体对于一些奢侈品或走高端路线的卖家，是非常渴望得到的，这个功能也是直通车所没有的，非常棒。

如果只是拿功能和直通车打擂台，那么定向后的钻展和直通车在精准度方面已经难分伯仲了，但如果再加上钻展的新功能——店铺定向，那么钻展就更胜一筹了。

“店铺定向”功能支持把广告只展示给那些在特定店铺购物过的买家看，真绝！我们用一个示例看一下。

比如，假设我是卖包的，我该怎么用店铺定向呢？

我这样分析：我想把我的广告展示给那些最想买包的买家看，哪些人最想买包呢？买过包的这群人是最有可能再买包的。据调查，女士对新款式的包包永远是想拥有的。而那些专门卖包的大卖家的客户，都是买过包的。我只需要把我的广告曝光给她们看，就是最精准的了。

接下来，我肯定先找出这个行业内的顶级大卖家（按信用从高到低排序），因为他们的客户最多。下面的截图就是搜索卖包的店铺并按信用从高到低排序的结果，大卖家都排在了最前面。

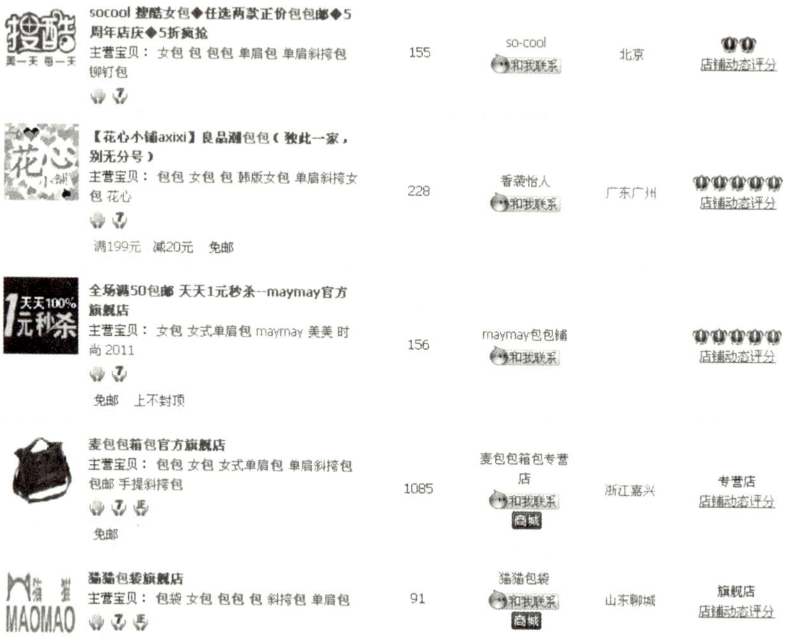

在钻展系统里，使用店铺定向功能，只需要把要盯着的那些大卖家的淘宝账号（也是旺旺 ID）输入即可。当然，定向店铺的数量是有限制的，不能超过 50 个，当然这已经很不少了。下面的截图显示的就把他们的旺旺 ID 输入的过程。

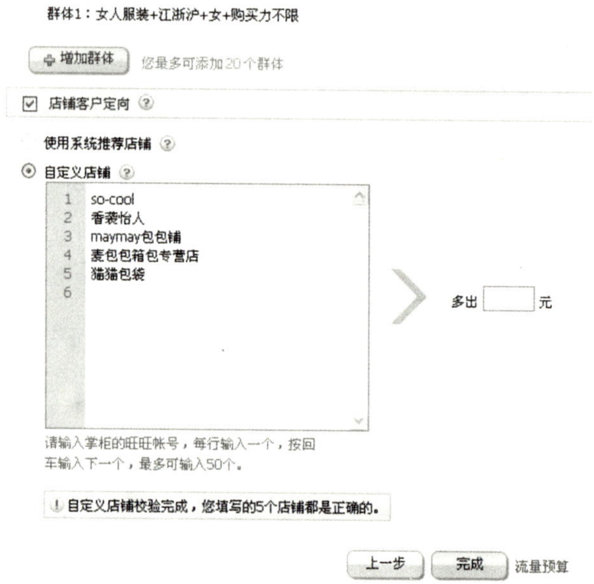

这样设置后，当我的广告上线后，就只给那些曾经在上述店铺买过、或收藏过上述店铺的潜在买家看到。试问：还有什么方式比这更精准？

3.6.5 没有点击率，一切都是浮云

经过精心的筛选定向，总算把最精准的人群都囊括了。又经过惊心动魄的竞价，广告总算能上了。但是，接下来，可能就是提心吊胆的等待了。要么成功，带来哗哗地流量。要么不成功，只有人看，没有人点。而这一切，都取决于广告图片的内容。**没有点击率，一切都是浮云**。所以，做钻展广告的核心就是设计广告图的技巧。

如果你要问我，什么才是好的广告图？我铁定回答“不知道”。

下面我们看一些实际的广告图片案例，这些都是我搜集的真正在淘宝上展示过的、花了钱的广告，看完之后，你自己就会有答案了。

（1）看下面的这幅图：

谁能告诉我，这个是卖什么的广告？

你不知道吧？我也不知道。看不懂。

一个让人不知道卖什么的广告，跟我有什么关系？没关系的话，我就不会点，一扫而过。

（2）看下面这幅图：

您这卖的是啥呀？一个漂亮的女模特，身上有衣服，头上有帽子，头发染过，一个 Logo 也看不清楚写的是啥，你这到底是卖啥的呀？只写着

“满300减50，满500减100，再包邮”，我都不知道你卖啥，你上来就优惠，很莫名其妙啊！扫一眼还可以，但是会一扫而过，不会点击。

（3）看下面这幅图：

浓重的背景上写着淡色的文字，盯看了半天，知道是卖“螺旋藻”的。其卖点是“双节促销 惊喜特价 包邮”。

在琳琅满目的图片和文字堆中，你会在意这个图片吗？在目光一扫而过中，该图片没有任何一处有吸引眼球的地方，也不能引起关注。

再有，**没人会盯着你的广告看一分钟去弄明白啥意思，买家不是研究广告的专家。**

即便有人盯着广告弄明白了，但是“特价”是卖多少钱？买家尤其关心原价是卖多少钱，需要有对比，只有原价和特价之间有巨大价差，才会让人心动，进而有点击的欲望。这个广告里显然都没有这些信息。点击量可以想象，一定会少得可怜。

（4）看下面这幅图：

两个女模特会在买家目光一扫而过中停留一下，从右侧的“众多”信息中找了半天终于发现了“羽绒服”三个字，明白了这是卖羽绒服的。

不重要的信息（“4.9 分”，“高评价”）用了很大的字体，成了主角。秒杀价也还那么贵（249 元人民币呢），原价虽然很高，但是字体小，没有起到对比的作用。

（5）下面是一组卖靴子的图，对比着看一下会更好。

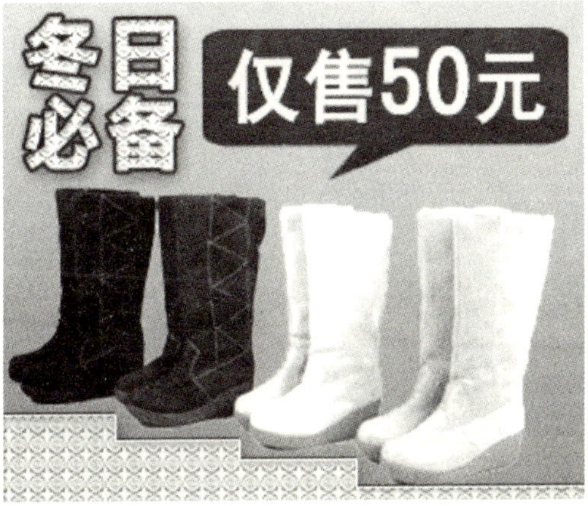

上图中几款靴子很平常，并没有多大的亮点。可看可不看，可点可不点。

“仅售 50 元”，觉得价格很便宜吗？那么正常的市场价是多少呢？如果原价是 5000 元，现在“仅售 50 元”，则一定要看看。如果我知道市场价基本上就在 50 元上下，那么你卖 50 元，对我有什么好处呢？不点。接着看下面这幅图。

图中卖点是“工厂直销”还是“45 元”的价格呢？反正那几个款式很平常。因此，可点可不点。还有，“马上购买”这四个字，会不会是点了之后就要立即购买呢？我连要不要看都在犹豫呢，还让我“立即购买”，算了吧！

上面商品图片展示的款式会吸引一部分人的目光和兴趣，加上背景色的搭配，让商品图片更加突出。文字简洁，一下子道明了这是“灰狐毛”制的，而且是“限量”的。限量的，就应该去瞧瞧。

体验价想表明的意思应该是“半价”，但“50% off”的表达方法应该只有一部分人能看懂，因此在价格上的优势因为表达的方式而没有体现出来。而且，这个图也宣传了品牌，虽然很多人都没听说过这个名字（包括作者在内，也没有任何标志显示那是个品牌商标），但是展示多了，买家就会觉得亲切，说不定哪天还会碰上。

这三幅图，单独看可能都没啥，但是一对比你就知道哪个点击率会高一些。

（6）看下面这幅图。

这幅图里没有商品图片，也没说卖啥，只有文字。这个图到底是好还是不好呢？我们分析一下。

先从商品的角度看。如果卖的是女性用的大众商品，用商品实物图会好一些。商品实物图会直接吸引潜在买家的目光，来的流量更精准。但是如果卖的是非主流商品，尤其是冷门的商品，用商品实物图效果就不会好，因为有需求的少。

再从要实现的结果看。如果仅仅为了曝光而不考虑流量，不管是冷门的还是大众的，都可以用商品实物图，因为最终能获得多少点击流量，实在不好估量。但如果真是卖冷门商品的，为了最大化的点击量，上图的这种表达方式的确有好处。它的目标非常明确，就是要女性买家，激发目标客户的兴趣，它要的是海量流量。只要流量大，就会增加希望，而且把流量引到了自己的地盘上，吸引眼球的竞争就小了，何况推广的也可以不是一个冷门产品，完全可以是一个店铺页面呢！

以上六个例子，各有各的特点，每个设计者的出发点都是不同的。不过我相信，目标应该都是一致的。对于只要展示就要花钱的钻展来说，付了钱买来了眼球，如果得不得点击，曝光就不能转变成流量，岂不冤枉！再重复一下这句话：没有点击率，一切都是浮云。

广告没有好图，只有能带来点击量的图。广告也没有差图，只有不能带来点击量的图。衡量广告图片，只有一个标准，就是点击率的高低。衡量的方法永远只有一个，就是测试。没有测试，再符合逻辑的推理也都仅仅是推测。不过，上面的例子也给了我们设计广告图片的一些启发，从启发中可以提炼出两个原则：

（1）吸引眼球，让买家看到。吸引目光的选项从低到高分别是：文字，实物，人物。

（2）准确表达，吸引、激发点击欲望。激发欲望的选项有：新颖的实物，煽动性的文字，令人心动的价格（最好是价格落差）。

设计广告图片需要创意，但是要紧扣目标。偏离目标的创意，越创意越烧钱。创意的时候需要发散思维，可以从这三个方面发散思维：

（1）广告图片一定是实物的吗？可不可以变成人物的？可不可以变成漫画的？

（2）实物图片一定是自己的吗？可不可以借用一些好图？哪怕是买呢？

（3）实物图片一定是真实的吗？可不可以是杜撰的？

听说过标题党吗？那是文字的游戏，但往往胜者都是标题党，虽然被人骂。淘宝社区里的帖子最会玩标题党。除此之外，淘宝社区的图片玩得最牛，诱惑力极强，往往是点进去才发现风马牛不相及。但如果内容真的不错，读者也并不抱怨，相反也会看得津津有味。

可见，束缚自己的，往往是自己的思维。

Section 3.7 淘宝掌柜常犯的两个严重错误

淘宝掌柜常犯的错误有两个，一个是把定价权交给会计去做；另一个是把设计广告的重任全权委托给美工。

3.7.1 把定价权交给会计做

先说第一个错误，把定价权交给会计去做，用故事来说。

有个卖德国货的老板，计划把自己的网店做成一个专业的卖德国货的网上超市品牌，她在德国生活了很多年，老公也是德国人，很有渠道资源。

她听过我的课，有一定信任，所以找我帮她策划。

我本不知道她的价格策略是怎样的，也不知道她是如何定价的，只知道利润很丰厚。在谈到要付给我的报酬时，她提到一个提成数字。我并没有表示异议。

后来不只是策划，还要负责营销策略的规划和部分工作的实施，那个提成数字就不够了。

我表示了我的想法。

她感觉到很为难，难的不是多给我钱，而是需要让会计从头核算成本，这样会导致很多商品都需要定价。

原来你商品的定价都是由会计做的？我问。

她说是的。

我感到非常惊讶，这么重要的工作怎么能交给会计呢？

定价是经营策略的重要内容，应该由负责营销的人提出意见，经讨论后由更高级别的负责人确定。而负责营销的人也是参考市场价格后，同时根据自己店铺的营销策略制定价格。所以怎么能是由会计来定呢？

说得白一点，会计定的价，全都是要赚钱的，没有一个是不要赚钱的，更不可能出现赔钱卖的情况。如果定价真是这么简单，甚至连会计都不需要，三岁小孩都能定价：进价，加各种费用的平摊，加上利润率，算个总和就是定价了。

如果真是这样，做生意也未必太简单了，赚钱也未必太容易了。

还记得第一部分中讲的超市里卖的鸡蛋吗？

如果让会计定价，鸡蛋要卖多少钱一斤？

如果让会计定价，超市的生意能一炮而红吗？

这里面有价格策略问题。线上网店的价格策略和线下实体店的价格策略是一样的，就是四个字：物美价廉。

还记得我们的商品定价原则吗？是“货真价实”。这个原则重在强调“货真”。

价格也需要实行策略，价格策略就是“物美价廉”。价格策略重在强调“价廉”。

但是不要犯糊涂，“价廉”只是要给买家留下的第一印象，只是极少数商品的个别现象，并不是所有的商品都价廉；相反，碰到独家的宝贝要卖得比别人都贵。

策略的意思是，要实现某一目的而采取的手段和办法。实行策略的目的到底是为了什么？目的是为了让生意火暴，因此必须让买家建立一个好印象，而采取的手段就是“价廉”。为了实现目的，有时候出手要狠，廉到什么程度呢？低于进价、赔钱卖！这才是价格策略的真正意义。正因为有这样的意义，关系到生意成败的全局；也因为有“赔钱”这样的技巧在里面，没有一定权力的人怎能做到！

她们敢吗？会计的职责是记账的，定赔钱的价格，赔了的算谁的？

3.7.2 把设计广告的重任全权交给美工

再说店主常犯的另一个错误，就是把设计广告的重任全部交给美工。

这个错误更严重，它能让你大笔的广告费顷刻间化为乌有。

虽然最终广告图片是出自美工之手，但是他却不能全权负责，尤其是策划广告图片上所要表达的内容。**动脑的与动手的，要分开。**这会让我们很自然地想起在上一部分讲过的掌柜的定位问题。掌柜的，就应该属于那个动脑的，而不是动手的。

因为人有自己的局限性，视野范围有限，看到了一部分就容易忽略另一部分。过分关注细节，就会忽略整体。我们还是用案例来说明，下面这几个图是卖电子熏香炉的，图是老板兼美工自己做的（有时候有些老板为炫耀自己全能，店铺的所有脑力的、体力的全能干，我真不知道是该夸奖还是难过）。

如果我不说是卖电子香薰炉的，你能从图片中看出实物是什么吗？

如果我告诉你这是熏香炉，从图片中你能看出这是电子的吗？

这几幅图能吸引目标客户（女士）的目光吗？

这几幅图能激发目标客户有点击的欲望吗？

美工设计的追求是：唯美。**如果“美”能带来销售，美是好的；如果“美”不能帮助销售，唯美有何用？**

每次在课堂上，把我搜集到的在淘宝各个角落出现过的广告图片放给学员们看的时候，每个人的心情都是不一样的。曾经有句很著名的话，用在这里无比恰当：我知道我的广告浪费了，但我不知道浪费在了哪里。

如果没有经历过对正确的认识、尤其是对错误的深刻分析，你敢保证不重蹈他们的覆辙吗？

所以，他们心情复杂的原因，有暗自庆幸的，也有“悔不该”的，更有无知无觉的。

如果这些图片投的是钻展，似乎还好点。但如果投的是大品牌客户广告呢？一天很多万就打水漂了！设计广告图片的人就成了企业的罪人！

美工其实是无辜的。

Section 3.8 淘宝收费流量之三——超级卖霸

超级卖霸以活动专题的形式推出，商家以购买专题中的商品展示位的形式参与活动。由淘宝提供宣传资源，把流量引入到活动专题页面。每个商品都需要使出浑身解数以求吸引更多买家的眼球，促使买家更多的点击，最终目的是购买。

3.8.1 超级卖霸的页面和入口

在活动开始之后，淘宝会预留很多宣传入口到达该页面。比如，在旺旺的入口或是在淘宝的首页，或是在热门频道里，都要进行宣传，以求把流量集中到这个页面上。理论上说，这个页面的流量非常大。

卖霸的位置有固定位置的，如金牌秒杀、今日爆款等，它们都固定在了“促销频道”页面的某个位置了。下面的截图就是固定卖霸位置的例子。

也有不固定的，根据时节循环组织的专场。活动的页面一般会有一个主题，比如说七夕节情人节专场、端午节专场、男人专场、女鞋专场、食

品专场等各种各样的活动。下面的截图就是按主题组织的卖霸活动的一个例子。

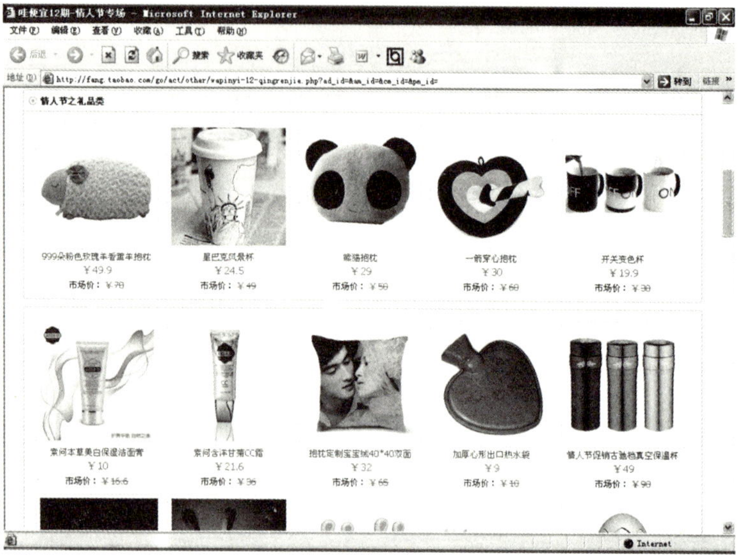

卖霸页面通常流量非常大，超级卖霸就是卖页面中的这些广告位，由于广告位置不一样，排在前面的广告位就比较贵，排在后面的就便宜不少。下面的截图就是某期卖霸报价的例子。

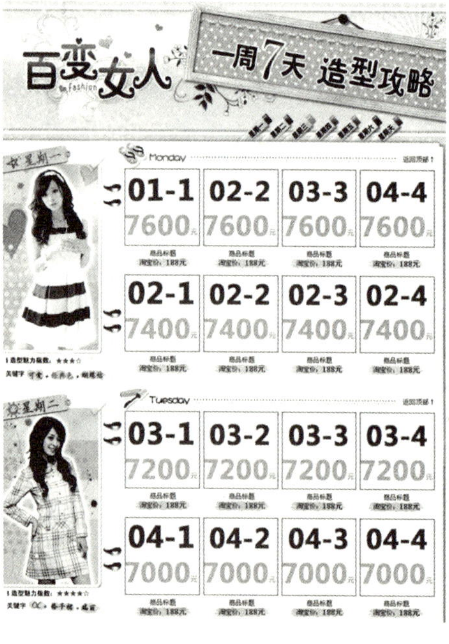

从图中看到的价格不菲，但即便如此也并不一定是交钱就能够上，需要产品先符合主题要求，更重要的是有的主题不只要掏广告费，还要实行一定的折扣，具体实行什么样的折扣（是五折还是包邮），这要看这种活动的主题。总之，并不是掏钱就让上的，需要先报名，只有审核通过了之后才能够上。下面的截图就是报名的入口。

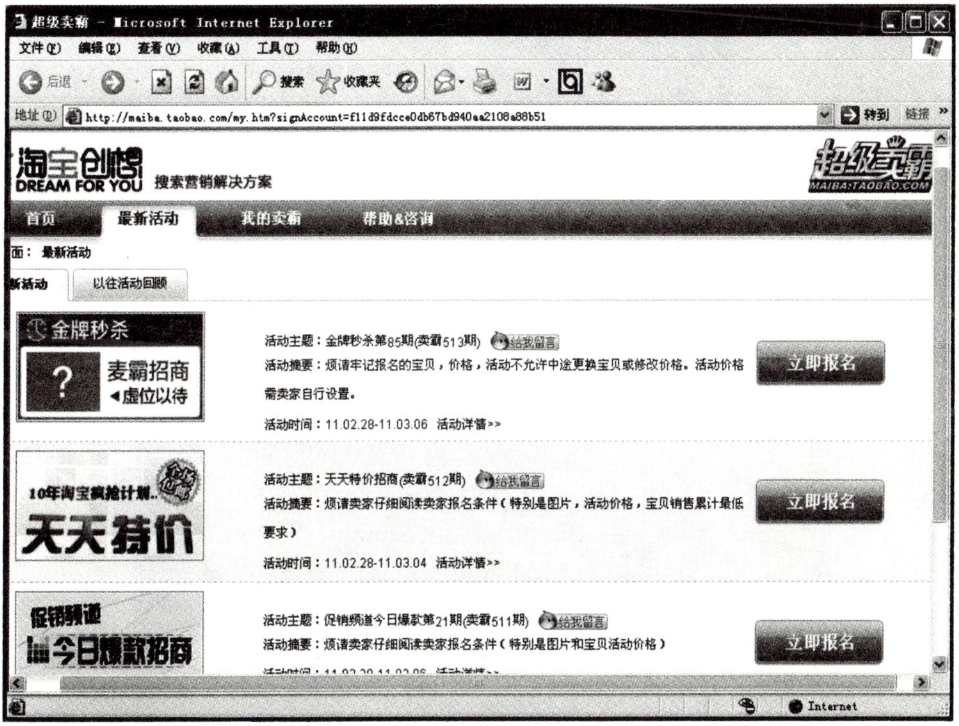

尝到过甜头的卖家都表示过，说这样的活动流量会非常的惊人，销量也会比较惊人，需要提前做好货源库存、客服等多方面的准备。但能不能尝到甜头，则不仅要看你的能力，偶尔还要看运气，因为流量是销量的前提保证。怎么讲呢？

入口的宣传力度是卖霸效果的重要保证，有的活动在首页焦点图以及很多地方大力宣传，连续好多天，而有的活动只在某些钻展位置或者某频道的犄角旮旯里给个豆腐块的位置，而且广告图设计得非常差，几乎没有吸引力。下面两个截图就是一期卖霸。

上图是个频道页面，右上角是关于卖霸页面的广告（这其实是个没卖出去的钻展位），点进去之后是下面这个页面。

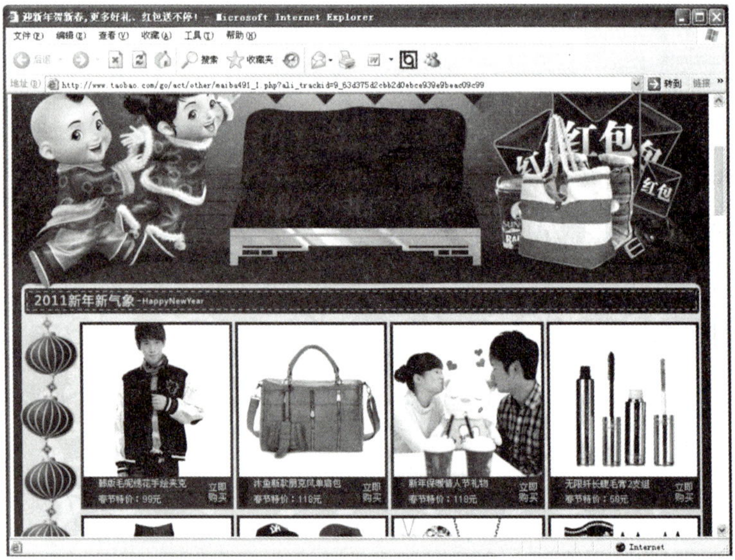

如果碰到这样的情况，这一期的卖霸算是白投了。我就碰到过很多次，卖家销量最多的也就 100 多件，原因就出在只有很少流量到这个页面。

3.8.2 卖霸的纠结

超级卖霸的专题组织，意味着有很多商品在一起竞争，竞争买家的眼球，竞争买家的点击，竞争买家的钱包。买家的注意力是有限的，聚焦在你的图片上，别人就少了机会。只有你的图片被放弃了，才会移到下一个。如果买家点击你的图片了，别人的机会又少了几成。如果买家购买了你的商品，别人的机会就只剩下一点点。

当前上卖霸广告，需要交不菲的广告费，还需要打折，多数还要求包邮。

广告费靠什么赚回来？

自然想通过上一款高价、高利润的宝贝上去，这是最自然不过的想法了。

但是买家给你机会吗？

宝贝价格越高，就逐渐偏离了大众化，感兴趣的就越来越少。感兴趣的少，买家的目光自然一扫而过的多，停留的少。

宝贝价格越高，点击率就越低。性价比越低，成交量就小。

最终只有两种结果，一种是广告费花了，买家很多，卖了很多东西；另一种结果是，广告费花了，买家很少，只卖了很少的东西。选择前者，就必须选大众的、低价的、性价比高的，自然也是利润最薄的宝贝。选择后者，只能选冷门的、高价的宝贝。

选前者，卖得越多，广告费虽然被摊平了，但是卖得越多可能赔得越多。选后者，卖多卖少倒是都能赚，但是广告费一平摊，也是凶多吉少。

似乎无论如何选择，都是输家，真让人纠结啊。

Section 3.9 淘宝收费流量之四——大客户品牌硬广告

大客户品牌硬广告，是整合了淘宝网、旺旺客户端、支付宝等推广资源，商家可自主选择广告位置、按天计费的推广服务。

3.9.1 硬广资源分类和价格

在淘宝首页的下方有“广告服务”，点开链接进入这个栏目可以下载广告刊例。刊例中有五类广告资源的详细情况和报价，它们分别是：淘宝硬广资源、定价 CPM 资源、淘宝网富媒体资源、旺旺客户端资源和支付宝硬广资源。我们从广告刊例中截取淘宝硬广资源和旺旺客户端资源为例简单介绍一下。

下面的截图是“淘宝硬广资源”的所有广告位的详情。

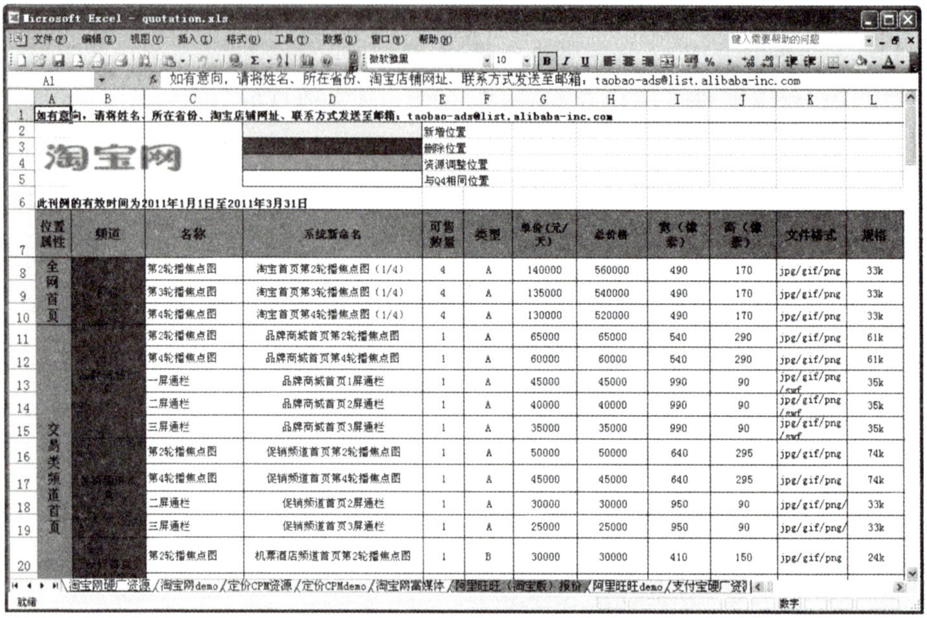

Microsoft Excel - quotation.xls

如有意向，请将姓名、所在省份、淘宝店铺网址、联系方式发送至邮箱：taobao-ads@list.alibaba-inc.com

淘宝网

新增位置

删除位置

资源调整位置

与Q4相同位置

此刊例的有效时间为2011年1月1日至2011年3月31日

位置属性	频道	名称	系统新命名	可售数量	类型	单价（元/天）	总价格	宽（像素）	高（像素）	文件格式	规格
全网首页	[illegible]	第2轮播焦点图	淘宝首页第2轮播焦点图（1/4）	4	A	140000	560000	490	170	jpg/gif/png	33k
		第3轮播焦点图	淘宝首页第3轮播焦点图（1/4）	4	A	135000	540000	490	170	jpg/gif/png	33k
		第4轮播焦点图	淘宝首页第4轮播焦点图（1/4）	4	A	130000	520000	490	170	jpg/gif/png	33k
交易类频道首页	[illegible]	第2轮播焦点图	品牌商城首页第2轮播焦点图	1	A	65000	65000	540	290	jpg/gif/png	61k
		第4轮播焦点图	品牌商城首页第4轮播焦点图	1	A	60000	60000	540	290	jpg/gif/png	61k
		一屏通栏	品牌商城首页1屏通栏	1	A	45000	45000	990	90	jpg/gif/png/swf	35k
		二屏通栏	品牌商城首页2屏通栏	1	A	40000	40000	990	90	jpg/gif/png/swf	35k
		三屏通栏	品牌商城首页3屏通栏	1	A	35000	35000	990	90	jpg/gif/png/swf	35k
	[illegible]	第2轮播焦点图	促销频道首页第2轮播焦点图	1	A	50000	50000	640	295	jpg/gif/png	74k
		第4轮播焦点图	促销频道首页第4轮播焦点图	1	A	45000	45000	640	295	jpg/gif/png	74k
		二屏通栏	促销频道首页2屏通栏	1	A	30000	30000	950	90	jpg/gif/png/	33k
		三屏通栏	促销频道首页3屏通栏	1	A	25000	25000	950	90	jpg/gif/png/	33k
	[illegible]	第2轮播焦点图	机票酒店频道首页第2轮播焦点图	1	B	30000	30000	410	150	jpg/gif/png	24k

淘宝网硬广资源 / 淘宝网demo / 定价CPM资源 / 定价CPMdemo / 淘宝网富媒体 / 阿里旺旺（淘宝版）报价 / 阿里旺旺demo / 支付宝硬广资源

具体信息有：广告位置、所在频道、名称、每天的单价、广告图片的格式、广告图片的规格尺寸等。下面的截图也来自广告刊例，这是对广告位置的直观演示。

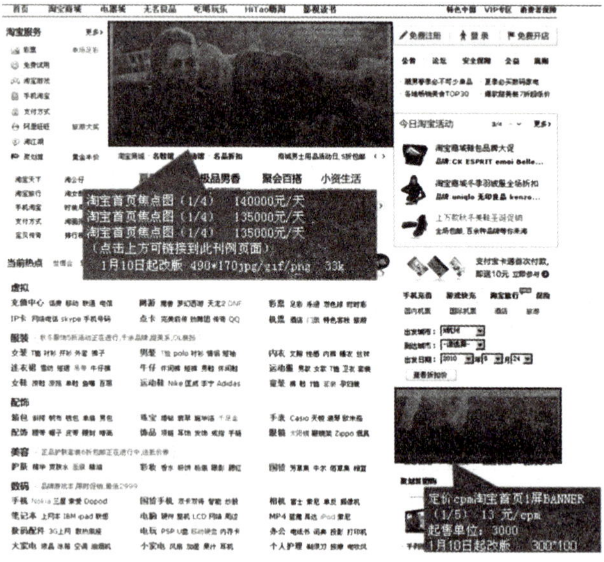

从刊例的报价可以看到广告价格不菲，但是一分钱一分货，它们的流量也对得起价格。例如，像淘宝网首页的焦点图，每天的曝光量在4000万次左右。

下面的截图是旺旺客户端资源上的广告位和报价，也是来自于广告刊例。

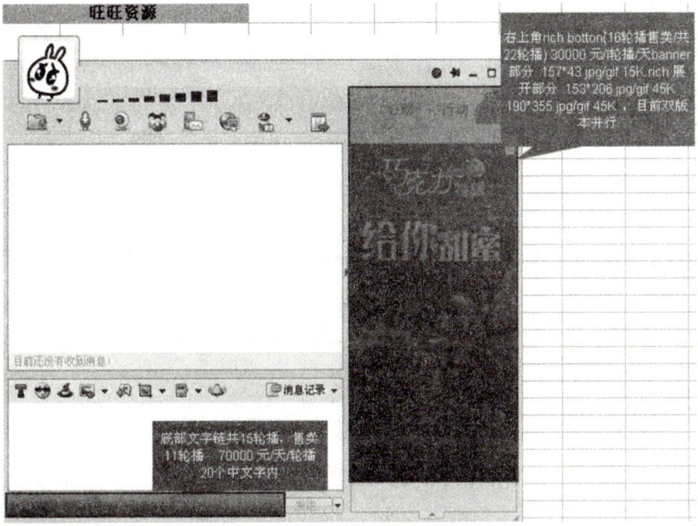

同属于旺旺客户端资源的还有“每日焦点”窗口上的广告位以及报价，下面的截图也来自于广告刊例。

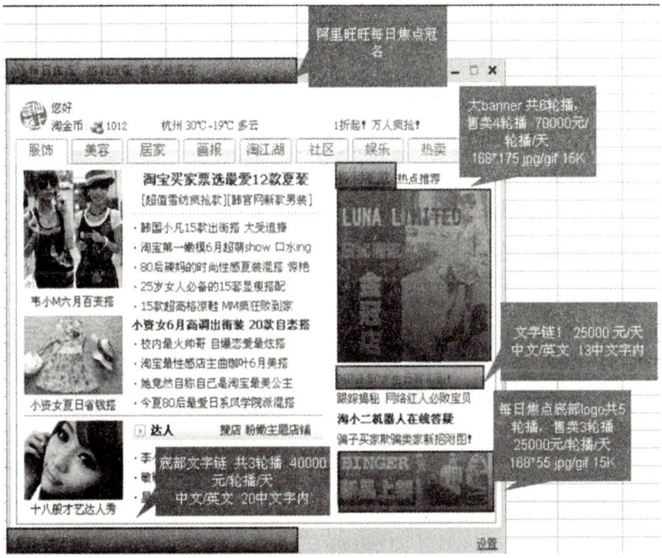

想知道上面截图里的旺旺聊天窗口、焦点窗口有多大的曝光量吗？只要想想每天有多少人登录旺旺，有多少人使用旺旺聊天，也就能弹出“每日焦点”窗口，换句话说，就知道有多少人看到上面的广告。它们的曝光量都在百万级至千万级之间，这才叫流量大得惊人！

其实，所谓面向大客户宣传品牌，一方面是因为大客户比较有经济实力，能投得起这样的广告，但还有另一个更重要的隐含意思，是来了那么多流量是否能消耗得掉，包括客服、存货、发货、售后等各个环节，无一不是考验！

每个广告广告位的具体价格需要下载最新刊例，最重要的是，还可以谈判，拿到折扣。跟在报纸、广播、电视上投广告差不多。

3.9.2 要品牌还是要流量

接下来的问题是，如此大的曝光量，投这样的广告，是为了品牌？还是为了流量？

如果为了品牌，就应该突出品牌名字或标识。看的人多了，记住的人就多，知名度就增加了。

一个人在购物的时候，对自己熟悉的商品倾向度高。这种“熟悉”，并不是相交很深，而是相比其他几个更陌生，这个稍微有点“眼熟”，仅此而已。仅就这样，你就在竞争中胜出了。

我们经常发现，我们对名字容易记忆不准，尤其是拗口的名字，还有很多甚至不知道该如何读的名字，记不住谈何口碑传播。没有印象，跟没见过一样，下次见到的时候仍然没有优势。

有些设计者只在名字的字体和颜色上下功夫，这并不能起到很好的效果。不知道你有没有这种感觉，譬如浏览网页，如果翻到新的一页，突然一个大字而且用鲜亮的颜色标示，你反而没发现它。它被忽略了。

什么样的名字更容易记忆呢？答案是：记忆符号，也就是图案。看看肯德基的白胡子老头，看看真功夫的“李小龙”。看一眼，你就能记住。

下次看到，你就能很快回忆起，因为对它有印象。

如果是为了流量，那就应该有吸引力，这时设计的广告图片跟钻石展位的要求一样。在吸引人多多益善的前提下，能精准过滤也不错。前面你已经知道，如果吸引来太多的垃圾流量（只看不买，根本没有需求），会让你的宝贝排名靠后。

我的建议是品牌和流量兼顾。**如果能吸引意向流量购买，这是最高目标；否则，就让所有能看到的人记住我们的品牌吧！**在心里对“潜在买家”说：青山不老，绿水长流，后会有期！

Section 3.10 从“用兵如神”到“用钱如神”

参加过不少网商交流会，和不少掌柜交流，听到的比较多的还是抱怨声，他们抱怨淘宝到处都在收钱，免费的东西越来越少。个别极端的，甚至在发恨，扬言要“脱离淘宝，另寻平台”，等等，听其口气，单就拿出钱这一点来说，对付费的东西视做“洪水猛兽”，不敢挨、不敢碰，很畏惧，总躲着。

老实讲，没有人愿意付费——如果能不用付费的话。但淘宝本身也需要赚钱和赢利，因此淘宝不可能不设置名目众多的收费项目。说得直白一些，淘宝不可能眼瞅着你天天赚钱，而自己只喝西北风。你可能会反驳说，我就是没赚到钱才反对付费的嘛！争执这种问题纯属浪费时间，没有任何意义，因为，不会因为我们反对甚至恼怒淘宝就会取消收费。再者说，淘宝也的确能够帮助店主创造价值。本身有价值的东西，不收费反倒不公平了。

其实，问题的关键不在于花不花钱，而在于能不能赚钱。如果你花 1 块钱能赚回 10 块钱，你不仅不会抱怨淘宝的收费，而且会加大投入力度，以求多投资赚回更多的钱。

这个社会的赚钱方式是，有用力气赚钱的，有用智力赚钱的，更高级别的是用钱生钱。用钱生钱，最省气力，回报率最高。

在对待钱的态度上，是当钱的奴隶，还是当钱的主人，你需要选择。再进一步可以这么说，一个人一辈子能不能赚大钱，就看对待钱的态度，尤其是能不能用好钱。**赚钱本事的大小，从用钱本事的大小就能看出来。**

兵家以善于用兵而功成，商家应以善于用钱而成功。对成功的兵家，赞扬他们用的是“用兵如神”。对一个渴望成功的商家来说，如果能做到“用钱如神”，必定离成功不远。能“用钱如神”的商家，并不是拥有太多钱的人，但是却能把有限的资金灵活地流动起来，越滚越多，越滚越大。在第一部分我们提到的史玉柱花20几万买游戏装备的事，就是用钱的一个典型例子。花了20多万，赚回了数亿，而且还在持续高额回报中。如何“用钱”，具体说有以下几个方面：

（1）能用钱买到的，就不自己花时间和精力去研究。

（2）该花的钱，一分都不能省。省下小钱，往往要赔上大钱，还会浪费很多赚钱的机会。

（3）尽量远离免费的和低价的东西，并要多制造出免费的和低价的东西供别人用。

（4）多研究和尝试高价的东西。高价的东西回报更高。最终让你赚大钱的，还是高价的这一块。你要想赚到肯花高价人的钱，你就必须自己先在高价上用钱。

在淘宝的几百万卖家中，我经常见到经常大笔大笔投广告而让生意越做越大的，没见到过靠发帖子这种免费方法省钱发财的。

Section 3.11 淘宝流量的十大渠道

一个人在淘宝上逛，都是有自己的浏览轨迹的，买家有自己的一套轨迹，卖家也有自己的一套轨迹。当然，卖家也是买家，偶尔也需要买东西，因此我们合起来共同看买家和卖家的浏览轨迹，对于我们弄清楚流量是“从哪来的、最后到哪里去了”非常有好处。

其最大好处就是我们知道流量都在哪里、流量是怎么分流的、流量都去了哪里、我们该怎么吸引流量，之后你会豁然开朗，再也不会局限在只有搜索和直通车一条渠道。同时你会发现，上面介绍的免费流量方法和收费流量方式，都是在这些渠道上发挥作用。

3.11.1 淘宝首页

绝大多数买家都是从输入 www.taobao.com 或者直接点收藏夹里的淘宝主页开始淘宝旅程的，还有的买家干脆就把淘宝网首页设置成了主页，打开浏览器就默认打开了淘宝首页。

因此，淘宝网首页是流量的总入口，就像长江、黄河的发源地一样，流量都是从这里开始并逐渐分流出去的。

淘宝首页流量有多大？一般的数据未必可信。下图是从钻石展位里淘宝首页的一个广告位的截图，我们分明可以看到这个广告位的浏览量是：3900 多万，将近 4000 万。

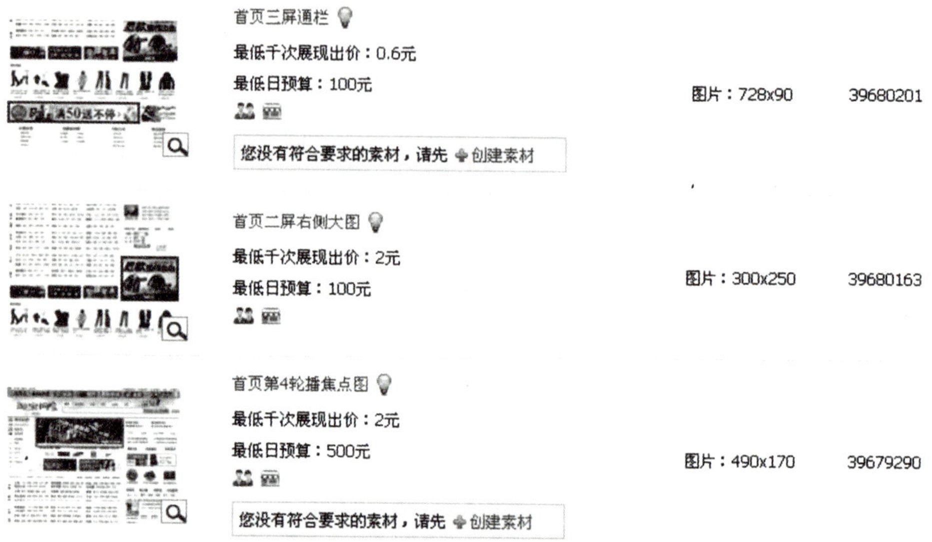

震惊吗？惊讶吗？想想每天我们店铺才来多少流量！

图中的数字告诉我们，**淘宝上有的是人，有的是流量，有本事就来搞！**

如果你不来分流量，只好任凭流量随着自然渠道不断分流。

该如何从淘宝首页分流？在淘宝首页上搞流量的方式主要靠付费方式，它们是：

- 钻石展位广告
- 大客户品牌硬广告
- 直通车活动

如果在淘宝首页上投钻石展位广告，由于这里流量巨大，男的女的老的少的、三教九流各色人等都从这里入口，随意流量特别多，容易造成浪费，因此建议进行群体定向或店铺定向获取更精准的流量。

3.11.2 旺旺焦点窗口

对卖家而言，开始一天的淘宝工作，多半是从登录旺旺开始。登录旺旺后，默认情况下会弹出一个焦点窗口，从这里也可以进入淘宝的很多栏目，所以该窗口也算是进入淘宝的辅助入口，如图所示。

前面估算过，该窗口的日曝光量在千万次级。有两种方式可以在该窗口展示，一种是收费的，也就是大客户品牌硬广的方式；另一种是免费的，通过编辑推荐的方式。从上面的截图可知，该窗口包含热卖、画报、服饰、美容、居家、放心买、聚划算、社区、娱乐等栏目，这些内容都是精心编辑过的，点击后可以直接进入相关页面，而且这些内容都是人工编辑的，研究一下相关规则，通过努力和争取，你的宝贝也可以在这个窗口获得曝光的。

在此展示过的幸运卖家，都知道流量有多火暴的。当然，幸运并不是天意，而是人为的。推荐哪个、不推荐哪个，都是有条件的，也是有专人负责的。记住：努力就会有回报。

3.11.3 淘宝各大频道

各大频道在淘宝首页都有文字链接入口。有链接就会从首页直接分流，下面的截图显示的就是其中的一些频道在淘宝首页上分流的示例。

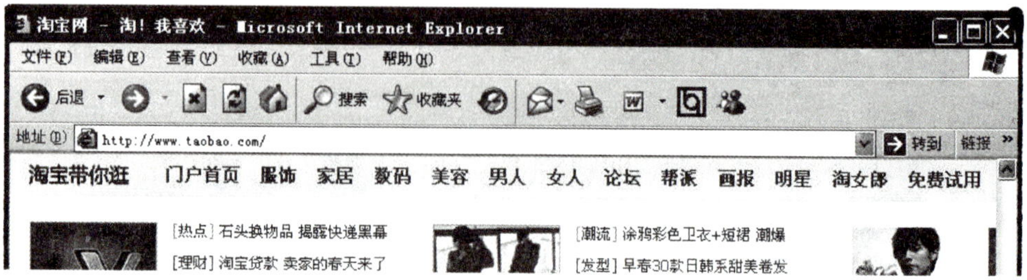

淘宝目前的频道有数十个之多，它们分别是：

- 男人频道
- 女人频道
- 礼品频道
- 数码手机频道
- 促销频道
- 机票酒店频道
- 服饰频道
- 美容频道
- 母婴频道
- 家居频道
- 亲子频道
- 健康频道
- 体育频道
- 汽车频道
- 打听频道
- 时尚频道
- 财经频道
- 特卖频道

……

下面的截图就是美容频道的例子。

频道与类目导航相似，但又不同，频道页面更多的是资讯内容，而且有更新周期。另一个不同是，类目的功能在一个“卖”字，而频道的功能在一个“逛”字。与淘宝首页相比，在流量上，频道更趋于精准了，每个功能频道都聚集着相关兴趣的人群。比如，“体育频道”

聚集的人群对体育信息感兴趣，而“财经频道”聚集的人群则更关心财经信息。因此，在投放相关广告的时候，最好能够让商品的受众与频道聚集的人群最大限度地重合。

怎样在每个频道页面曝光产品图片？多数频道都支持以下几种收费方式：

- 钻石展位
- 大客户品牌硬广告
- 频道冠名（个别频道支持）
- 直通车活动

这么多频道虽然同在淘宝首页有入口，但每个频道页面分流结果并不相同，甚至有天壤之别。

除了淘宝首页，从经验看，流量最大的就属促销频道了。

3.11.4 类目导航

需要购物的买家，会找到自己需要商品的类目，逐级寻找。下面的截图展示的是类目在从淘宝首页分流。

在淘宝首页点开具体的类目，将以类目导航的方式展示所有宝贝，如图所示。

要让宝贝出现在上述页面里，有两种方式，一种是免费的方式，如果想以免费的形式出现，首先类目不能放错，其次要有好的排名，也就是要做人气宝贝；另一种是收费的方式，只要开通直通车里的类目出价就可以出现了。

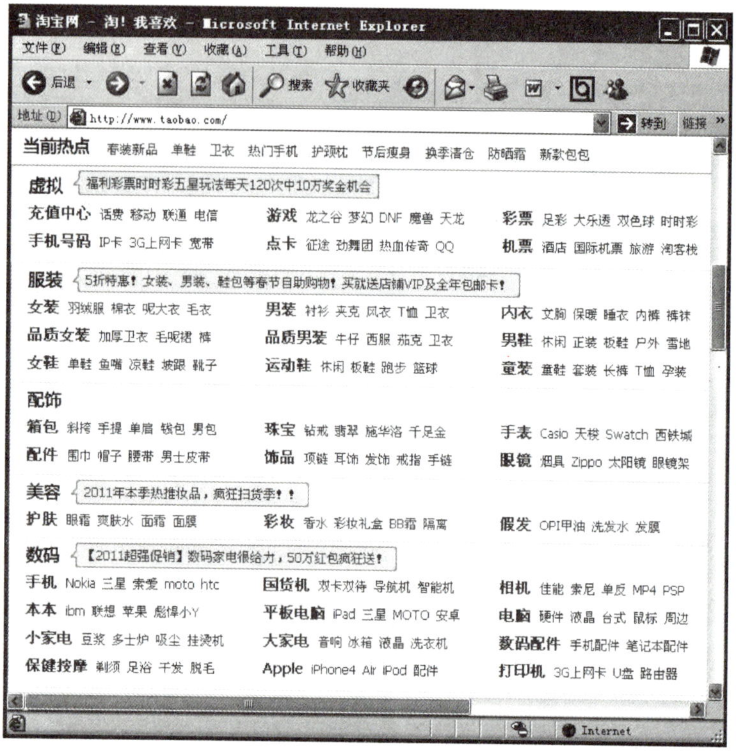

淘宝网 - 淘！我喜欢 - Microsoft Internet Explorer
文件(F) 编辑(E) 查看(V) 收藏(A) 工具(T) 帮助(H)
后退 搜索 收藏夹
地址(D) http://www.taobao.com/
转到 链接
当前热点 春装新品 单鞋 卫衣 热门手机 护颈枕 节后瘦身 换季清仓 防晒霜 新款包包
虚拟 福利彩票时时彩五星玩法每天120次中10万奖金机会
充值中心 话费 移动 联通 电信
游戏 龙之谷 梦幻 DNF 魔兽 天龙
彩票 足彩 大乐透 双色球 时时彩
手机号码 IP卡 3G上网卡 宽带
点卡 征途 劲舞团 热血传奇 QQ
机票 酒店 国际机票 旅游 淘客栈
服装 5折特惠！女装、男装、鞋包等春节自助购物！买就送店铺VIP及全年包邮卡！
女装 羽绒服 棉衣 呢大衣 毛衣
男装 衬衫 夹克 风衣 T恤 卫衣
内衣 文胸 保暖 睡衣 内裤 裤袜
品质女装 加厚卫衣 毛呢裙 裤
品质男装 牛仔 西服 茄克 卫衣
男鞋 休闲 正装 板鞋 户外 雪地
女鞋 单鞋 鱼嘴 凉鞋 坡跟 靴子
运动鞋 休闲 板鞋 跑步 篮球
童装 童鞋 套装 长裤 T恤 孕装
配饰
箱包 斜挎 手提 单肩 钱包 男包
珠宝 钻戒 翡翠 施华洛 千足金
手表 Casio 天梭 Swatch 西铁城
配件 围巾 帽子 腰带 男士皮带
饰品 项链 耳饰 发饰 戒指 手链
眼镜 烟具 Zippo 太阳镜 眼镜架
美容 2011年本季热推妆品，疯狂扫货季！！
护肤 眼霜 爽肤水 面霜 面膜
彩妆 香水 彩妆礼盒 BB霜 隔离
假发 OPI甲油 洗发水 发膜
数码 【2011超强促销】数码家电很给力，50万红包疯狂送！
手机 Nokia 三星 索爱 moto htc
国货机 双卡双待 导航机 智能机
相机 佳能 索尼 单反 MP4 PSP
本本 ibm 联想 苹果 彪悍小Y
平板电脑 iPad 三星 MOTO 安卓
电脑 硬件 液晶 台式 鼠标 周边
小家电 豆浆 多士炉 吸尘 挂烫机
大家电 音响 冰箱 液晶 洗衣机
数码配件 手机配件 笔记本配件
保健按摩 剃须 足浴 干发 脱毛
Apple iPhone4 Air iPod 配件
打印机 3G上网卡 U盘 路由器
Internet

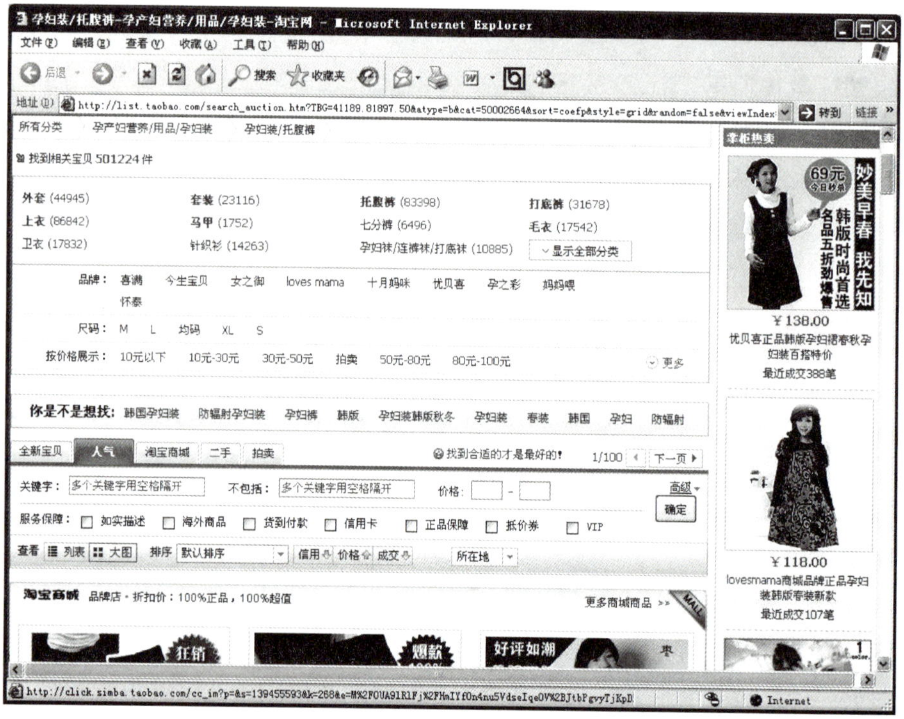

孕妇装/托腹裤-孕产妇营养/用品/孕妇装-淘宝网 - Microsoft Internet Explorer
文件(F) 编辑(E) 查看(V) 收藏(A) 工具(T) 帮助(H)
地址(D) http://list.taobao.com/search_auction.htm?TBG=41189.81897.50&atype=b&cat=50002664&sort=coefp&style=grid&random=false&viewIndex
所有分类 孕产妇营养/用品/孕妇装 孕妇装/托腹裤
找到相关宝贝 501224 件
外套 (44945) 套装 (23116) 托腹裤 (83398) 打底裤 (31678)
上衣 (86842) 马甲 (1752) 七分裤 (6496) 毛衣 (17542)
卫衣 (17832) 针织衫 (14263) 孕妇袜/连裤袜/打底袜 (10885) 显示全部分类
品牌： 喜满 今生宝贝 女之御 loves mama 十月妈咪 优贝喜 孕之彩 妈妈嗯 怀泰
尺码： M L 均码 XL S
按价格展示： 10元以下 10元-30元 30元-50元 拍卖 50元-80元 80元-100元 更多
你是不是想找： 韩国孕妇装 防辐射孕妇装 孕妇裤 韩版 孕妇装韩版秋冬 孕妇装 春装 韩国 孕妇 防辐射
全新宝贝 人气 淘宝商城 二手 拍卖 找到合适的才是最好的！ 1/100 下一页
关键字： 多个关键字用空格隔开 不包括： 多个关键字用空格隔开 价格： 高级 确定
服务保障： 如实描述 海外商品 货到付款 信用卡 正品保障 抵价券 VIP
查看 列表 大图 排序 默认排序 信用 价格 成交 所在地
淘宝商城 品牌店·折扣价：100%正品，100%超值 更多商城商品
狂销 爆款 好评如潮
掌柜热卖
69元 今日秒杀 妙美早春 韩版时尚首选 各品五折劲爆售 我先知
￥138.00 优贝喜正品韩版孕妇裙春秋孕妇装百褶特价 最近成交388笔
￥118.00 lovesmama商城品牌正品孕妇装韩版春装新款 最近成交107笔
Internet

在直通车里完全可以不设置关键词，或者象征性地加几个关键词（出很低的价格以保证不会展现），而只开通类目出价。

随着类目的逐级深入，流量就会越来越精准。所以，如果想要海量流量，就出高价在根级别的大类目下出现。如果要精准流量，就把出价降低，直到买家点击的类目深入到你的宝贝所在的小类目时才出现。还是那句话，选择海量流量还是精准流量，完全在自己的选择。

3.11.5 宝贝搜索

前面已经指出过，只有三成多的买家使用类目导航的方式寻找自己想买的宝贝，毕竟通过一级一级的类目导航找寻商品比较慢，所以近七成左右的买家都是通过搜索的方式寻找商品。

下面的截图展示的搜索工具在淘宝首页上分流。

这就是所有淘宝卖家都最熟悉的流量渠道。

而广大的卖家对宝贝搜索如何做广告最熟悉，免费的方式，靠人气宝贝获得流量；付费的方式，通过直通车关键词获得流量，跟类目导航一样，不再重复。

3.11.6 宝贝详情页面

真心想购物的买家，不管是通过类目导航，还是直接搜索，不管是通过频道栏目，还是通过广告图片链接，最终流量都聚集到了宝贝页面——只是具体花落谁家则不一定。

前面介绍的渠道就像是淘宝上的“大街”，买家逛来逛去，最终还是要进店看的，而不会总在大街上转悠。所以有一点无疑是非常肯定的，就是只有让买家看到才有机会，买家看不到的绝无任何可能。所以无论何时何地，心中只有装着两个字：曝光！曝光才有机会。

按照上一部分的要求，理想情况下，是让买家在你的宝贝页面呆上 5 ~ 15 分钟。只要能牢牢吸引住买家呆上这么久，成交机会就比别人大得多。

照这样说，如果统计一下，一个买家在淘宝的页面（纯粹逛）的时间并不如在卖家的店铺的时间多。这有什么意义呢？

入口是有限的，广告位是稀缺的，随着有实力的卖家竞争越来越激烈，势必水涨船高，价格越来越贵。一方面是价格越来越高，另一方面是买家停留的时间越来越短，似乎未来的路会越走越窄。如果发现买家的眼球都聚集在卖家的宝贝页面这么长时间，不仅可以自己给其他商品做广告，还可以让卖家相互之间做广告。

下面的截图就是卖家之间结成联盟而相互“广告”的方式。

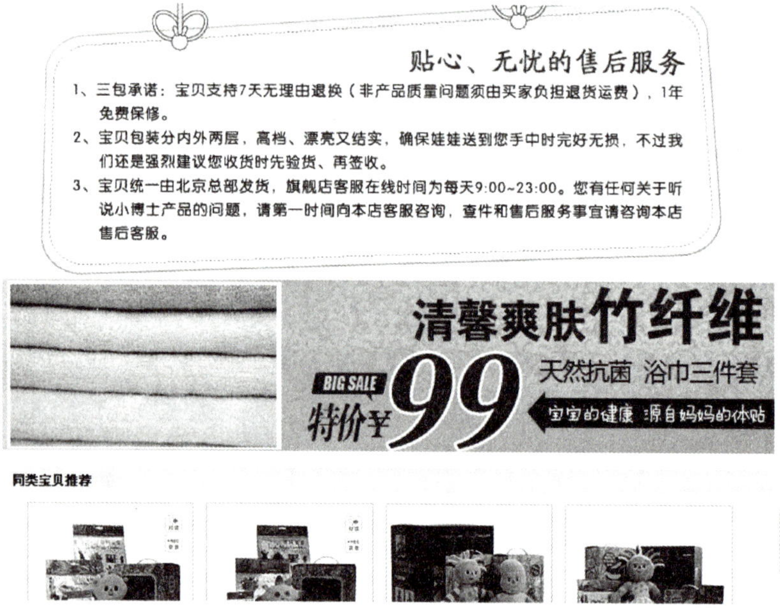

图中展示的是在一个卖家的宝贝描述里，放了另一卖家的广告图片和链接。如果有对该商品感兴趣的买家，可能就会点击链接进入另一卖家的宝贝，给被曝光的宝贝带去流量。

最终能带去多少流量，既取决于当前宝贝页面有多少流量，也取决于被推广的商品与当前宝贝的受众的重合程度，尤其是广告图片的设计。

其实这些都是后话。我们很少碰到在别人宝贝描述里做广告的情况，不是因为效果不好，而是合作卖家不愿意。他会担心你把他的买家“勾”走，他会担心分散他买家的注意力，影响了他的销量。怎样才能让合作卖家愿意帮你挂广告呢？

不单单是给钱就能解决的了的。合作是以帮对方创造价值为合作前提，最终实现双赢的目的。对合作卖家来说，如果你提供的商品，能帮助对方多卖货，或者更容易卖货，无疑他是最高兴的，愿意跟你合作的商家大有人在。在这种思想指导下，不再直接做广告，而是把你的商品当成合作卖家商品的赠品或折扣品，“嵌入”到合作商家的宝贝里，效果要好得多。

比如，我是卖“面膜”的，我想找个卖“裙子”的商家合作，把“面膜”嵌入到“裙子”宝贝页面里曝光（以带来流量），就可以把“面膜”当成“裙子”的赠品，加个链接到你的商品，以“了解赠品详情”的形式出现，同时“裙子”的宝贝描述里写上“前10名购买裙子的才有面膜赠，购物满200元赠面膜一盒”，以帮助合作商家容易卖货或多增加销售额，合作商家不仅不会反对，而且更愿意合作。

买家购买裙子后要了解赠品详情，通过链接进入了你的店铺宝贝页面。如果她想得到“面膜”需要拍下付款，价格是1分钱。有需要的买家不会介意花一分钱的。如果1分钱的价格不能设置，也可以设置成1毛钱，但是在货物里把一毛钱还给买家，同时再附上一封信，说“既然是免费的，就应该一分钱都不能收。你付的一毛钱，随货发出，退还给亲，希望你试用满意、开心，这是我最大的心愿。如果你不满意，还可以给我差评。当然，如果你真的喜欢，给个好评顺便帮我美言几句，那我就会高兴得心花怒放了。哈哈。”借用和买家接触的机会建立良好的印象。

只要拍下付款，以后就可以不断地联系买家，为其提供后续服务，并把她变成你的客户。

如果买家以后真的回来重复购买面膜，试问你花了多少钱买了一个客户？一毛钱现金。

这里有几个问题需要实际探讨，并根据情况做出适合自己的选择。

（1）赠品谁发货？

如果是自己发货，需要单独付运费，成本会增加，毕竟邮费也是一笔不小的开销。

自己发货的好处是，可以确保产品和广告发到“潜在买家”手中，还可以多做些文章。

但是，合作商家会担心你如果不发货怎么办（他答应给赠品了，你如果不发货，就坑了他）。

如果是把赠品给合作商家让他代发，你可能也会担心合作商家（扣你的货或抽掉你的广告单页）。

（2）赠品的超重费由谁付？

因为赠品的原因可能会超重，超重就会产生超重费，这个费用由谁付？

如果能结成互帮对子，你有赠品需要嵌入到对方的商品中，对方也有赠品可以嵌入到你的商品中。对方能帮你带来流量，你也能帮对方带来客户，各自的费用各自承担，这样的合作就比较令双方都满意。

但有个前提，就是你们经营的商品之间没有竞争关系，最好是互补的。往下看，稍后我们在讲“鱼塘”理论时探讨这个问题。

3.11.7 店铺页面

根据买家购物习惯，在被宝贝描述吸引之后，有意向购买该宝贝后，通常会进入卖家店铺首页浏览。

到店铺首页做什么？有的说是看看有没有其他需要购买的商品，有的说是看看店铺的装修美不美，我称他们是“进一步感受购物气氛”。因为买家的这个动作，店铺里的其他宝贝就有了曝光的机会，增加了被选购的几率。

此刻，某个买家流量“流”到了店铺页面，而且要在这里待上一小会儿。因此就可以在这里做广告，曝光产品的美图。不知你注意到了没有，有很多大卖家，开始卖店铺里的广告位，价格不低。

理论上说，店铺首页要比某个宝贝的详情页面流量要大得多。道理很容易懂，因为宝贝页面有很多，而店铺首页只有一个。到每个宝贝详情页面的流量，都有可能到店铺首页，因此店铺首页是他们的流量之和。

上一节讲到的是把自己的宝贝“嵌入到”合作商家的宝贝详情页面做广告，如果要换到流量更大的店铺首页做广告，效果会更好。

在这里做广告也有几种方式，跟在淘宝首页做广告类似，只是这个广告费给的是合作商家而不是淘宝，而且价格要便宜很多很多。如果精心选择合作店铺，效果也能得到保证。

（1）买广告位。这有点类似品牌广告和超级卖霸，一个广告位一个月收一定的费用，而且是多买有优惠。看个例子：

上面的截图里左下方有个店铺的名称和对应的链接（链接在状态栏可以看到），就是在别人的店铺里挂上的。在别人的店铺里买广告位做广告，就与这个一样。

现实中一些大型的超市都在这样干：为了充分利用流量，把一部分展位出租给其他卖家获取收益。

（2）按效果付费。说服合作商家帮你推广，你给他提成。为了担心有欺诈，可以直接在广告图片上挂淘宝客的推广链接，每成交一笔提成佣金。

由于是淘宝客系统在中间计算成交量，双方都比较轻松，而且不用担心有欺诈。不过，开通淘客推广的有很多，凭什么被推广的人是你？

所以，如果你真想在某个店铺里挂广告，先主动去谈你中意的、流量大的合作商家，直接买他的广告位，但是价格要出最低价，因为你还给他提成（用淘宝客的链接），合作商家愿意的就会多。

把自己当成被合作的商家来想，只卖广告位，一次性收益，广告效果好与不好与我无关。但是如果把一次性收益变成长期收益，尤其是捆绑收益，我就比较关心广告效果了，毕竟这里面还有我的提成呢！

这种谈判办法，正是从合作商家的利益出发的，岂有被拒绝的道理?！当然，拒绝了一家，还有另一家呢，肯合作的商家排队等着呢，怕什么！

（3）相互合作。就是上一节讲的方式，我赞助产品给你当赠品，以帮助你多卖货（可以满一定购物金额有赠品，或现在买才有赠品，让买家立即行动），或双方结成合作对子，你为我赞助赠品，我为你赞助赠品，各自的费用各自承担。

鱼塘理论

鱼塘理论认为，你想要的鱼（买家），已经是别人鱼塘里的鱼了。

你可以到大街上挨个问谁是你的鱼，你也可以直接找鱼塘的塘主合作，直接共享他的鱼塘给你用。鱼群的重合度越高，鱼塘合作的效果就越好。

比如，你打算在网上做生意，卖童装。

起码说最少有两个选择，其一，你可以自己建 B2C 网站，通过各种渠道去找你的买家（网购人群）；其二，可以共享别人的鱼塘。譬如淘宝，淘宝已经积累了几亿的会员，而且都是网购人群，这个重合度就非常高，所以淘宝上的转化率很高。因此，你可以直接选择在淘宝开店，借用别人的鱼塘。

深入进去后又发现买家群体太大了，不太精准，你还需要进一步细化。经过细化发现，你需要找家里有小孩的买家群体。这时又该选择了，而且起码说最少有两个选择：第一个选择，你可以利用钻展甚至品牌广告，直接找“家里有小孩的，点我”。看到你的广告、并且对你的广告感兴趣的，可能会点进来。看到你的广告，但不感兴趣和不符合条件的（家里没小孩的），不会点击。这就造成了广告的浪费。

第二个选择，经过分析发现，卖奶粉的、卖尿不湿的、卖童鞋的、卖儿童护肤品的、卖儿童营养品的，甚至卖早教用品的，他们也都在和你找同样一群人——家里有小孩的。

你们既然要找的都是同样一群人，就说明鱼塘的重合度很高，可以共享鱼塘，实现最精准的营销效果。如果这些卖家中有大卖家，已经积累了大批的客户，每天的流量也非常大，就可以考虑深度开发他的鱼塘。

他的鱼塘，包含他积累的老客户，也包含正在不断进入他鱼塘的新鱼。

上两节里提到的方式和案例，只是抓取了“新鱼”中的一小部分。对积累和沉淀下来的老客户，只有他们回头购物时才能碰上他们（碰巧看到了我们的广告或赠品），并未深度开发，下一节接着探讨。

深度开发鱼塘

要想找到合作伙伴深度开发对方的鱼塘，有两个要点：

其一，你们之间没有竞争关系；

其二，对方无风险，收益能看到。

不符合这两条标准，或者说没有做好这两条的准备，就去找合作商家谈鱼塘合作，多半会被拒之门外。如何才能增加谈判成功的几率呢？

老祖宗教导我们：“将欲取之，必先予之”。一定先要对方看到点效果，他才愿意合作。

如果你对结果很有信心，但是一开始并不能立即当时见效的，不妨先“预支”一点自己未来的收益先垫付，这样合作会比较顺利进行。

“预支”的思维和勇气，就是用钱的本事的最好体现。

货物是卖家和买家建立信任的媒介，钱则是卖家和卖家之间建立关系的媒介。一旦合作关系到一定程度，即便收益不如从前，甚至不收钱，合作也是能继续下去的。

像前面提到的先买他的广告位，再挂淘宝客的做法，就是“将欲取之，必先予之”。没有人会拒绝，因为你都是在为他的利益着想的。

在这里讲鱼塘理论，主要是给卖家一些启发，尤其是启发如何借力。凡事都可以从 0 开始，也可以把巨人的肩膀作为起点，毕竟站在巨人的肩膀上成功更容易。所以，这不仅是在选择方案，更是在历练智慧。

3.11.8 交易过程页面

买家最终要购物，购物要产生交易，交易会有一系列过程，从拍下、付款、发货、收货确认、评价等。其中，在“收货确认”页面，就有一个钻展位可以利用。下面的截图就是“收货确认”页面的例子。需要注意的是，其下方是钻石展位广告图片。

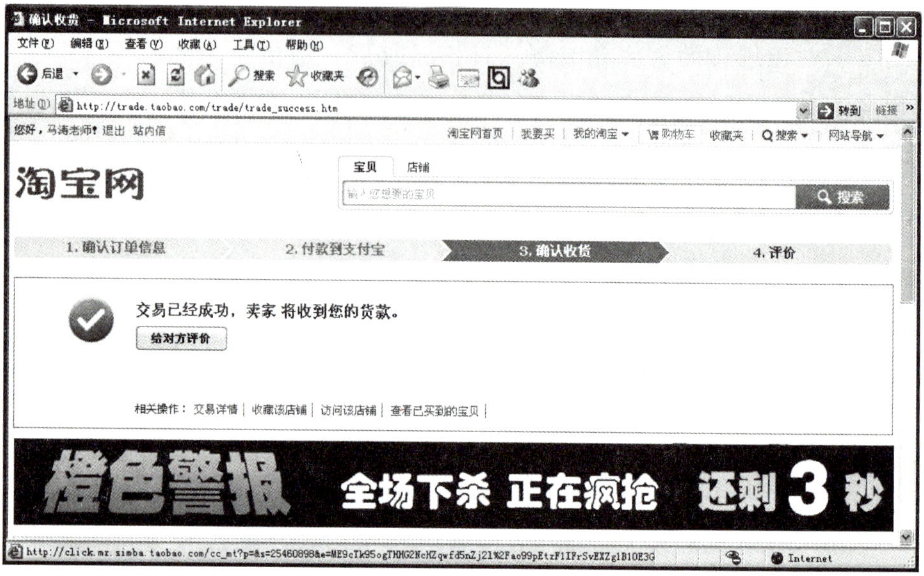

从淘宝每天的交易笔数和交易额就能知道，这个页面每天的流量非常惊人。而且能看到这个页面的，一定不是只看不买的新手，而一定是购过物的真正的网购人群。

需要指出的是，在不同的位置，需要不同的创意。这个广告位就可以适用与“收货确认”心情相同的创意。买家收到货尤其是很满意的时候，心情是高兴的，急急忙忙地向卖家确认收货。在完成确认的瞬间，提示着“恭喜”字样的文字和图片，买家点击的兴致就会很高。下面的截图就是这种创意的一个例子。

创新到此结束了吗？没有。都说创新是无止境的，在培训课堂的头脑风暴里，我对这句话深信不疑。有人建议，这个图片可以从颜色方面做成跟淘宝官方色调一致、官方步骤的样子，图片上有按钮，写着“下一步”，最大限度地激发买家的好奇心，让你不得不点！为了知道“下一步”的内容是什么，多数人都会点击，从而保证获得最高的点击率。其实“下一步”是什么呢？自己的宝贝页面而已，呵呵！

确实是高招！

对于钻石展位来说，还是要重复那句话，没有点击率，一切都是浮云。

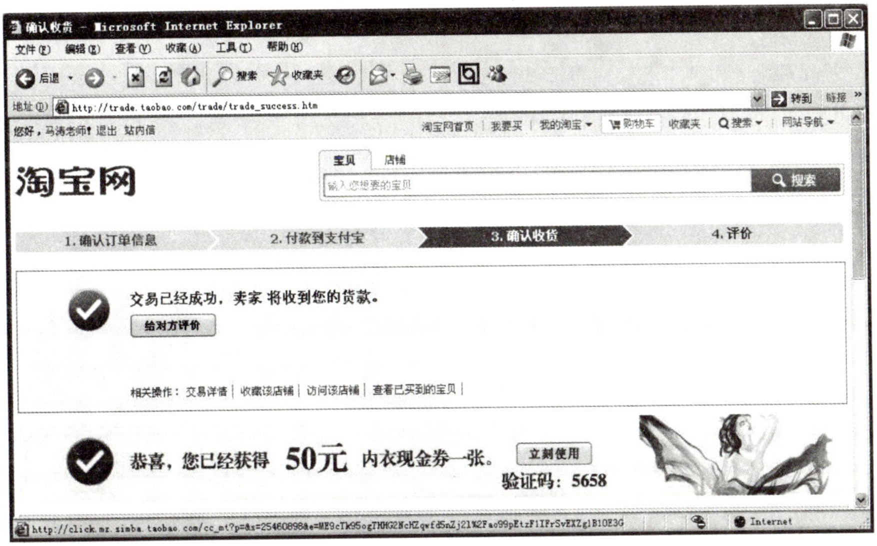

3.11.9 淘江湖

有人的地方就有江湖。淘宝庞大的会员早就是一个新的江湖——淘江湖。淘江湖试图建立买家与买家的联系，如果有你牵挂的朋友在淘江湖里活跃，你也会魂牵梦绕，经常回来看看，这也让网站增加了黏性。淘江湖里有买家的分享、达人、试用、搜索分享、商家活动、博客、粉丝、叽歪，在娱乐方面还有游戏，如开心岛主、开心农场等。总之，买家在这个江湖里是开心的，可以有粉丝互动，有感情交流（倾诉）。

官方给淘江湖定的基调是：淘江湖是一个买家真实购物分享社区。买家购物后，极力主张和鼓励买家“秀”宝贝，并分享使用体验，与大家一起互动。下面的截图就来自于淘江湖广场首页。

买家用心地分享购物体验，不仅自己的表现欲得到最大满足，而且淘宝也有相应的奖励，即奖励淘金币以示鼓励。淘金币可以兑换礼品，但是分享出来后，最大的受益人应该是其他买家了。准备购物的买家在购买前看看已买过的人怎么说，与他们交流，了解最真实的商品详情，可以避免失误，避免损失，真正买到称心如意的宝贝。

对卖家来说，买家的分享不仅可以带去非常可观的意向流量，更可以是直接的销量，后者得益于淘宝刚推出的“跟随购”功能。该功能架起了分享者、跟随者及卖家之间的桥梁。通过给分享的宝贝设置“跟随购”优惠价，让跟随购买的买家得到真正的实惠，也让卖家得到最大的转化销量。下面的截图就是这样的例子。

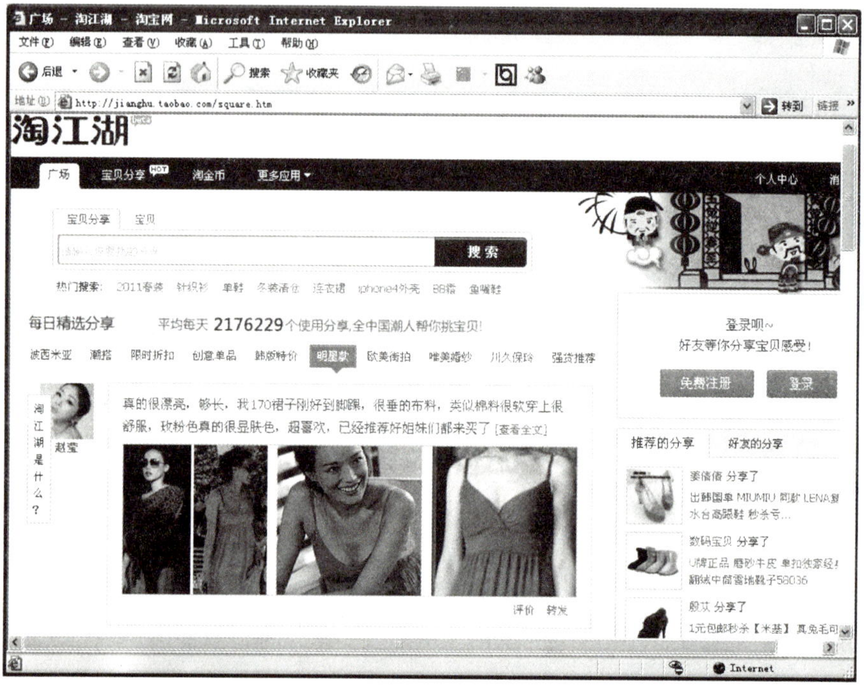

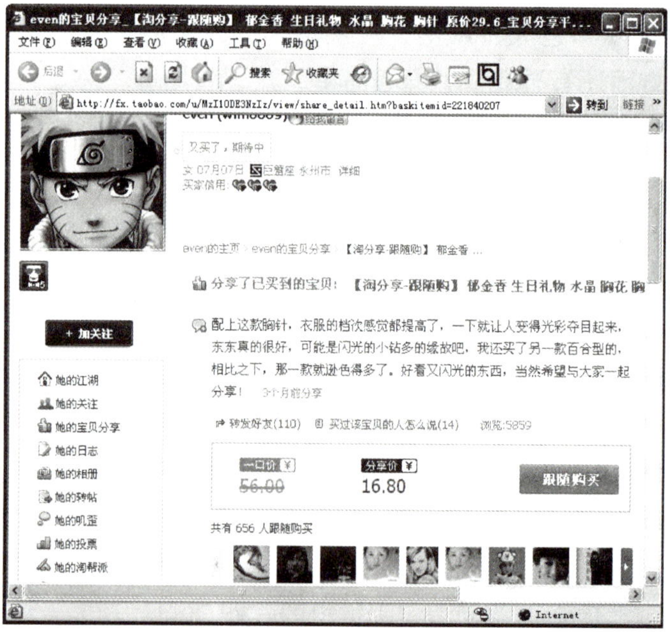

上图中的数字表明，对于被分享的这件宝贝实行跟随购买优惠后，就有656人跟随购买了。这可是实实在在的销量，比单纯地要流量更有现实意义。

3.11.10 淘宝运营活动

淘宝和淘宝上的卖家，他们的共同客户是买家。只有留住了买家，卖家才能变成愿意给淘宝付费的客户。为了留住买家，淘宝必须每天都要推出各种名目的优惠和促销活动，当然这些促销活动的宝贝都是由卖家提供的，其力度之大，令买家非常心动，以致有很多网购一族每天上班后就等着到点去秒宝贝。这些多种名目的活动，都是淘宝运营活动。下面的截图展示的是商家上活动时给店铺带来的爆发性流量。

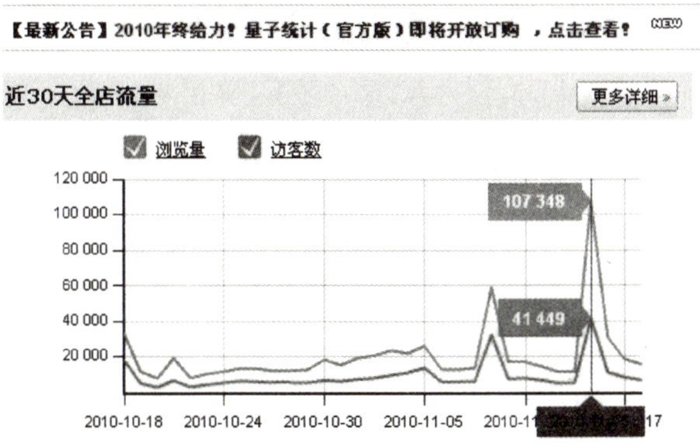

由图可知，好的活动可以带来的流量是平时的好多倍。其实，不光流量大，销量也大，转化率也能创新高。下面就是几种最常见的淘宝运营活动，你需要特别注意的是不同活动带来的流量、人群质量、实际销量、要求的折扣、活动是否收费等。

天天特价

天天特价活动页面有自己独立的域名（tejia. taobao. com）。下面的截图就是天天特价某日活动的页面。

图中右侧的宝贝，在几个小时内被抢光2000件，假设每ID限购1件，我们估算一下流量和转化率。若以转化率为2%算，销售2000件宝贝至少可来10万流量。若只来1万流量就卖了2000件，则转化率达到了20%！不管是看流量，还是看转化率，都是乐呵的。

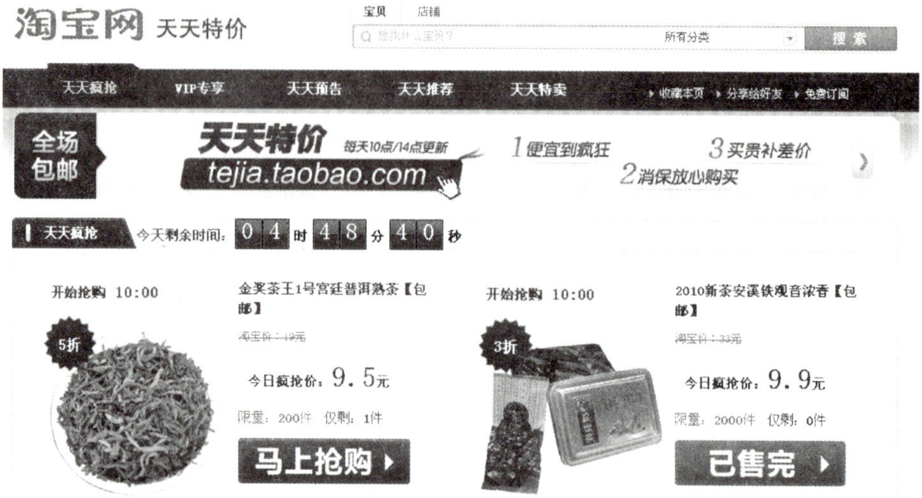

另外需要注意的是，图中的两款宝贝分别是5折包邮和3折包邮，官方要求报名的条件在5折左右。还有，天天特价属超级卖霸里的活动，是收费的，不过价格并不贵，只有几百元。

VIP 活动

VIP活动页面有自己固定的页面和域名（vip.taobao.com），它专门针对淘宝的会员提供优质性价比的商品。淘宝对会员的级别进行了分类，不同级别的会员享受不同的待遇，有黄金会员、白金会员和钻石会员。黄金会员可以购买推荐的7折价格、白金会员可以享受6折优惠，而钻石会员可以享受5折优惠。下面的截图就是对钻石会员实行5折优惠的例子。

这些折扣区比较自由的一点是，可以选择不包邮。但是如果想优先曝光在买家的面前，最好报“今日特价”活动，它却是要求必须包邮的，下面的截图就是例子。

卖家的机会就是报名来提供这些打折优惠的商品，供有级别的会员购买。淘宝积累了多年，拥有高级别的会员越来越多，这些高级别的会员都是靠积累消费换来的。可以说，他们的级别代表了他们的消费能力。因此，抓住这些优质的客户，对每个店铺都是很重要的。

购优惠

“购优惠”也是淘宝强力推广的一个活动，旨在帮助卖家打造人气宝贝，帮助买家买到性价比最高的宝贝。下面的截图就是“购优惠”的活动页面。

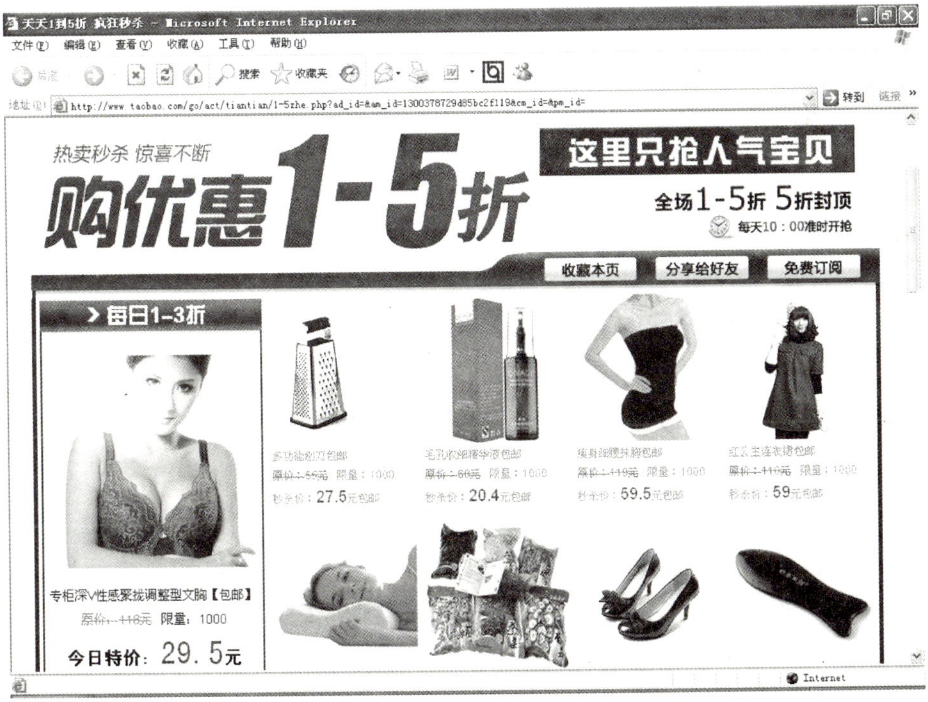

购优惠要求宝贝 1～5 折，而且 5 折封顶。报名购优惠不用交费。

聚划算

“聚划算”是淘江湖的最有力的团购平台。下面两个截图是“聚划算”主推单品曾取得的辉煌战绩。

不管是从销售额、销售数量、成交笔数，还是从连带销售的数量，其业绩都是令人羡慕的。

短短的一天时间内产生这么大的成交量，其火暴场面难以想象。我们只能暗自计算会来多少流量，转化率能达到多少，等等，但不管怎么算，流量都不会小，转化率也会比平时高很多。上面两幅图是官方用于宣传的，是个案，似乎有特殊之处，所以必须找一个实实在在的例子。下面的截图就是某天正在团购的情景（截图时团购并未结束）。

在截图中，我们需要注意 3 处有数字的地方：一是折扣数字，本例中的折扣是 5.3 折，一般“聚划算”要求的折扣在 1～5 折之间，比较多的是在 3 折左右，当然凡事都有例外，对于价格透明的微利行业（如上面的零食），会适当放宽的；二是剩余时间，本例中离团购结束还有将近 60 小时；三是参团人数，本例中截图的当时有 7691 人参团，至于后面 60 小时里还能有多少人参团，实在难以预料，但是从仅仅在不到一天的时间内就取得了 7691 人参团的成绩看，在未来还有两天多的时间里，参团人数翻一番应该不成问题。下面的截图就是点开活动页面后到达的宝贝页面。

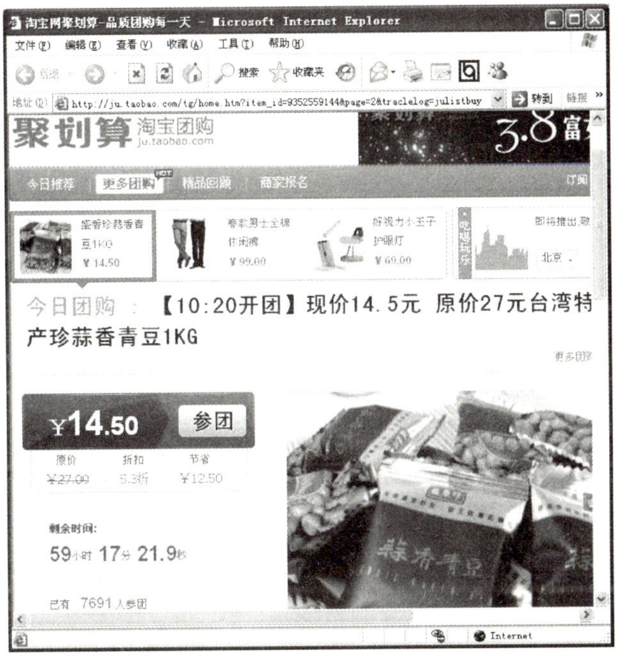

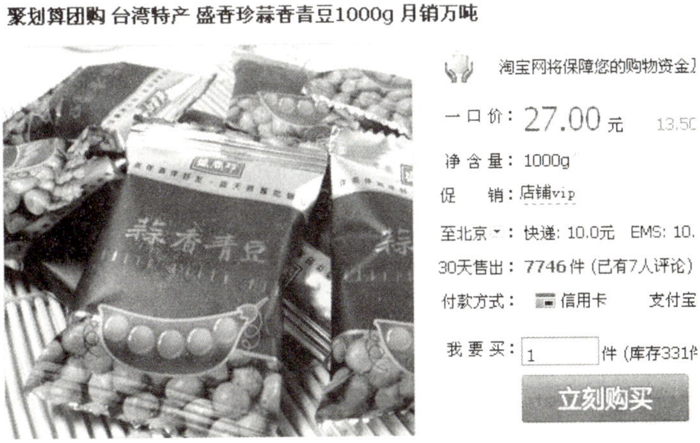

在这个截图中，首先映入眼帘的，同时也是我们最为关注的，就是“30天售出”的销量。在所有售出的“7746”件中有至少7件是以前销售的，即便如此，余下的数字还是比参团人数多，说明了有少量买家购买的数量不止一件。

借助本例中的数字，我们还想说明一个问题，那就是“人气”。我们前面讲到了人气排名，还讲到了人气分，并细述过人气分的几个指标，在本例中，不管哪个指标（销量、浏览量还是转化率）都会在极端的时间内达到峰值，所以这个宝贝只要不下架，其在人气搜索下的排名自然是很靠前的（是不是排第一则不一定），而且它的排名将霸占前几名一段时间。啰唆了这么多，其实可用一句话来概括，就是想打造人气宝贝是很简单的。

今日特惠

“今日特惠”也是“淘江湖”里的栏目，具体说它是“淘金币兑换中心”下的栏目，主要负责淘金币的使用。每次淘宝交易付款成功后，淘宝都会赠你相应金额的淘金币。下面的截图就是购物后赠送淘金币的例子。

这些淘金币虽然是虚拟货币，但是它也是有价值的，使用淘金币可以兑换或者抽奖礼品，还可以参与竞拍。

卖家的机会就是赞助这些宝贝，并把宝贝发给兑换者。但凡中意你产品而打算兑换的，总会先浏览一下你的宝贝页面，这样一来，你的流量就来了。

“今日特惠”要求宝贝以正常价格的5折出售，另外5折让买家花一定金额的淘金币兑换。这一方面提高了淘金币的价值，另一方面又让买家

感觉到占了便宜而心情愉悦，实在是一举两得。

“淘金币兑换中心”（过去叫钱庄），日均有200万左右的流量，“今日特惠”栏目不仅分得的流量占大头，而且在其他栏目下也都优先曝光该栏目下的部分产品，这些都让“幸运宝贝”获得了最大的流量和销量。

3.11.11 不刷信誉快速提高信用的方法

为什么要去刷信誉？答：想快速提高信誉。

为什么要提高信誉？答：信誉高，生意就好。

这种逻辑实在是谬之又谬！在讲“转化率”的时候，我们已经明确指出，信誉不是转化率高低的关键因素，生意的好坏跟信誉的高低并没有多大关系。你知道，现在有多少皇冠店没有生意，有的在另谋出路。不仅跟生意的好坏没有多大关系，而且刷信誉有以下几个“隐患”：

（1）刷信誉，要花钱。不管是你找平台代刷，还是互刷，都要付出金钱成本。

（2）刷信誉，对生意没有好的影响。除非你不想做大，只要想做大，刷信誉留下的“污点”永远是痛苦的地方，会很后悔。

（3）刷信誉，风险很大，形同绑架。我听说过一些卖家朋友介绍，他们有刷到皇冠现在生意又好的朋友，经常被要挟，不给钱就举报。碰到这种局面，真是进退两难。

所以，刷信誉实在是件蠢事。

有没有一种办法，既能快速提高信誉，又能给生意带来真正的好处呢？回答是：有的！

既然刷信誉也要花钱，与其把钱扔进“陷阱”，不如投在刀刃上，说白了，就是直接让利给买家。通过真实的、大量的交易，快速提高信誉，同时积攒人气。前面我们说，一个新店就像一台冷机器，需要找到起动它的钥匙，现在所告诉你的就是那把钥匙。有两个地方可以直接给买家让利，买家也是蜂拥而至，争相购买，交易量大，信誉提升得很快，很快就能造就人气宝贝。它们分别是：

新人特惠之0元疯抢

0元疯抢，由卖家提供商品，淘宝负责宣传，把流量引入到“新人专享”页面。对喜欢的商品拍下，付款（只需要付1分钱左右以便让交易成立，相当于免费），买家只需付邮费，即可得到宝贝。下面的截图就是“0元疯抢”的示例。

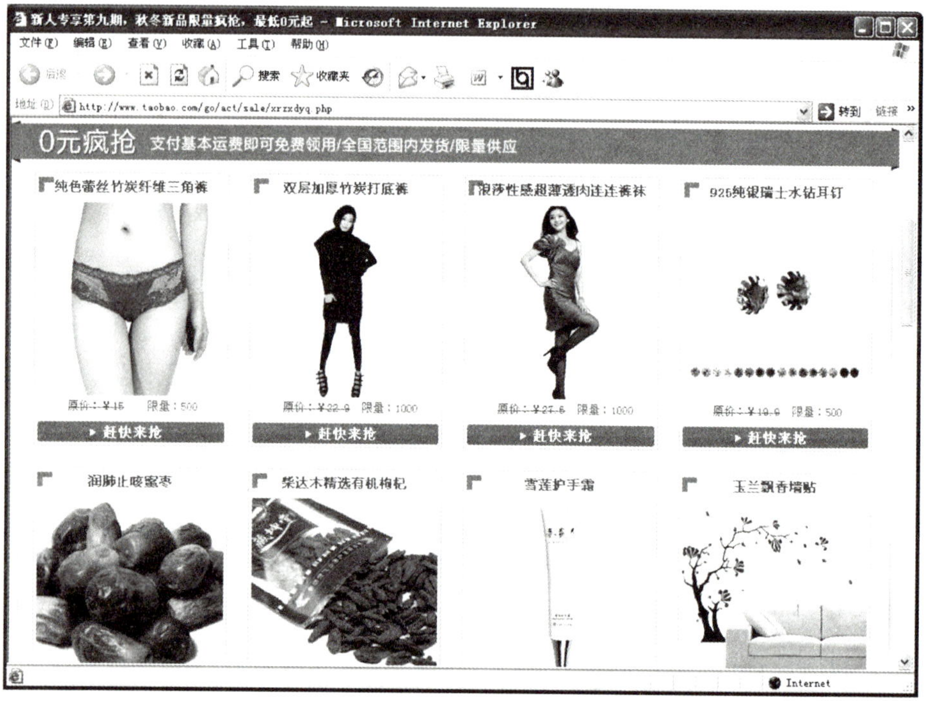

每笔交易都是真实的，跟正常交易一样，买家收货确认后需要评价，评价会累积信用。0元相当于白送，买家购物会很疯狂。邮费又是一道门槛，把没有真正需求、只想占便宜的人挡在了门外。所以，经过过滤后的，真正实现交易的，还是优质的买家。这是生意会转好的重要保证。

淘金币兑换

“0元疯抢”能很快地把宝贝“销”出去，带来交易量和信用的增加，但是商品白送，还是对成本有很大压力。能不能在保证“销”出去带来交易和信用的基础上，还能带来一些正常购买（原价或折扣价）呢？答案是：有！这就是淘金币兑换和抽奖活动。下面的截图就来自于“淘金币兑换中心”。

卖家向“淘金币兑换中心”赞助一定数量的宝贝（可以包邮也可以不包邮），后者提供曝光平台让你的宝贝充分展示，最大限度地曝光，这其中自然包括感兴趣和有需求的人。买家要想得到自己喜欢的某宝贝，可以用淘金币“兑换”，也可以去“抽奖”。“兑换”需要的金币多，“抽奖”需要的金币少。不过，“抽奖”时中奖的几率小。

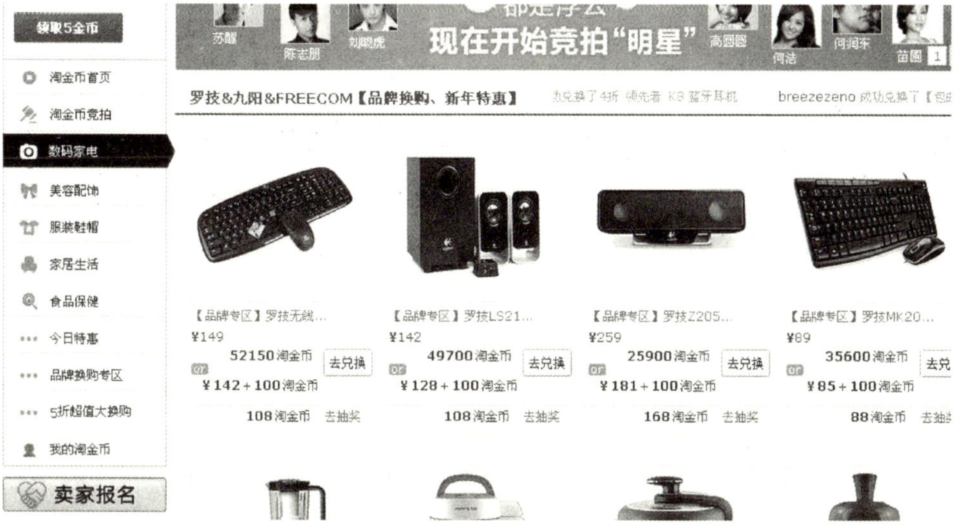

想“兑奖”，金币不够。想“抽奖”，又总抽不中。偏偏自己又看上了这件宝贝，很喜欢，怎么办？一咬牙，花钱买！这样的人很多很多。

赞助的宝贝总会被兑完，交易数量是一定的，能增加的信用也有保证。同时，花钱购买的买家也大有人在——这正是我们想要的结果！此时此刻，我们最想看到的景象是，交易记录刷刷地增加，甭管它是不花钱兑换的，还是花钱购买的。如果是后者，我们更欢迎！

什么是推广？推广就是通过各种机会在任何有人的地方最大限度地曝光商品图片。

通过这两种低门槛的交易方式，交易量很快就能上去，信誉值增加和人气上升都很快。一旦这台机器的温度上来，它自己就能发电发热，就能自动运转了。

Section 3.12 该推店铺还是单个宝贝详情页面

以上，我们介绍了流量的来源和获取的方式，接着又聚焦到淘宝上流量的十大渠道以及分流过程，可以得出一个结论：流量是现成的，也是海量的，我们所要做的，就是用付费或免费的方式把我们的广告信息推到这些有流量的地方曝光，直接分流，把流量引入到我们自己的一亩三分地里。然而落到实处，碰到的现实问题就是：我们是该推店铺页面呢？还是该推单个宝贝？

如果推店铺页面，是推店铺首页内，还是专门定义活动页面？再有，页面上放哪些宝贝图片呢，是用原来已经有的宝贝图片，还是重新筛选新组织内容？

如果推宝贝，推哪个宝贝呢？这中间有没有原则呢？是不是想推哪个就推哪个？是不是看着哪个顺眼就推哪个？是不是所有宝贝都该推？是不是所有宝贝都能推？

淘宝上有得益于推广而一跃成为大卖家的，也有因推广错误让广告费打了水漂而丧失信心的。基于此我相信，这其中必有诀窍，绝不会那么随意。我们还是从几个方面比较一下各自的利弊，权衡利弊后根据自己的情况做出决定，这样做比较科学。先来看推店铺页面所能使用的工具以及利弊。

推店铺页面，这里的店铺页面可以是店铺首页，也可以是自定义的页面。下图就是一个自定义的页面。

若推店铺页面，在收费工具中，可以使用的方式只有钻展和品牌广告，直通车和超级卖霸都不支持。在不收费的个别的运营活动中，有支持推店铺页面的方式。比如在VIP活动页面，有店铺优惠，就是在推店铺页面，但也只能推店铺首页，不支持自定义页面。

推店铺页面的目的非常明确，就是把流量吸引到该页面上，能以大图的方式充分展示店铺的宝贝，而且是尽可能多地展示。一个页面里，放20个宝贝图片不嫌少，放80个图片也不嫌多。

但是没人敢保证买家会喜欢其中的哪一个宝贝，也没人敢保证哪一个宝贝最好卖。

相比于单推一件宝贝而言，在这里，买家的注意力是分散的。她可能会都喜欢，她也可能会挑花了眼，最后一件也没买。

相比于单推一件宝贝而言，推店铺页面的思路是，让买家尽情地挑，看到喜欢的再下手。卖家是想撒大网，卖出其中的哪一个都可以，只要有人买就高兴，不偏不倚，没有重点。

推店铺页面，多出现在服装和食品行业。这两个行业也许特殊点，服装款式多，不喜欢这件可能会喜欢那件，曝光的款式多，就增加了机会。而食品行业的特点是连带销售比较厉害，只要看着喜欢吃的，多多益善。

推店铺页面的店主可能考虑的点正是这样，那就是与其一个一个推，需要花很多费用，不如推店铺页面，推一个店铺页面，相当于推多个宝贝页面。花费要比推单个宝贝合算。

必须指出，这只是自己的如意算盘，在得一利的同时，也必然要承担它的弊端。归纳一下弊端就是，买家注意力分散，容易移情别恋；只有图片一项吸引力，少了价格的吸引力；只看到一张主图，没有详细描述无法进一步激发购买欲望，等等。

再来看推单个宝贝页面。推宝贝详情页面，所有免费的和收费的推广方式都适用。它有以下几个店铺页面所不具备的优势。

（1）宝贝详情页面是离成交最近的。可以直接拍下付款，能立即成交。相比之下，在店铺页面还需要进一步点击才能到达宝贝详情页面才能成交。成交的距离越短，越方便，成交率越高。

（2）宝贝详情页面最擅长的就是激发欲望。对买家欲望的激发，是成交的关键。相比之下，在店铺页面，不仅买家欲望没有得到激发，注意力更被严重分散。

(3) 推单个宝贝更容易设计广告。想必没人反对这样的看法，那就是对特定的宝贝，容易设计广告，对宝贝数量又多又杂的店铺，设计广告时没有头绪。

(4) 推广期过后能继续分享人气宝贝带来的“红利”。推单个宝贝，所有火力都集中到了该宝贝上，很容易造就人气宝贝。根据人气排名规则，这样的人气宝贝还能继续带来免费流量。相比推店铺页面的方式带来的每款宝贝都能卖点，但是销量都不大，成不了人气宝贝而没有后续流量的引入，推单个宝贝更体现了自己独特的优势。

所以，不管是从当时想要的直接效果看，还是从推广过后的持续效益看，推店铺页面都不如推单个宝贝详情页面合算。

有一种情况是适用推店铺页面的，那就是新店一下子有多个新品，但不知道哪个新品更有潜力时，使用推店铺页面的方式测试哪个宝贝卖得好，一旦实现目的，就改用推单个宝贝的方式专门推挑选出的这款宝贝更为有利。

Section 3.13 该推哪个宝贝——贴标签

说实话，决定不推店铺页面容易，决定推单个宝贝更容易，但是决定具体推哪个宝贝就难了，除非你不负责任。可以这么说，很多卖家以直通车作为主推广方式，赔钱的那些卖家都是推错了宝贝。当然，除了宝贝的问题，还有推广方法和推广目的的错误。

对于不用花钱上的运营活动来说，推错了商品，你的宝贝卖的或多或少，顶多赔上折扣费。

而对于花钱的付费广告来说，要是商品推错了，不仅损失折扣费，还将要花掉大笔的广告费。前面你也看到了，像超级卖霸和品牌硬广告，一天的广告费都是数额不小的。所以，推宝贝不能不慎重，更不能没有原则和策略。

因为宝贝数量众多，我们应该把宝贝归类。因为每家店铺卖的商品都不一样，我们应该在归类的时候用通用的归类方式。最通用的归类莫过于从“数量”、“利润”、“销量”几个角度看问题。

从数量角度看，是所有宝贝都推，还是只推其中的一款或几款？换句话说，是眉毛胡子一把抓，还是有选择地推？

从利润角度看，是推利润最丰厚的那款宝贝，还是推利润最薄（甚至赔钱）的那款宝贝？

从销量角度看，是推卖得最火的那款宝贝，还是推卖得不温不火（也可以是最差）的宝贝？

当然，也可以从感情角度看，推自己最喜欢的那款宝贝。

我们心中的理想当然是想用免费或花费少的方式推，推那些利润高又能有大销量的宝贝，也就是传说中的“爆款”。不过，这个理想不容易实现，“鱼和熊掌难以兼得”。

为了方便讲解，也为了能讲解清楚，我们现在以某特产零食店为例。为了方便叙述，我们给它取名叫“馋猫美食小铺”。接下来，就来探讨“馋猫美食小铺”的推广问题。

先来介绍一下基本情况，“馋猫美食小铺”经营的是内蒙古特产，内蒙古特产行业有几家金冠巨头，其余卖家的定价都是参考他们的，他们拥有事实的定价权。“馋猫美食小铺”店里有20种左右的商品，主要是奶酪、牛板筋、牛肉干等几大类，这些品种的商品来自几个生产厂家。我们从中选出几个产品当代表，分别是奶提子豆、牛板筋和牛肉干。接下来进行市场分析。

奶提子豆的进价是8元左右，多数卖家售价在11元左右，金冠巨头的售价是16元左右。

牛板筋的进价是1.8元左右，多数卖家的售价在2.5元左右，金冠巨头的售价是3.6元左右。

牛肉干的售价最混乱，因为品种和制作方法不一样，价格差距很大，低的卖50多元一斤，高的卖120元一斤。金冠巨头的售价在110元左右，属中上等。

接下来我们对宝贝贴标签并给它们分分类。虽然“馋猫美食小铺”还没有定价，但是从上面的数据也可以看出一些端倪，就先参考行业平均水平吧。

奶提子豆身上贴的标签有：中等利润、中等销量、中等回头率。

牛板筋身上贴的标签有：微利、高销量、高回头率。

牛肉干身上贴的标签有：厚利、低销量、低回头率。

必须说明的是，上述的标签都是这三个代表中相互比较的结果，是相对的。比如牛肉干，虽然贴的标签是“低销量”，但实际销量未必小，只是与奶提子豆和牛板筋比起来，销量没有后两者大。

贴完标签我们会发现，与其说我们该选择推哪个宝贝，不如说是选择薄利还是厚利的选择题。利润与定价密切相关，所以定价的问题其实又是店铺的定位，即该选择高端还是低端路线的问题。

Section 3.14 店铺定位——选择高端路线还是低端路线

在定价的问题上，我们面前有两条路可供选择，一条是走“薄利多销”的低端路线；另一条是走“非薄利多销”的高端路线。与“薄利多销”对应的不应该是“厚利少销”吗？为什么不用“厚利少销”而用“非薄利多销”呢？答案很简单，因为金冠巨头之所以成就与这个称谓所对应的地位，本身就是“厚利并不少销”的最好证明。但是，好像这个证明是特例一样，大多数卖家还都在走“薄利多销”的路线。我需要先为你证明“薄利未必多销”。

(1)“薄利”让你没法上活动。假设你只有2%的利润，试问：你敢打几折？

(2) 你永远都不是价格最低的那个。

(3)“薄利”并不是“多销”的充分条件。“多销”的前提是有大量的流量。

没有利润空间，无法上活动。别人经常上活动，如果有多个竞争对手都经常这样干，他们就会轮流着始终排在前面，而你的宝贝只有按从低到高的价格排序时才会出现，这样的流量是很小的。没有大流量，如何实现“多销”？

(4)“薄利”买家未必领情。

第一部分说过，买家不是喜欢便宜，而是买家喜欢占便宜。“便宜没好货”，这是每个人头脑中固有的思维。“薄利”的利润空间非常小，没有弹性，不能让买家高兴，所以即便你觉得你卖得已经非常便宜了，买家却未必领情。

(5)“薄利”吸引的买家是低端的买家。

走低端路线，吸引的是低端人群，而且你不得不承认的一个事实是，越是低端人群，越是抠门，喜欢砍价，喜欢挑刺，事儿多，难伺候，差评也越多。必须指出，这里所谓吸引的低端买家，与上活动用折扣低价吸引来的买家并不相同，前者是买家通过在搜索结果里按价格从低到高排序找到你的，这是根本的不同。如果不按价格排序，你虽然卖的是低价，但却排不在前面，因为它不是人气宝贝。

(6)“薄利”在淘宝上混不下去。

再从花销的角度算算账吧。固定的部分开支有旺铺、图片空间、量子统计、限时折扣、搭配折扣、买就送、会员关系管理等，这些是固定的费用，每个月给淘宝交上固定费用，也许这笔费用没觉得痛，但是除了这些呢，你还要经受住砍价、优惠、打折、秒杀，还要有包邮，还要有赠品，还要有退换货，还有售后，客服等各方面的开支，更大的部分还是推广费用，没有广告是不行的，这些都需要投入，像直通车、钻展、超级卖霸等投入都不小。

大家都明白，只有有利润，开淘宝店才有意义；否则，如果你连生存问题都解决不了，光有激情有什么用？每个人都是有梦想的，如果你开网店开得越久，离你的梦想越远，相信你是坚持不了多久的。

综合以上情况，可以说，走“薄利多销”的低端路线是行不通的！既然这条路走不通，只有走“非薄利多销”之路。如果你选择高端的路线，你就把价钱提上去，给这群人很好的服务和很好的商品。

其实，并不是说你卖的贵就卖不出去，林子大了什么鸟都有，专买贵的不买对的大有人在。太多的事实证明卖得最便宜的绝对不是卖得最好的，反而卖得最贵的可能是卖得最好的。通常来说，卖价在中上等的是卖得最好的，这是淘宝上的普遍规律。

看来只能走“非薄利多销”这条路了。仔细端详着“非薄利多销”这句话，我们更期望在这五个字中加个逗号，变成“非薄利，多销”，这才是希望所在。“非薄利”也就是有不错的利润。到底该怎样增加利润呢？

Section

3.15 增加利润的方法

没有利润，所做的一切都没有意义。利润何来？利润就是售价减去进价得到的价差。

要增加利润，也就是增加价差，方法有两个，一个是抬高售价；另一个是降低进货价。

要求降低进价，厂家说必须要有量。经过不断努力，量终于上来了，厂家把价格降低了几个百分点。你当然不满足，继续要求厂家降价，厂家还是那句话，要有量。你经过加倍努力后，找厂家谈判，厂家又把价格降低了一个百分点。你还不满足，厂家回答，再降价厂子给你干吧。你终于无语，因为价格已经探底了。

无论如何，无论多大量，只靠降低进价来增加利润，空间都是非常有限。

好不容易把进价降下来，本以为利润增加了，没想到竞争对手们把售价也降下来了。因为他们拿到的进价也降低了，为了抢客户，竞争对手们抢先把价格降了下来。

一番努力付诸东流。利润空间没有增加，竞争却更加激烈了。无论你降到多低，总有卖得比你便宜的。你若敢不赚钱卖，就有敢赔钱卖的。

看来要增加利润，只有另外一条路可走：抬高售价，也就是卖高价。

谁都想卖高价，但都担心卖不出去，没人买。

利润低的根源是什么呢？表面是竞争激烈，本质是你没有增加附加值，也就是说你没有创造价值。

经济学原理告诉我们，你能获得多少利润，取决于你创造了多少价值。如果你仅仅是从这边进货，转手卖到另一边去，那么你仅仅是个渠道商，或者叫货物的中转站，货在我这中转了一下又到下一个环节，就是说这个货物在你的手里停留的时间里你没有给产品进行增值！

没有增值，只能获得一般的利润，也算正常。

如果我们要给这个商品增加一些附加值，你就可以卖得贵一些，买家不仅愿意多付钱，而且会更感激你。给商品增加附加值的方法，可以是把几个商品组合打包一下，让买家更方便使用，也可以是商品本身所欠缺的知识类的资料，由你把空缺补上了，买家获得了相关的知识，非常受用。在这些情况下，买家通常很受感动，愿意多付一些钱买你的高价商品。

然而好景不长，你送了几次之后，就再也没有新附加品可送了，再送就重复了，买家对重复送的、已经有的附加品不感兴趣了，而且其他竞争对手很快也学会了这一招，更要命的是，买家虽然还在重复购买，但是总拿别人的价格和你比较，和你砍价，因为产品一模一样，附加品别人也有，但你的价格明显高出许多。你不降价，买家就要走。

是啊，哪个买家不会比较呢，随意一搜索然后进行价格排序，所有情况一目了然。所以，方便地“比较”是竞争的万恶之源。

看到这种局面，首先要告诉我们自己不能落入恶性竞争的圈套，而要坚决跳出这个圈套，解决的思路就是卖不同。别人都在卖的，我可以卖，也可以不卖，或者卖得比较便宜以吸引人气。但我重点推的（推广和推荐），是别人都没有的，独家的，且有独特卖点的。

“独一无二”因为避开了价格比较，所以就避开了竞争。“独特卖点”能吸引顾客欲罢不能，渴望购买。这个时候，这款宝贝你就可以卖得比较贵，但也会有人买。你的利润就出来了。

“卖不同”是一种“差异化”思维。

再从流量角度看，根据淘宝现在的人气排名规则，我们要想更多地获得免费流量，只有一个办法就是做人气宝贝，你有一个人气宝贝就能得到一个人气宝贝的免费流量，有多个人气宝贝就能得到几倍流量，所以你的人气宝贝越多，自然你的免费流量就越多，你的流量就会越大。现在要想增加这个人气宝贝流量，那么我们只能走人气宝贝路线。

总的面临的问题是利润、流量、转化率和推广等。为了系统解决这些问题，提出的有“差异化”路线、“人气宝贝”路线等，但是需要把它们上升到战略高度。所以我们综合以上这些点，提出了淘营销的三大战略。

Section 3.16 淘营销三大战略

淘营销有三大战略，第一是差异化战略；第二是集中战略；第三是火车头战略。这三个战略的共同目的只有一个，那就是既要有利润，又要生意好。

我们的利润主要从哪里来？差异化战略要求，我们的主要利润要从别人都没有的那款独家宝贝来实现。同时，二八法则告诉我们，一个店铺80%的销量来自于20%的宝贝，80%的利润也来自于20%的宝贝，我们要让有差异化的宝贝站在20%一伙，以期让它对80%贡献力量，并在80%的利润中担任主角。

为什么要实行集中战略？是因为我们的推广效率太低了，我们想更有效地集中推广。那别的商品就都不推广了吗？不，火车头战略会解决这个问题的。

3.16.1 差异化战略

要想在淘宝的激烈竞争环境中生存并发展，差异化是唯一正确的道路。

为什么呢？因为差异化，正是避开恶性竞争的解决之道。

只有避开了恶性竞争（尤其是价格恶性竞争），才能保证利润。只有有了利润，才能进一步扩大推广。只有有了利润，才能不断地参加各种折扣、让利等优惠活动。这些活动会让销量进一步放大。总之一句话：只有差异化才能避开竞争。

记住：差异化的商品才是我们真正赚钱的来源。

差异化商品的特征

差异化商品的第一个特征：独家性。

这个宝贝只此一家在卖，别无分号。换言之，只有在我这里买，别处你是买不到的，或是说别处也能买到，但是都是我的经销商、代理商代销的，总而言之都是我的货。

关键在于我是可以控制他们的：我可以断他们的货，我也可以调整价格，这些我一句话就可以做到。

因为，只有独家的东西，才能够避开竞争，只有避开了竞争才能可以卖得比较贵，只有卖得比较贵你才能有比较不错的利润。

特别说明一下，独家性的宝贝我们通常称之为“镇店之宝”。

差异化商品的第二个特征：独特卖点。

一个候选宝贝，如果是一个很大众化的商品，且又在重复着别人都有的东西，这样的商品只能当成附带品，而不能作为镇店之宝。

所谓的独特卖点，要害就是区别于市场上绝大部分的商品，别人没有提出而你却提出、别人不敢说而你却在大声吆喝的、具有你特长的东西。

差异化商品的第三个特征：有丰厚的利润。

比较吸引人、让人心动的活动无非就是大优惠、大让利。这些活动都需要我们比较大的开支，而这些活动开支都是要从你的利润中支出，因此如果你卖的商品没有足够利润空间的话，一切都是白谈，都是在为别人来做贡献。你都是白忙乎，甚至到头来你算一下账可能还是赔钱的，那玩起来就没有什么意义了。从这个角度说，我们把希望寄托在镇店之宝上。

利润来源于“高价”。之所以敢卖而且能卖出“高价”，则是由宝贝的“独家性”和“独特卖点”保驾护航的。怕什么！

如何差异化

“差异化”战略的本质可以归结为一句话：就是要和你不一样。围绕这个目标，可以不一样的地方真的很多，下面我们从几个最常用的差异化手法开始介绍。

(1) 选择小众市场。

要想在淘宝上混得好，一定要有自己独特的东西：别人都卖黑的，你就卖红的！

因为淘宝面向的是数量众多的买家，每个人的口味都是不一样的，每个人都在强调自己的个性，我们的机会就在于你要迎合他们的个性需求。还是那句话，林子大了什么鸟都有，有对黑的有需求的，就会有对红的有需求的。

这个时候，别人都没有提出来，你可能感觉它是个小众市场，但是你要大胆地喊出你是卖红的！你要知道，虽然说选择红的人只是在占很少的一个比例，但是如果这个小的比例乘以一个庞大的网购群体的话，就会是一个非常不得了的数字！

何况只有你在“吆喝”这个东西，所以对这一款产品有需求的群体就会被你吸引，来你这里买。这样，你才有做好高销量的一个前提。

目前我们看到淘宝上发展的比较成功的一些网货品牌，都是在打造自己的独特的卖点，即先选择一块小众的市场，而不是选择万能商品（因为大家都不相信万能），然后开始重点宣传他们的独特卖点，因为崇尚个性，所以吸引的目标比较集中和定向，最终销量很可观。归纳一下就是不要做万能商品，而要做小众商品。

选小众市场，并重点强调它的独特卖点，这也算是淘宝胜出的法宝。需要指出的是，独特卖点和独家性是相互呼应的，通常是统一在同一个宝贝上的，并非单纯的孤立存在。

其实，选择小众市场，通常是从对市场细分开始的。没有细分，就发现不了小众市场。

（2）差异化定位。

不管是个人还是商品，抑或是网店，都要有自己的差异化定位，这是让人记住的最好办法。人云亦云不可取，因为人们永远只记住了第一而忽略了其他人。以作者本人为例来说明，起初我就把自己定位为“淘宝野讲师”。这种定位是和谁差异呢？当然是和淘宝大学（简称淘大）里的讲师了。淘大的讲师是有证的，他们有一套完整的规则，我只有和他们定位不同，才能在众多讲师中被人记住。在淘大的很多很多讲师里，被人记住的也不过十来个，但是在“淘宝野讲师”的定位里，就马涛老师一个。如果按他们的规则走，我只能排在最后面，而新的定位就是同时有两套规则，我在我的规则里就排第一。

（3）差异化包装。

包装上当然也要有不一样的表现，一切差异化的目的就是为了让买家没法比较。即便比较，也是不一样的，因为没有可比性。最终，你没法拿另一个产品的价格来衡量本商品的价值。再拿“馋猫零食铺子”来说，其所在行业的金冠巨头的绝招就在于自己印了包装，包装上有自己的名字和图案，然后把包装交给厂家，厂家帮店主生产和封装，最后再把货交给店主。仅仅换了个“马甲”，商品的价值就倍增，在别人只有10%～20%利润的时候，店主敢把价格定到最高，利润空间在40%～50%之多，所以店主经常搞活动，但回头率非常高，因为一旦喜欢该商品，只能在他家能买到，换做另外任何一家，都买不到与这个“一模一样”的宝贝。

(4) 差异化概念。

概念差异可以体现在名称上、类别上、品类上、品种上。比如，同是饮料，“可口可乐”和“非常可乐”差异在类别上（一个是可乐的代表，一个是非可乐的代表）。

这几个差异化，有同时用在一款商品上的，也有一个商品只在一方面差异化的，所以这也导致了差异化的程度有所不同。但不管怎么说，只要“不一样”了，在价格上就容易堵住买家的嘴了。

寻找差异化商品的办法

通常都能想到的第一个办法，就是独家代理一些国外的商品。

有些国外的品牌可能也想进军中国，但是对国内的市场不太熟悉，他们也可能正在寻找你，恰好你也需要他。如果出现一个契合点，也许一拍即合。

第二个办法，就是独家代理国内的厂家新品，而且要求淘宝网上的独家授权销售。

注意我用的词“独家代理”和“新品”，这其实都在强调我们刚刚讲的两个标准，一个是独家性，一个是独特卖点。总而言之，这个东西在别的地方买不到，这样的商品你要独家代理过来，才值得花时间、花心思、花人力去帮他推广；否则，你做起来是没有意义的！厂家随时都有可能收回来，或者别人谁都可以随意卖的，最终等于帮别人做贡献，费力不讨好，不做。

实际上，上述这两条办法都需要你有一定的实力！没有实力，对方不会理会你的。

并不是每个人在开始时都很有实力，在自己实力不是很足的情况下还有第三条路可走，那就是打造自己的差异化商品。打造自己的差异化商品，往小了说可以叫“打造镇店之宝”，往大了说叫“打造自有品牌”。作为开始时的试验阶段，还是叫“打造镇店之宝”更好，心里更容易接受些。

根据你所处的行业不同，卖的商品不一样，打造自己的镇店之宝的难易程度和资金投入的大小以及你所需要的实力是不一样的。有的商品需要找工厂来代加工，你让他给你贴牌（即所谓的 OEM）生产。有的商品可能只需要你做一些包装袋（包装箱子或包装盒子）可能就行了，不需要别的。

因此不同的商品需要不同的操作方法，从投入的角度来说也是不一样的，简单的几千块钱就可以打造自己的镇店之宝，复杂的则需要数万元钱甚至更多。不管怎么说，这种打造自己镇店之宝的出路是有一定的灵活性的，也为中小卖家走这条路找到了一个突破口，毕竟其要求比较低一些。

对于“馋猫美食小铺”来说，走的就是第三条路子，即自己做包装来实现商品差异化。但是，他不能像金冠巨头那样直接让厂家代工，因为实力不够，而只能自己包装。包装哪个商品呢？因为金冠巨头已经包装了“奶提子豆”，如果再包装奶酪，就是面临硬碰硬的竞争，根本没有应用差异化的战略。所以，必须和他进行差异化，你包装“奶提子”，我们就包装“牛板筋”或“牛肉干”。经分析，“牛肉干”的市场比较混乱，机会多一些，而且难度要小很多，最为关键的是利润空间还很不错，所以最终选择把牛肉干打造成镇店之宝，当成主要利润来源。

淘宝掌柜必做的两件事

镇店之宝是主要贡献利润的商品，很长时间内不会改变，它的利润丰厚让卖家很满意，但唯一不足就是这样的宝贝太少了。如何才能多找到这样一些可作为候选镇店之宝的宝贝呢？这就需要你有一定的商业嗅觉！

敏锐的商业嗅觉是怎么来的呢？毫无疑问，商业的嗅觉是建立在卖家和客户打交道的基础上的，而不是凭空产生的。

我一直坚持认为，当淘宝掌柜必须要做两件事：一个是要看淘宝的量子统计后台，通过分析后台数据可以从宏观的角度对客户群体的搜索趋势有一个直观的了解（预测）；第二件事是每天都要抽出一定的时间站在第一线去做客服，跟客户进行沟通，聊天，获取他的需求。

你跟买家接触多了、久了，就会知道买家的一些个性需求，而目前的这些商品可能还不能够满足他的某些个性需求，这个时候你就会发现机遇来了，某个很不起眼的商品（加创意）可能就是要成为你的选择对象，它就有可能要成为你的镇店之宝。

再以“馋猫美食小铺”为例。在包装了牛肉干作为镇店之宝后，利润大增，掌柜的非常满意。但过了一段时间，掌柜的又不满足了，总想着多弄几款利润丰厚的镇店之宝。我告诉掌柜的，你就坚持看量子统计后台和每天做客服，多留意，坚持两个月，就一定会有收获。掌柜的照做了。

快到一个月的时候，有一天一个买家问掌柜的有没有奶月饼，掌柜的回答没有。过后掌柜的感觉不对劲，似乎快到中秋节了，好像要有新的商机产生了，于是就打开量子统计看后台，果然有搜“奶月饼”的，从趋势看，有增加的趋势。掌柜的马上联系几个厂家定了样品。

收到样品后，赶紧尝了尝，结果大失所望，连普通的奶酪好吃都不如，酸酸的。掌柜的就找我商量，问该怎么办。我说“卖不同啊”，酸的就没人买吗？有没有专门买酸的呢？掌柜的赶紧通过量子后台调查了下，果然有搜“奶月饼酸”关键词的，只是比较少。我说，有人搜，就说明有人需求。搜的人少，表明是小众。你可以喊出你小众的口号，打造差异化。

就这样，精心策划和包装的“酸奶月饼”诞生了，定位为喜欢喝酸奶的人群的，为此专门把内功打得扎扎实实。临近中秋节的时候，“奶月饼”竞争异常激烈，争奇斗艳，连活动都不好报，因为报的人太多。但“酸奶月饼”却一路绿灯，不仅如此，“酸奶月饼”是所有奶月饼中价格最贵的，但也取得了很不错的销量，当然利润也是很不错的。

其实，要一个掌柜每天都去做这两件事，以培养商业敏锐的嗅觉，而且是天天如此，也是不容易的。有句话可以用来安慰自己：吃得苦中苦，方为人上人。

3.16.2 集中战略

差异化战略是解决利润问题的，集中战略是指导推广的，我们以直通车的推广为例加以说明。

你听从了小二的建议把所有宝贝都做上了车，每个宝贝都满满地设置了200个词，又把每天的预算设置到了一个合理的数目。我给这种推广策略取个名字叫“五指策略”。

什么是“五指策略”呢？“五指”就是五个手指头，当你用力的时候，每个手指上都会分得相对均匀的力量。

这是一种形象的比喻，其寓意是你的推广力量很分散，尽管每个宝贝上分得的推广力量很均匀，但是每个宝贝上分得的推广力量却很小。每个宝贝的销量都是平均的，结果导致了每个宝贝都不突出。

假设你每天的推广预算是 5000 元，假设你现在推广了 500 个宝贝，则平均每个宝贝的推广费用是 10 元。在 1 毛钱起价的直通车推广下，平均 10 块钱的预算，你能舍得出多高的竞价价格呢？在不太高的价格下，能获得多少流量呢？只要稍微一算，就能知道结果。

可见，你的推广力度不会很大。毫不客气地说，这是一种错误的策略。

正确的策略是什么？是拳头策略。

既然“五指策略”是错误的，那就改变一下做法，收缩“五指”为“拳头”。

当五个手指变成了拳头时，力量也就从分散变成了集中。这种策略我给它取的名字叫“拳头策略”。

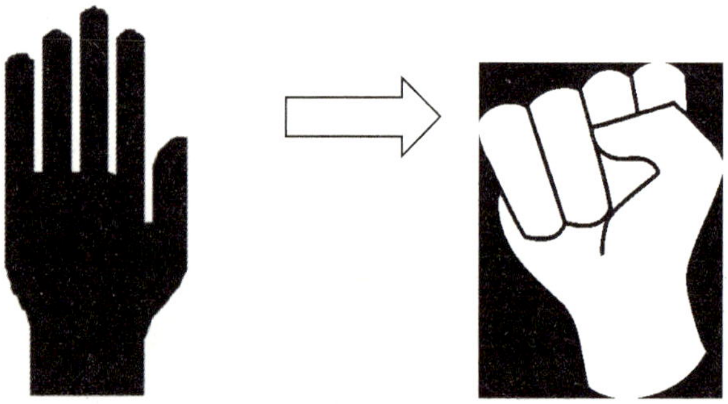

五指打人不疼，而拳头打人则很疼。对于推广力度，也是这个道理。所以，“拳头策略”就是集中力量战略。

把力量集中到哪里呢？

要把力量集中到一款宝贝上，通过集中力量推广一款精心挑选的有潜力的宝贝，这款被推广的宝贝将成为人气宝贝。把宝贝推成人气宝贝，它就可以来流量，流量是对我们非常有价值的。

集中战略还有第二层含义，就是用在商品线的收缩上。

这里有个选择题，你可以选择做 10 款宝贝，每件宝贝库存 1000 件。也可以选择只做一款，这款宝贝库存 1 万件，然后尽全力把库存消耗掉。

这个账的算法是简单的：推一款宝贝比推 10 款宝贝容易，推广费用小，资金周转快，火爆场面对买家的影响大。所以，为了更快地实现库存和资金的周转，也应该让商品线更集中。同时二八法则也告诉我们，处在

80%堆里的商品只占库存不怎么赚钱，为何不集中呢！

3.16.3 火车头战略

第三个是火车头战略，也是解决推广问题的。推广（简称“推”），有内推，有外推，有不推。火车头战略是内推。“集中战略”告诉我们：你要集中所有力量推广你需要推广的那款宝贝，其他不需要推广的宝贝就让它下来，不再推广。

哪些是不需要推广的宝贝呢？就是利润很薄、竞争很激烈、出价又非常高、转化率又很低的这些宝贝。

不推广，难道是放任它们不管了吗？难道是不卖了吗？显然不是。

我们的力量都集中到了一款宝贝上，这款宝贝有潜力成为人气宝贝，也就是会有巨大的流量和销量。此时，通过增加关联销售，让购买人气宝贝的买家同时购买其他的产品，这样就拉动了相关产品的销售和销量。

人气宝贝就像火车头一样，带动了其他关联商品的销量。叫它“火车头商品”，这种称呼实际上是说在销售的时候，希望它能够对店铺内其他的宝贝有一个强有力的带动。

有道是：火车跑得快，全凭车头带。人气宝贝销量巨大，也会带动关联宝贝的销量很可观。慢慢地，关联商品也有了销量，也积累了一定的人气。根据人气排名规则，这些关联宝贝也能够带来免费的、高质量的搜索流量，看，又多了流量的来源渠道。当然，不要只得意而忘了正事，这个时候我们就可以考虑打造第二个“火车头”商品。真实的火车可以有两个头，而店铺内的火车头商品却可以有多个。

当一个店铺有几个火车头商品的时候，店铺抗风险的能力就会非常强，免费的搜索流量就可以相对保持稳定。不管规则有何调整，任何的风吹草动都是难以撼动你的。

从推广成本来说，因为关联商品没做推广，节省了费用，也等同于是赚的。这也算是对提高利润做了贡献。

3.16.4 关联营销的秘诀

火车头战略的实现，就是靠关联营销。关联营销，其实就是内推。“我的地盘我做主”，在自己的一亩三分地上，想怎么推就怎么推，想推哪个宝贝就推哪个宝贝，而且不花钱。

尤其注意这句话：不花钱是最主要的。

我们知道，浪费流量是可耻的！必须让每一个流量都充分看到我想让他看到的东西，这就是关联营销。当然我必须指出，不是把其他商品放到本宝贝的描述里就算关联营销了。如果真有那么简单，大卖家和小卖家的差距就不会这么大了。这里面起码有三个秘诀。

秘诀一是，关联宝贝的位置。

这不就是把关联宝贝放在宝贝描述的前面吗？这个位置不是固定的吗？这也算秘诀吗？

是的。绝大多数卖家把关联宝贝放在宝贝描述的前面，不是因为它应该放在这个位置，而是因为别人都放在这里。下面的截图中，关联宝贝模块就放在了描述正文的前面。

别人都做的事就是正确的吗？未必。经常看到一个类目下，大卖家的某个举动一旦上线（是错的），没几天这个类目下也都照着错的在做，没人怀疑。

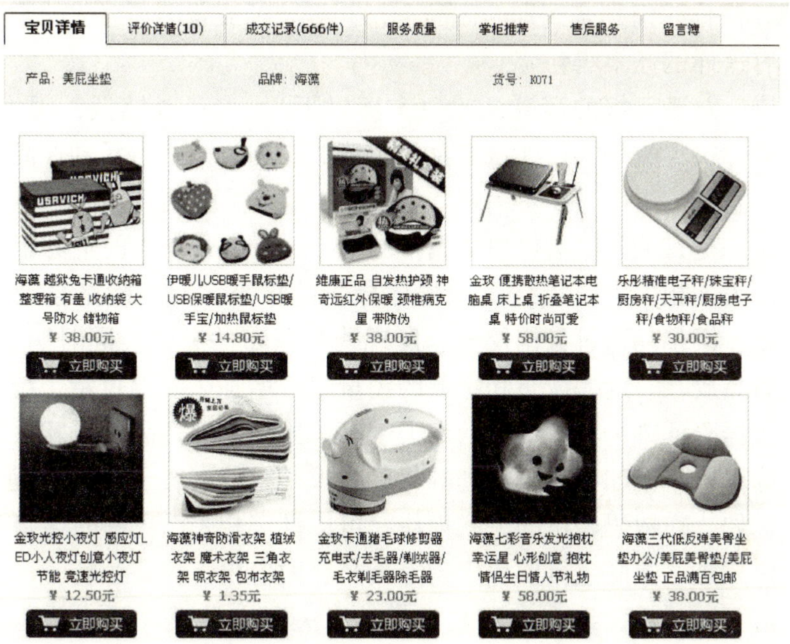

后来者便以为这就是正确的。其实，关联宝贝的位置是要灵活变动的，要根据目的而灵活变动。关联宝贝的位置，除了宝贝描述之前，还可以放在宝贝描述之后。

所谓的秘诀一，就是告诉你关联宝贝什么时候放在宝贝描述前，何时出现在宝贝描述后。

如果当前宝贝是贡献利润的镇店之宝（只要贡献稍厚的利润也可以不是镇店之宝）时，就把关联宝贝模块放在宝贝描述之后。

理由非常简单，就是要全力先把本宝贝卖出去。在卖出去之前，不允许出现任何干扰买家注意力的事物出现。经过从上到下 5 ~ 15 分钟的欲望激发，买家已经动心决定买了，在后面再出现关联宝贝模块，再让买家多买点。一般来说，利润贡献产品比较贵（相比同类产品），需要较多的说服工作，此时最忌讳分散买家的注意力。

如果把关联宝贝模块放在前面，恰恰是还没入正题，就把买家的注意力给分散了。对销售本宝贝非常不利。

如果当前宝贝是买家必买的（销售本宝贝不赚钱，多半是赔钱），那就把关联宝贝模块放在宝贝描述前面。

理由同样非常简单，想了解详情，先看广告。就是用其他商品“吸引”你，使你移情别恋到别的商品上，甚至忘了或者不买当前的宝贝才好呢！还有这样的怪事吗？

没错，对于所报的运营活动（5 折以下），多半是赔钱，因为赔钱，所以会吸引很大流量，这些流量都是免费的。因为赔钱，活动产品会很好卖，所以卖家的本能是少卖为好。如果买，最好顺道买点别的。

秘诀二是，关联宝贝模块里内推的宝贝，一定是与当前宝贝相关的。

我认为，相关度是围绕买家群体分析的结果，而不能是自己主观臆测。例如，沃尔玛通过数据挖掘，发现购买尿布的男性会同时购买啤酒，将两个商品放在一起，尿布和啤酒的销量双双增加了。通过量子统计，也可以用数据验证哪个关联宝贝的点击率高。比如配套商品就是相关性比较高的候选对象，例如和上衣配套的可以是裤子，或者鞋子，这些就可以推荐。再比如，在数码相机的关联模块，可以推广相关性更好的存储卡。

秘诀三是，关联宝贝模块里的宝贝是在做广告。

不信可以看看，绝大多数卖家只是在关联宝贝模块里简单地放个图片、写个标题、加个链接，这不是广告。做广告的意思是什么？是要有人点击，要把人的购物欲望激发出来。

广告的形式还是两个老办法，一是从标题文字上诱惑，二是从价格上诱惑（原价多少、现价多少、优惠多少、限量多少、还剩几个机会）。这样写，关联宝贝的点击率就能提高很多百分点（量子统计里能跟踪的）。这才是做广告嘛！不能为做关联宝贝模块而做，要为效果和目的而做关联模块。没有效果（就是要点击率），就成了摆设，跟没有一样。

另有两点重要提示，一个是推荐的数量，是多多益善好，还是放一枪打落一鸟好，自己权衡；二是推荐的宝贝最好搭配均匀。比如，在“必买”的宝贝后放上能贡献利润的、也要放别的优惠的（不管实际优惠了没，一律写着优惠了多少），在能贡献利润的镇店之宝的关联模块放上一元秒杀的商品，让买家在感觉“割肉”的同时，马上吃一颗甜枣安慰一下。

玩到极致，妙趣横生，呵呵。

Section 3.17 花钱推广的真谛——推其所必买

在淘宝的四种收费广告中，即在用直通车、钻石展位、超级卖家和硬广告时，选择推广哪款宝贝推广呢？选择宝贝的依据是什么？

其实，花钱推广的真谛就五个字：推其所必买。《孙子兵法》中有句话，叫“攻其所必救”，我给这句话改为“推其所必买”。为了全面了解花钱推广真谛的内涵，我们先从直通车的谎言和如意算盘开始说起。

3.17.1 花钱推广的目的是成交不是赚钱

我们用直通车推广一款宝贝时，直通车老师和一些前辈们是这样给我们算账的：假设推广的这款宝贝的利润是10块钱，直通车每点击一次花费3毛钱，20次点击销售一个，直通车花费6块钱，从利润中扣除直通车花费成本，还赚4块钱。

且不论利润是否丰厚，仅就实际验证这里假设的数据，结果发现，那也是一个巨大的谎言。直通车广告光有人点少有人买，“20次点击销售一个”的目标根本实现不了，差得太远了。如果从转化率的角度看，“20次点击销售一个”，转化率达到了5%。根据淘宝官方公布的数据以及大卖家公布的数据，普遍认为转化率能做到2%~3%之间，就很不错了，假设的数据居然高估了一倍，这是谎言的根源。而且，从实际操作看，直通车表面上很精准，但转化率却越来越低，我发现的原因是，淘宝从淘宝以外的很多网站购买流量直接到直通车广告上，严重降低了流量的质量，导致转化率大大降低。另外，靠利润与广告费的差价赢利，也成了过时的“如意算盘”，理由很简单，直通车低价的时代过去了，现在的直通车价格很高。

结果就是，直通车很烧钱，赚钱的少，赔钱的多。

导致这种结果的原因，就是把直通车当成了直接赚钱的工具。起初，投直通车的卖家比较少时，直通车确实可以成为直接赚钱的工具，但是这样简单的赚钱方法谁都可以学会。当一个能赚钱的方法大家都会使用时，它就会变成不能赚钱了，或者只有少数高手才能继续用它赚钱。

现在，直通车上是利润和转化率在博弈，看你选择什么。选择利润，转化率就会降低，利润越大，转化率越低。选择转化率，利润就会降低，如果肯赔钱，转化率就能实现一定的峰值。

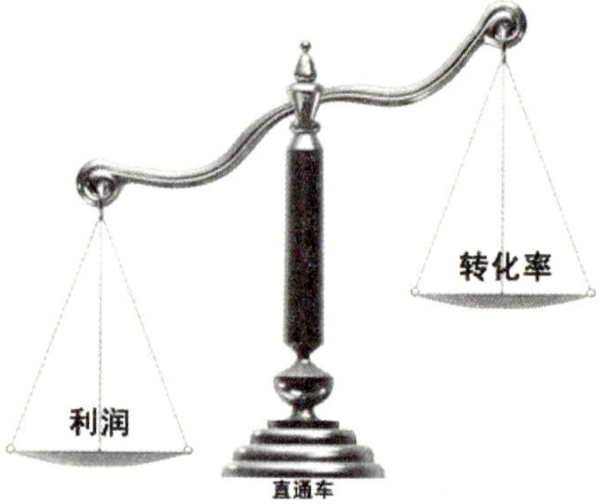

这个玩笑开得有点大，利润和转化率之间不是不相干的，而是有很深的关联。利润直接取决于转化率的高低。这有点像自己的左手和右手在打架，不管谁胜，都是自己输。选择高“转化率”，相当于花钱多买了客户。选择高“利润”，广告费的钱就打水漂了，利润不仅裹不住广告费，而且客户数量又极少。所以，你推的宝贝就得让人买，否则你的广告费就白花了，与其点一次的钱都花了但什么都没有卖出去，不如多卖出去点东西。

对于超级卖霸这种花钱推广的方式来说，这一天就那么多钱，人看了不点，点了不买都是没有意义的。本来嘛，广告费都已经花了，凭什么不推最有可能多卖的宝贝呢？如果不推这样的产品，又该推什么样的商品呢？最容易多卖的宝贝，往往就是利润最低的宝贝，也就是不赚钱的宝贝。对于钻石展位和品牌硬广告，也是这个道理。这就是说，这些花钱推广的方式只能追求销量，不能追求利润，唯有如此，广告费才能摊薄。

就这个意义上来说，外推就是“买客户”用的，并不指望被推的那款宝贝赚钱，而且多数情况下，被推的这款宝贝会零利润甚至赔钱。

3.17.2 什么样的商品是买家“必买”的

外推商品是指卖家所推的商品是买家“必买”的。什么样的商品是买家必买的呢？可从以下两方面看：

(1) 从销量看受众范围。

我们的原则是选择受众范围大的那款宝贝外推，但是受众范围最明显的指标就是宝贝的销量。我们认为，宝贝销量大，通常可以说明这个宝贝好卖，也就是喜欢的人多，其实就是受众范围广。再者，宝贝的销量大，它的转化率就会比较高，我们在前面的转化率公式中已经提到了。

在第一部分我们讲了一个例子，就是超市里面卖鸡蛋，那个鸡蛋就是买家必买的商品。什么时候你想找必买宝贝的时候，你就想想鸡蛋。

鸡蛋为什么是“必买”的宝贝呢？鸡蛋是家家都要吃的，我们想说为什么不推“彩电”、“大米”这些东西，因为大米有各种各样的品牌，“彩电”不一定每一个家庭都需要，但是鸡蛋是家家都吃的，而且几乎没有什么品牌的竞争，在有限人看到的情况下，这个商品是他们都需要的宝贝。

需要强调的是，“必买”是面对受众的需求率而言的，它们是相对的，即便用了个“必”字，也不会做到人人都购买的，只是被选定为“必买”的宝贝要比其他候选宝贝受众范围都要广而已。比如说，在“鸡蛋”、“毛巾”、“彩电”这三个宝贝面前，理论上鸡蛋的需求率可以做到100%，也就是每个买家都需要，而“毛巾”的需求率连40%都做不到（虽然家家户户也都需要毛巾，但可能大部分家庭都有了，并不需要更换），“彩电”的需求率就更低了，连10%都做不到，所以鸡蛋就是“必买”宝贝。

（2）从价格看。

从推广的广告链接进入宝贝页面后，是否购买呢？就看有没有成交动力了。

如此有广泛需求的商品，必是经常买、起码是熟悉价格行情的商品。既然大家都熟悉价格，根据成交动力，要想让买家立即产生行动的动力，只需比市场价都低。低得越有力度，买家越疯狂。市场上的鸡蛋都卖4块钱一斤，我卖3块钱一斤，赔钱卖，故推出来就是必买的。

所以，要推就推那些买家必买的宝贝，即“卖得最好的”、“销量大的”、“受众广泛的”，“本来只赔 1 块钱，你却赔 1 块 5 卖”。这就是“推其所必买”的本质。

3.17.3 先求成交后求赚钱

不管是买家心理学的研究还是实际的销售经验，都发现买家有这么个规律：先让买家买过便宜的宝贝之后，再让买家买贵的宝贝，成交率会大增。即，成交后，继续成交的几率增大。所以，我们要先求成交，再求赚钱。要实现先求成交的目的，故用“推其所必买”的商品达成目的。

这就是说，我们想赚钱，但却不能急迫地表现出来，最好是迂回间接地把利润丰厚的宝贝卖出去。所以，“推其所必买”的那款宝贝，是为了拉人气的，是为了把买家拉来先和我们成交。完成了这个基础工作之后，我们再把贵的产品卖给他，靠那个卖的比较贵的、有差异化的那款产品赚钱。这就是我们的根本目的。

我们用“馋猫美食小铺”做例子来说明。牛肉干是能够贡献丰厚利润的宝贝，但我们却不能上来就推那么贵的牛肉干，不仅不能推牛肉干，相反我们必须推那款利润最薄的牛板筋。为什么呢？因为牛板筋的受众范围比牛肉干大，在牛肉干面前它属于“必买”的产品。要想“推其所必买”，不仅推这款利润最薄的宝贝，而且在价格上还得再优惠，否则就不能让买家“必买”。如果本来只赔 1 块钱，现在却赔 1 块 5 在卖，必然买家激增。

一旦成交，浏览者才真正成为了客户。客户是抓在手里的，只看不买的，是天上飘着的，跟你没关系。我们应该有这种思想：只有抓在手里的客户，才有希望在他身上多“榨取”利润。我们是靠牛板筋把它给拉动的，你的目标现在就非常明确了，想靠卖那些贵的产品赚钱，但是我绝对不能直接卖那些东西，我必须间接地卖，靠卖这些不怎么赚钱的，甚至略微赔钱的东西来拉动，因为这个宝贝赔钱很好卖，所以我们就把大量的人给“买”来了，然后我们再想办法把赚钱的宝贝卖给它。

反正都在你家买了，而且你已经给他留下了不错的印象，如果他还对牛肉干有需要的话，经过你的推荐，就会在你家购买了，同时也忘记了价格比较（新换一家购买并不见得能省钱，现在一起买邮费还可以有优惠）。但如果上来就推牛肉干，买家一看那么贵心理就会想着不买，他会有防备心理。一旦接触上了，就比较容易建立信任和好感，心理戒备不知不觉中就解除了。

再退回去看，推广的原则有了，即符合“推其所必买”的商品才外推，但是具体哪个宝贝符合这个原则，会不会变化，都会费时考虑，并不方便使用。如果有个模型就好了，可以调整商品线让它成为一个模型，一看到这个模型就知道该推广哪个宝贝，多方便啊！这个模型就是飞机模型，我们先应用一下“推其所必买”做个案例，稍后再接着探讨飞机模型。

Section 3.18 我的地盘我做主

本来这段内容是应该放在“关联营销的秘诀”下的，因为里面用到了“推其所必买”的手法以及“买人群”的思想，放在这里兴许更合适。下面介绍两个案例。

一个卖保健品的老板，因为减丰壮产品不让用直通车推广了，发愁得不得了。

好在淘宝只是不让做直通车广告，并没有禁止不让卖。没有了直通车，该怎么推广呢？我给他找了一个新思路。

他的目标人群是减肥人群，根据“鱼塘理论”，减肥人群不会只买减肥产品的，她一定还会买别的。我们要的，其实就是这群想苗条的肥胖女士群体（也许并不肥胖，只是想让身材更魔鬼）。

沿着这个思路，分析一下减肥女士还需要什么产品？

东西非常多，找到每个减肥女士都需要的（必买）、价格又比较便宜的那些宝贝，不管是不是以前自己卖过的，现在根据自己的需要，都卖。卖这些不是为了赚钱，而是为了吸引目标人群上钩。

这些商品就是“饵”。

没有这个“饵”，引不来减肥女士群体。幸运的是，这个“饵”商品，淘宝广告并不排斥，因为不属于减丰壮之流。更妙的是，不只可以上广告，还可以上活动。

太棒了！

那就报运营活动吧，不用花钱，赔的那点钱就当广告费了（想到为什么卖价格便宜的了吗？价格很低的商品，即便打折，也赔不了多少）。

这个宝贝属于“必买”商品，少卖为好。况且我们的目的不在它身上，醉翁之意不在酒，我们完全是希望她们看到并购买我们的减肥商品。

所以，在关联宝贝模块，大张旗鼓地、颇具诱惑力地出现了减肥产品的广告！

其诱惑程度通过量子统计反映的点击率可知，非常高。如果不看宝贝标题和主图，都以为进了减肥商品的宝贝了。

只要购买就好办，哪怕只是先吃下“饵”，也还是有办法的。

通过在包裹里夹广告彩页、试用，在和买家建立了一定信任的基础上，推荐成功率也创了新高。用这种办法，该老板收获颇丰。

另一个例子，手法颇似，只是卖的商品不同。

孟老板是卖高档羽绒服的，走的是高端路线，价格在千元以上。

这种高消费群体的特点是，忠诚度高，舍得花钱，只要东西好，而且这类买家身边的圈子也都是有钱人，所以往往购买一次满意后，又连着来买多次（给亲人或帮朋友代买）。不过缺点也相当明显，这样的人群不集中，很难找。

而且这么贵的价格，抛开买家喜不喜欢不说，单看价格就能吓跑一大部分人。即便你实行折扣，赔钱卖，买家也未必动心。这就是推广的难处。

解决办法还是要分两步，第一步，先把这些目标群体（高端消费者）聚集起来，让他们先看到我们的宝贝；第二步，不断渗透，让她喜欢、动心、下决心。

要实现第一步的目的，显然不能用羽绒服来实现，只有用别的产品，说得具体点，就是这个群体买家都喜欢的“饵”。所以，先寻找“饵”就成了当务之急。

通过跟踪买家的购买记录（进入买家的江湖，她的购物记录一目了然），发现购买了这款羽绒服的买家有一定比例的购买了一款毛衣（挺意外的，居然发现有 3 个不同的买家同时买了同一款毛衣，很有代表性）。从图片上看，毛衣的档次显得很有品味，不过价格并不高。

看来，这个毛衣可以用来做“饵”。

同操作减肥产品的手法类似，先报运营活动后上广告，推毛衣。在毛衣的关联宝贝模块大力给羽绒服做广告。因为广告创意新颖，羽绒服的浏览量屡创新高，销量也非常不错。

本来高档的羽绒服利润就不错，加之推广费用降低了，利润更不错。

省下来的广告费，我建议用来做口碑。我对老板说，因为富人都有富人的圈子，让买家帮您找客户，比你自己找效果要好不知多少倍。

把买家变成你的推销员，重要的不是给她提成。如果给提成，没一个人愿意帮您推荐给自己的朋友，原因非常简单，一则，她看不上你的这点提成（毕竟人家是富人嘛），二则，如果被她朋友知道了她在中间有好处，她们以后还怎么做朋友？

所以，提成的办法只会让她们破坏友谊。这样的主意是馊主意，必定没有买家愿意配合。

换个思路，如果你在中间能帮助她们增加友谊，买家就会非常乐意。

新的做法是这样的，在一个买家购买满意之后，就跟她说，请您把这件衣服推荐给你的好姐妹好朋友，如果是你推荐来的，我给你朋友的衣服打 8 折，你的衣服也按 8 折，优惠的钱我会退到你支付宝里。另有神秘礼物让你怦然心动。

买家自己没得到优惠，而她朋友就得到了优惠，买家在向朋友推荐的时候，理由就更充分。她帮朋友省钱了，会增加她们之间的友谊。事后她享受到了与朋友同样的优惠，朋友也不会抱怨的，她也会更高兴。仅用这一招，推荐率增加了 40% 。有个买家居然撺掇身边的亲朋好友买了 15 件之多，太给力了！

Section 3.19 按飞机模型调整推广商品线

为了方便了解哪些宝贝该外推，我们需要把产品整理一下，整理后的商品线像飞机一样，我们称它为“飞机模型”。

飞机模型里面有机头、机身和机翼，它们各有各的作用，我们逐个来介绍。

飞机模型中的机头商品，其功能是为了冲击市场，用来拉人气。它就是火车头战略里的火车头，也是“推其所必买”的宝贝，不靠它赚钱，它的功能只是拉人气。

飞机模型的机身商品，其功能是用来贡献利润的，说白了，就是靠它来赚钱。机身产品不仅前有机头的拉动，而且两侧还有机翼的保护。

飞机模型的机翼商品，其功能是用来保护机身商品的，它只贡献一般的利润，如果没有这些商品，一部分客户可能就会到别人家购买，难保他不被别的卖家勾走。但是因为这些商品没有差异化，又不能卖得太贵，所以只能赚个中等利润。

我们用“馋猫美食小铺”的宝贝做案例，把商品线调整为飞机模型，就是如下图所示的那样。

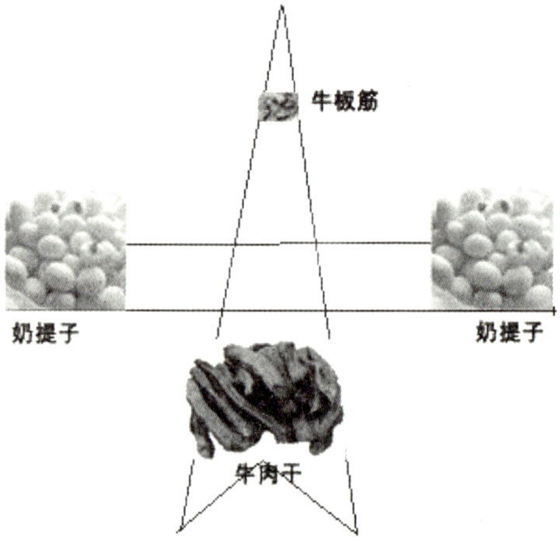

机头商品是牛板筋，用来拉人气，不靠它赚钱。机身商品是牛肉干，是你的镇店之宝，是主要靠它赚钱的宝贝。机翼商品是奶提子，它只能赚取中等的利润，并没有太大的竞争力。有了这个模型，现在再看这些商品，是不是就可以比较好推广了呢。我们就推机头商品，也就是推牛板筋，它是“推其所必买”的商品，能把很多买家拉来。

行文至此，为了不至于造成误解，有两个情况我必须说明：

（1）模型是死的，应用是活的，切不可死板硬套。比如，金冠巨头的机头商品就不是牛板筋，而是奶提子。为什么呢？因为它的奶提子是差异化的商品（做了自己的包装），而且奶提子也是“必买”的商品（对金冠巨头店而言）。另外还需要强调的是，机头商品和机身商品并无太明显的界限，像金冠巨头推的奶提子，当推奶提子的时候它是机头，当不推的时候它又成了机身商品，这话怎讲呢？因为金冠巨头的商品具有差异化，而“馋猫美食小铺”销售的奶提子没有差异化，它很容易就把这个商品推上去了，造成巨大的人气排名到了第一页，当这个商品活动过后又显示的是原价，而且没有价格伤害，很多人又会来买，搜索的时候毕竟有很多不知情、且又没有赶上活动的买家，他们就会原价购买，虽然在推的时候损失了点利润，但是在不推的时候又收到了很好的利润回报，这就是它的镇店之宝和人气宝贝合二为一了。

（2）用自己包装的奶提子当机头商品更好。金冠巨头用自己包装的奶提子做机头商品，要比“馋猫美食小铺”用牛板筋做机头商品好，道理是显而易见的，这两个商品同为“必买”型商品，但因为前者是自己包装的，利润空间大，所以让利幅度大，给买家的感觉是能占的便宜更大，所以动力更足一些。再者，金冠巨头自己包装的商品，宣传了自己的品牌，还阻隔了竞争，真是一举两得。因为要与金冠巨头差异化，所以“馋猫美食小铺”不能再包装奶提子，但是其包装的牛肉干却不能当机头商品，因为它不是“必买”的。

最后再归纳一下，就是有了飞机模型，推广会更方便一些，但是使用的时候一定要灵活，不要被束缚。

Section 3.20 避开“打造爆款”的陷阱

当前，“打造爆款”是很多卖家的梦想。那么到底什么是爆款？

爆款是指销量大吗？如果单指销量大，为什么不叫人气宝贝呢？所以，“爆款”一定是在大销量的基础上，对利润还有要求。爆款的“爆”跟暴利的“暴”应该是有关系的，最终我下的定义是，“有丰厚的利润、销量又做得超大”的宝贝，叫做“爆款”。

这里我不重点探讨如何打造爆款，而是更关心打造爆款的目的是什么。

不可否认，所有卖家打造爆款的目的是“既想靠爆款赚钱，又想靠爆款拉人气”。老实讲，每个卖家都想实现这个愿望，正因如此，“打造爆款”才慢慢成了一个陷阱。

为什么说它是一个陷阱呢？因为大多数卖家的商品并不符合条件。我观察过很多产品，在这些产品中既能赚钱、又能拉人气的，也有，但是非常少，我印象深刻的有小布叮儿童玩具、阮清风男士休闲鞋。这两款商品有几个共同点，这些共同点就是：

（1）都是自主研发。

（2）都有庞大的市场基础。小布叮可以买给自己的孩子，也可以送给亲朋好友的孩子当礼物。男士休闲鞋就不用说了。

（3）商品在领跑市场。这决定了可以卖高价、存在丰厚的利润（甚至暴利）空间。

（4）价格都在200元以内。这是大众都可以接受的范围，并不是只针对高端人群的。

（5）都在做品牌。品牌是为了持续研发，持续推新品。

（6）都是企业在运作，有一定实力，支持得起大力度推广。即便赔，也能撑得住；即便赌，赌输了还能站起来。

试问：你的产品符合以上条件吗？如果符合，你也可以打造爆款。

但是话说回来，即便你的商品符合这些条件，真正要把某商品打造成爆款时，未必就不是陷阱。此话怎讲呢？就拿上面提到的两个商品为例吧，前期需要很大的投入，至少要在几个月之后才慢慢转为赢利，万一你坚持不到赢利的时候而放弃，它就会半途坑了你，这不是陷阱是什么？

“打造爆款”之所以是陷阱，还是在推广策略上误入了歧途，因为它没有遵守“推其所必买”的法则。不遵守该法则，靠爆款赚钱、尤其是通过推爆款而从中赚爆款的钱，失败的几率大，胜出的几率小。就算侥幸能胜（不赔就算胜），忙活了半天，也不过是给淘宝打工而已，忙活了半天，累得半死，利润都被别人瓜分了，何必呢！爆款是一种结果，外人只看到了销量，就以为也赚了很多钱，事实未必如此。如果你只看到了别人的片面结果，就会掉进陷阱，把自己的辛苦所得上贡给淘宝。销量是漂浮在水面的花，利润才是沉淀在水底的果。

不是不要实现“爆款”的结果，而是不要陷入误区而掉进陷阱。爆款只是你实现经营目的后的附加结果，“爆款”本身并不是目的，既能实现大销量，又能保持丰厚的利润才是目的。要这样的结果，最理性的方法当然是按照飞机模型了，机头产品不赚钱，只拉人气，充当火车头，靠机身商品赚钱，靠机头商品拉动机身商品的销量。方法得当，你的第二火车头销量也不小，也能算得上名副其实的“爆款”，但是花费却很小。做生意，难道不是为了最小的投入和最大的产出吗？

所以，在看到有人用直通车去打造爆款的时候，我通常感到无语。

Section 3.21 上活动的误区

有一个卖家告诉我，她最近经常上活动，但是没见任何效果，问为什么。她是卖灯具的。

我打开她店铺看了看，发现她的店铺跟别人的店铺没多大区别，无非在显眼处写着某某宝贝 8 折销售，还有秒杀预告等信息。

我问她：“你上了什么活动？”

她说：“做了打折让利，还做了秒杀，都做了，但是没效果。”

我问：“就是你店铺里写的那些话吗？”

她说：“是的，就是那些活动。”

“我晕”，唯有这两个字能表达我的感受！

这算什么活动？！

看来她对所谓的“上活动”还有误区，虽然她已经做到了 4 钻，从 2006 年就开始开店，但这些问题还没弄清楚，不知道该怪谁。

我得帮她分析分析，尤其是需要给她讲一下上活动的真正意义。我跟她说，你在你的店里上活动，买过你商品的老客户，他们不需要了，你的商品也不是重复消费品，没有需求就基本不回头了，所以老客户看不到你上的活动。有需求的新客户，并不知道你正在“上活动”。店铺的流量太小了，没人看到活动信息，这才是她上活动没有效果的原因。

我们所谓的“上活动”，是指上淘宝的运营活动，例如像“聚划算”、“天天特价”、“今日特惠”等这样的活动，靠低价折扣参与到淘宝其中，由淘宝为活动导入流量。因此，可以说“上活动”的根本目的就是为了吸引流量！只在店铺内做活动，并不能实现吸引流量的目的。

Section 3.22

你为什么不敢上活动

此刻想必你看到淘宝运营活动的威力了吧？“一天造就一皇冠”并非天方夜谭，而是事实。不管你是想要流量还是想要销量，只要能上运营活动，淘宝都可以帮你实现。下图就是参加运营活动的宝贝一天的销量，从中可以看出运营活动对销量的拉动确实厉害！

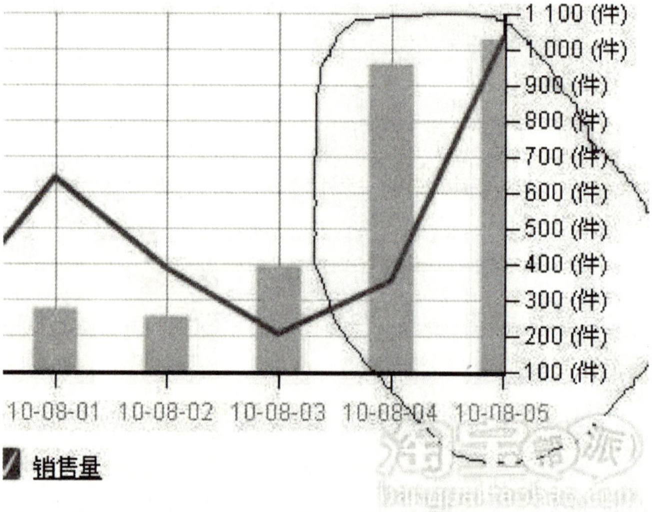

需要指出的是，人气宝贝不是天生的，也不是靠自然流量下慢慢销售上去的，是靠上活动强推的。只要活动一上，短则几分钟，长则一天的功夫，便能造就一个人气宝贝出来，这不是玩笑，是事实。

老实讲，你当然清楚这些活动的威力，你肯定一次又一次地尝试报活动，或者纠结在到底要不要上活动，尤其是看到报活动的要求时。前面我们看到了运营活动中的 VIP 活动要求 7 折、6 折和 5 折（有的可以不包邮），今日特惠要求 5 折、天天特价要求 5 折及以下，金牌秒杀、今日爆款、购优惠以及聚划算都要求折扣在 1 ~5 折！

报不上活动的原因，多半跟优惠力度不够有直接关系。然而，力度一大，你就会面露难色。

不客气地说，很多活动，不是不能上，也不是上不去，而是不敢上。

为什么?

你怕不赚钱!

更怕赔钱!

尤其担心赔不起!

别人为什么敢上活动呢?其他卖家为什么对上活动乐此不疲呢?他们的账是怎么算的呢?我们下一部分探讨这些问题。

第四部分

淘营销第三层次——积累自己的鱼塘

上一部分我们留了个尾巴问题：你为什么不敢上活动？有人回答报不上。其实，报不上跟折扣力度有很大关系！折扣越给力，上活动的几率越大。所以，问题又变成了：你为什么不敢太给力？因为你怕赔钱！因为绝大多数活动铁定赔钱！

你会问，别人为什么敢上？别人为什么不怕赔？难道仅仅因为他们有实力、能赔得起？

不是这么回事！因为他们从另外一个角度算账，因为他们的经营目的与你不一样。

看过本部分的内容后，你就会转变角度，之后你会豁然开朗，接着你也就敢上活动了！

一旦你经常上活动，你的销量将成倍地增长，业绩突飞猛进，一路高歌！

Section 4.1 为什么必须建立自己的鱼塘

为什么必须建立自己的鱼塘？答案是：一方面，想把生意真正做好；另一方面，还要减少经营中的烦恼。不建立自己的鱼塘，要生意好不难，但是经营中的烦恼会让你心力交瘁。最终你会发现，建立自己的鱼塘，不仅是发展壮大事业的正确之路，还是避开和减少各种烦恼的灵丹妙药。

4.1.1 什么叫“自己的鱼塘”

拥有一大批忠实的买家，定期来自己店里购物，竞争对手难以挖走，他们不跟你砍价，你推荐的宝贝他们基本上都会买，他会向亲朋好友推荐你的店，还会在淘江湖不断地分享在你店里购买的宝贝，并给予超动心的评语。他们简直就成了你免费的推销员或“托”，但这一切都是买家心甘情愿的。这么一批忠实买家群体就是自己的鱼塘。

忠实客户的数量多少，就是自己鱼塘的大小。忠实客户数量少，自己的鱼塘就小。忠实客户数量大，自己的鱼塘就大。同时，店主也顺理成章地成了自己鱼塘的塘主。

"忠实"体现在买家对塘主的信任超过一般的卖家。有了这种信任，才有了你的客户难以被竞争对手挖走的资本。有了这种信任，才会有将来即便增加新商品，也可以在同一鱼塘开发的前提。这样的鱼塘，其他拥有好商品和好资源的卖家才愿意找上门来与你合作共同开发你的鱼塘，共同创造利润。

也就是说，拥有这样的鱼塘，不仅可以避免网店经营中的诸多烦恼，还能为你额外创造价值，包括创造品牌，甚至把他们带出淘宝、到自己的独立网店。谁叫他们"忠实"呢！

4.1.2 自己的鱼塘为经营带来的好处

自己的鱼塘将会给经营带来如下好处。

（1）疯狂的转化率。

淘宝公布的转化率在1.5%左右，一些大卖家能实现2%～3%的转化率，让同行和众多中小卖家艳羡不已。其实，3%算什么呢！3%的转化率，表明来了100个人只有3个人购买，另外97个人都跑了，没有比这更浪费资源的了！

我们再换个角度看。如果建立了自己的鱼塘，每天陆陆续续来购物的都是自己鱼塘里的买家，他们需要购物时回到卖家店铺。理论上说，这样的老客户回头100个，就能成交100笔交易。当然，这只是理想情况，实际情况则可能碰到各种各样的意外，比如突然断网了，突然断电了，密码输入错误账户被锁了，余额不足了，突然来电话了，突然要开会、有突发情况了，等等，就算这种意外占到了10%的比例，还会有90个人购买呢！

100个回头的，有90个买的，这种转化率是多少？90%，对吗？

还是那句话：谁叫他们忠实呢！他们回头，就是准备购买的。

在1.5%面前，甚至在3%面前，90%的转化率好像是天文数字般。它显得不可思议、近似疯狂！此时，你会猛然意识到，好像它没有遵守转化率的正常公式哦。

是的，没错，确实有两种情况不遵守转化率的正常公式：一种是面对一群"忠实无比"的不断回头、不断重复购买的自己鱼塘里的老客户时，另一种就是面对一群等待便宜、而你又提供了一个天大的便宜时，这两种情况，是很例外的，是很疯狂的，尤其是后者！

这样你就知道，为什么“聚划算”一天能成交几千上万件。如果你参加过这样的活动，不管是以买家的身份还是以卖家的身份，你都能感觉到，这不止是人满为患，而是“疯抢”!!!

当大家都在“抢”，而且是“疯”的状态时，理性何在？没有理性了，都在消费，转化率还会遵守理性情况下才能成立的正常计算法吗？

（2）不再受困于排名、流量。

你有一大批忠实的老客户，他们不断地、重复地来购买，一次，两次，三次……一个月，两个月，三个月……一年，两年……面对这样的客户群时：

你会为排名的高低发愁吗？

你会为每天的流量多少发愁吗？

你会为推广的费用发愁吗？

这些跟你没有关系！这些老客户，直接通过“收藏”链接或交易记录进来，并不是点你的广告进来，他们甚至连搜索都不用，竞争对手想拦截都无处拦截！

（3）减少了开支且增加了利润。

老客户购物时，由于彼此已经熟悉，不会很过分地砍价，这对保证利润有极大帮助。

老客户通过收藏渠道进来，不点你的广告，能帮助节省推广花销，除此之外，竞争也减小了，更重要的是，对结果更有保证，其实归根到底，要排名、流量、转化率最终不还是为了销量嘛，在这些老客户面前，销量是有保证的。

4.1.3 两手抓，做大自己的鱼塘

建立自己的鱼塘，其目的好像为了享用上面的好处，真是这样吗？

不！绝不是只为了它的好处，刚好恰恰相反，这些好处只是一些附属品。实现建立鱼塘的目的后，它们都是不请自来的，并不需要刻意追求。那么，真正的目的又何在呢？

建立自己的鱼塘的真正目的，是为了把事业做大！如果不建立自己的鱼塘，一切都是脆弱的：信誉再高，只代表过去的业绩，并不代表未来会怎么样；流量呢？仍然不稳定，排名忽高忽低；而拥有自己的鱼塘，才是保持生意兴隆的根本。

就这个意义上说，我们做电子商务的成功与否，就看是否拥有自己的鱼塘以及鱼塘的大小。

那么，如何做大自己的鱼塘呢？

做大自己鱼塘的策略是这样的：两只手，左手抓住老客户不放，右手大把地发展新客户；把右手抓住的新客户交给左手，并在这个过程中把新客户变成老客户。慢慢地，随着时间的推移、生意的积累，左手抓住的鱼越来越多，鱼塘就会越做越大。

Section 4.2 有了自己的鱼塘，月入过万又算什么

很多中小卖家把“月入过万”定为自己的目标，其实这个目标并不难实现。为什么这么说呢？我们先把目标进行拆分，变成一个一个的小目标，然后进行反向推导，你自然会知晓答案。需要注意的是，推导过程中涉及的关键词有转化率、流量和利润等。下面是拆分目标和推导过程。

要想月入 1 万元，合每天平均利润在 350 元左右。

要实现每天利润 350 元的目标，假设每个包裹的利润做到 35 元，只需 10 单生意即可。

要实现每天 10 单生意，假设转化率做到了 2%，只需 500IP 流量即可。

所以，月入过万的目标就分解成了平均每单利润 35 元、每天弄来 500IP 意向流量。

分解后的目标能实现吗？

回答是：差不多！

经验已经证明，照第二部分的原则下功夫写好宝贝描述，转化率做到 2% 是绝对没问题的。

经验已经证明，照第三部分的做法，即便不花钱（比如用商品换广

告）每天来500IP流量，也绝不是什么难事。

根据销量公式，流量乘以转化率，算出每天平均可以走10个包裹左右。

只要有差异化的产品做镇店之宝，只要购买镇店之宝的买家占包裹总数的80%，实现平均每个包裹35元，是不难的。

经过目标拆分，原来“月入过万”的目标也只不过是实现2%的转化率、每天10单的生意、500IP的流量、每单35元左右的利润。这些目标难以实现吗？并不难！

其实，这些数据还都是以前经营手法下的计算方法，如果从一开始就把建立自己的鱼塘作为经营目标，结果将是另一番景象，“月入过万”又算什么呢！接下来我们就把思维切换到“建立自己的鱼塘”经营策略下：

从新店开始，做到皇冠级别，拥有至少1万笔交易，交易的客户数量平均约5000左右（假设每个客户购买两笔交易）。

假设我们把鱼塘的过滤率目标定为50%，也就是5000个买家，能留下来一半，即2500个买家进入你的鱼塘。再假设买家的购买周期为10天，这样流水起来，总会在某一天可以实现平均每天有250个买家回来购买。

既然他们是你鱼塘的鱼，理想状态下，回来多少人，就能成交多少单。也就是理想状态下，平均每天可以做200多单，发200多个包裹。相比“月入过万”时每天的10个包裹量，现在的包裹量增加了20倍，自己可以算一下能做到多少利润了。很可观不敢说，但照这样一步一步走下去，对实现自己的目标却是实实在在地在接近。

也必须指出，这只是理想状态下的，并且是静态的假设！不过，虽然说是理想状态的假设，但这些数字没有遥不可及的，通过努力是完全可以做到甚至超过的。所谓静态的假设，是指只考虑到老客户的回头，并没有把每天新进来的新客户考虑进去。实际上，每天进进出出的新客户所占的比例比老客户要多很多倍的。

我们不禁要再问一句：这种算法有意义吗？

事实上，并无实际意义！但是通过分解目标，发现原来一个看似遥不可及的目标，实际上也没什么，也只是对正在做的“小事”多说一句话、或者多客气几句而已。

Section 4.3 抓住老客户是建立自己鱼塘的核心

前面说过，自己鱼塘的做大之道是，一手抓住老客户不放，另一手去放手开发新客户。在没有建立“自己的鱼塘”思维时，多数卖家的精力都投在了“开发新客户”上，少数卖家也想“抓住老客户不放”，但并未实现，或者说实现的结果并不理想。究竟“开发新客户”和“抓住老客户不放”，它们谁更重要呢？实际上，“抓住老客户”才是建立自己鱼塘的核心问题。

4.3.1 未抓住老客户的原因

大多数卖家最常用的经营做法是，把内功修炼到差不多的时候，就不再管了，一门心思开始做推广，推广的方式有花钱的，也有不花钱的，接着就是等待买家来买。

买家被宝贝描述吸引的，可能会旺旺咨询。咨询满意的，就拍下付款，交易成功。然后卖家发货，最后是互相评价，之后偶有联系。对每个买家基本上都是这套流程，和买家的关系也暂时结束了。

至于以后，有主动回头购买的，欢迎。没有回头购买的，随他去吧，不再联系。

可以这么说，第一次交易的时候，并不知道第二次交易在哪里，甚至都不知道还有没有第二次交易。如果某个买家突然回来了并发生了第二次交易，可以算做天意。因为天意是未知的，显得很偶然。即便有了第二次交易，但并不知道第三次交易在哪里，也不知道还有没有第三次交易。以后的交易，也都是如此。

为了更形象地了解买家和卖家之间的这种交易关系，我们把一次交易看成一个环。买家和卖家之间的交易，可能存在多个环，由于这些环是有先后顺序的，因此这些交易环可能会很长很长，如下图所示。

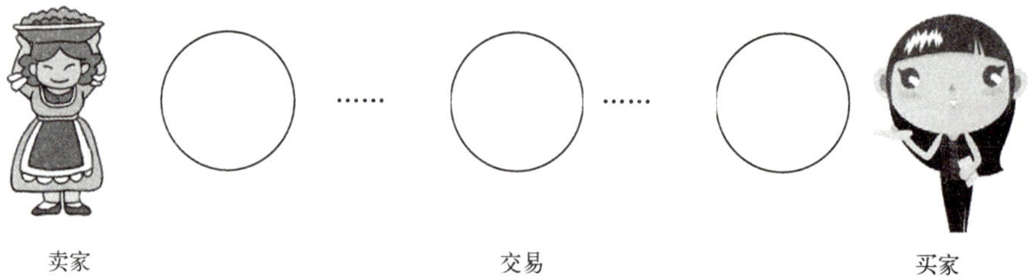

可怜的是，在多数卖家和买家的关系中，都只有一个交易环存在，而且请注意观察，这些环都是孤立存在的，彼此之间并没有关联。

在这种经营模式下，每位卖家都需要问问自己，你有多少个老客户在“沉睡”？他们只买了一次，就不来了。他们本来对你已经建立了很好的印象、建立了一定的信任，但是因为缺少某种行动的动力，不回头了，或者被你的竞争对手“勾”走了！

造成这种结果的原因，就是未抓住老客户，就是卖家被动等待老客户回头，而没有积极主动地出击。当和你交易过的老客户越来越多的时候，实际上你是抱着金饭碗要饭。

4.3.2 抓不住老客户的后果

店铺的生意，一块是由老客户带来的，另一块是由新客户带来的。抓不住老客户，就不敢把生意的希望寄托在老客户身上，而只能全靠新客户带来生意。最终导致的后果是，天天都要去找新客户！

如果你调查一下就会发现，绝大多数卖家的工作都是这样，“天天都要去找新客户”。凡是这样做过的卖家，应该对下面的体会印象深刻：

(1) 天天愁宝贝排名和流量。

宝贝排名忽高忽低，流量很不稳定，能贡献流量的宝贝越来越少，很多宝贝一天都没人看到。免费的流量越来越难搞。

(2) 天天愁竞争。

竞争对手越来越多，竞争越来越激烈，竞争对手频繁出花招，令人应接不暇。

(3) 天天愁花销。

竞争导致的利润越来越低，各种名目的花费越来越多。

（4）路子越走越窄。

该多为买家创造附加价值的事没心思做，本应保持敏感的商业嗅觉也因心力交瘁而不敏感了，该创新、细分和差异化的机会没抓住，无心也无力去为买家提供更好的商品和服务。

所以，抓不住老客户带来的后果是，表面看包裹量增加了，但人更累了，而且收入却降低了。总之，很闹心，很憋气，很委屈，前景很不乐观，唉声叹气，愁容满面，收入越来越少，感觉心越来越累，偶尔还会对网店突然心灰意冷，整天为竞争、排名、流量、转化率、差评等诸事烦恼得寝食难安！

4.3.3 怎样才能抓住老客户

从成本角度看，花钱买了一个流量，要么没有反应（连旺旺咨询都没有），要么咨询了但没成功，要么交易成功了但只有一次（从结果看就是一锤子）。这种经营方式成本太高。要降低成本，就不能只跟他做一次性交易，毕竟他是你花钱买来的。他的价值也绝不仅仅是你赚的那一次交易的钱，而应该是长久的、持续的、加起来数目很可观的钱。

所以，不管是站在成本的角度看，还是从未抓住老客户带来的后果看，我们都必须改变这种被动的局面。如何改变呢？前面已经介绍了，未抓住老客户的根本原因在于我们的被动等待。所以，解决之道正是反其道而行之，即主动出击。

我们所谓的“主动出击”，只是希望能做点什么，通过努力，即便也不知道买家什么时候回头、会不会回头，唯一祈求的是面对同样被动等待的卖家竞争对手时，比他们多一丁点优势。也就是说，希望在第一次交易的时候，就为第二次交易做点准备；在第二次交易的时候，又为第三次交易做点铺垫，以此类推。我们相信“天道酬勤”，我们相信提前做够了努力，是会得到回报的，尤其是当竞争对手们还麻木的时候。

话又说回来，我们不强求买家必须回来重复交易，只是想多做点什么为买家回头重复交易增加点机会，在这种思想的指导下，思路就变得豁然开朗了。

主动出击的武器仍然有两把，一把武器叫做“利益”；另一把武器叫做“情感”。这两把武器要同时使用，不可偏废。纯粹地让利，是只用利益武器，而忽视了情感武器。一旦有比你更便宜的卖家出现，这些买家又走了。如果在利益武器的基础上，再利用情感武器，即便你卖的不是最低价了，也会有一部分买家留下来的，因为人跟人不一样，买家也是千差万别的。有了物质方面的“利益”武器，再加上精神方面的“情感”武器，我们和买家产生的交易环的模样也发生了变化，环不再是光秃秃的了，而是多出了个“钩子”，如图所示。

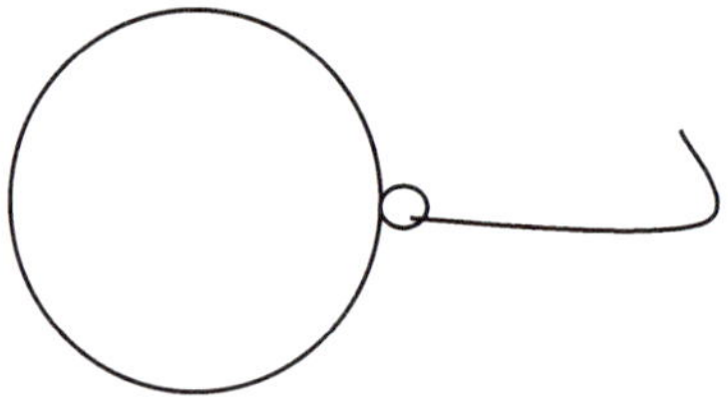

“钩子”就像人的手一样，其形状分明是在向后面的交易招手，意思是在告诉买家，等到需要购买的时候，要先想到我哟。

我们再从外力的角度看钩子。其实，买家会不会重复购买，除了自身的需求和已经铺垫的信任外，还是有力量在里面的。只是在以前的经营做法下，这种力量完全是买家自身需求产生的内在驱动力，并没有外力。如果我们能给买家增加点外在动力，在同等需求和信任的情况下，外力的作用自然让买家把心偏向我们。这样一来，我们胜出的几率自然要比竞争对手大得多。

再看上面的钩子图，外在动力就像一把强有力的钩子一样，不仅勾住买家不让他跑掉，还把买家一步一步勾到自己的店铺里来了。所以，无论从哪个角度看，主动出击无疑都是正确的。但必须指出，主动出击并不是盲目出击，不是用高射炮轰蚊子，不是乱轰一通，而是有针对性地出击，出击的目标对象就是老客户。

归纳一下如何抓住老客户的方法，就是靠主动出击，具体说就是用两把武器（物质和情感），物质方面有硬钩子，精神方面有软钩子，同时发力，把买家“勾住”，让他不知不觉地回头重复购买（软钩子和硬钩子稍后详述）。当然，我们还是清醒的，即这些钩子仅仅是为了增加机会，在竞争对手还麻木的时候，比他们多做一些工作，多增加一些自己的竞争优势而已。

Section 4.4 客户的价值

客户的价值在于能为卖家创造多大的利润，其实这是个选择题，就看卖家选择哪种结果了，有能立即就赚到手的、短期的、一次性的现金收入，也有长期的、持续的、累积式的回报，后者还具有不可思议的渗透式的剩余价值回报。我们认为，依靠在推广的同时就赚取的那点一次性的利润，比起客户的累积价值回报来说，是舍大取小的做法。

4.4.1 客户的终身价值

多数卖家的经营手法，就是在第一次交易中把钱“赚死”。说得俗一点，就是“狠宰”。其实“狠宰”并没有错，唯一不足的就是愿意“被宰”的人数太少。能不能平衡一下这对矛盾呢？即想找到愿意被狠宰的买家，又能多找到一些这样的买家。可惜，没有这样的好事。

好像我们来到人世间就是来做选择题的，现在我们又要面对“眼前利益”和“长远利益”需要选择。选择眼前利益，就选择“狠宰”，当然也是选择少数的买家。但如果选择长远利益，大量的买家就会选择你。

根本不用沮丧。事实上，当你选择了长远利益时，其收益一点也不比“狠宰”赚得少。

我们想象这样一幅画面：使用钩子后，某买家不断地重复购买，而且交易还在持续中。如果从后面往前看这些交易环，发现它们变了，交易环不再是孤立的存在了，而是连环起来了，如图所示。

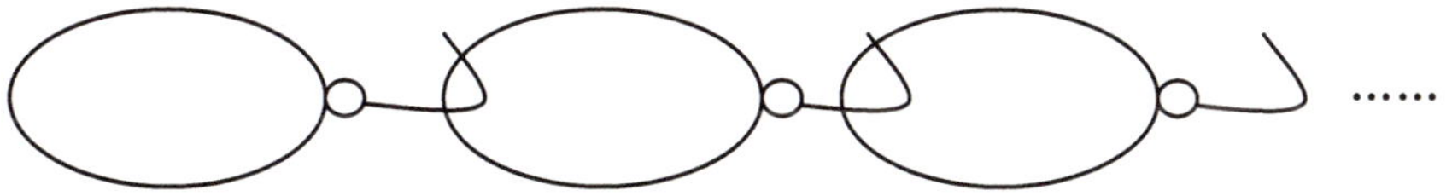

交易连环起来后，就可以用“客户的终身价值”代替“狠宰”了，最终你会发现客户的终身价值要远远大于所谓“狠宰”所带来的眼前利

益，有点放长线钓大鱼的意思。

所谓客户的终身价值，就是一个买家从第一次和你交易开始，到最后一次交易为止，总共能为你创造价值的总数。

客户的终身价值，说得通俗一点，就是长远算，能从一个买家身上赚多少钱。我们都清楚，这个总数只能估计，也只能估计个平均值的大概，根本无法精确，除非你的买家和你都只有一次交易。当然，这是最大化地选择。如果只选择一次交易，表面上是“狠宰”，实际上吃亏的是卖家自己，因为这不是最大化地“榨取”。

虽说无法精确计算，但是粗略估计一下也还是可以的。

比如减肥商品，一个买家从第一次使用，到成功实现减肥梦想，正常情况下需要 6 个月，按每次购买的剂量可以用一周算，总共要购买 24 次。假设每次购买能为卖家创造 100 元价值，则总共该客户就能为卖家创造 2400 元的价值。

在减肥商品老板的角度看，2400 元就是一个客户的终身价值。

比如化妆品，买家从第一次接触你的商品开始，到现在一直在用，已经 3 年多了，而且还将一直用下去，到目前没有更换的迹象。以每年为卖家创造 3500 元的价值计算，3 年多的时间至少创造了超过 1 万元的价值，而且还在继续。

在化妆品老板看来，这样一个客户的终身价值就在 1 万元以上。

当然，这种算法只是一种估计式的计算，实际情况远非如此。之所以敢如此粗略算，是因为我们并不需要精确的数字，而只是对客户的价值有个更直观的印象，仅此而已。

不过，一旦有了数字出现，事情并不那么简单了，它逼迫我们不得不想更多深入的问题。

当你的化妆品每次交易赚取 30 元利润的时候，你看到和想到的就是敢投 2 元一次的点击费用去买流量或买客户。

当你的减肥商品每次交易能赚取 120 元利润的时候，你看到和想到的是敢拿出 60 元甚至 100 元做推广（比如给淘宝客）。

客户的终身价值对卖家的影响并不仅仅表现在推广花费的增加上，更大的影响是对卖家本人的影响。

对于减肥商品，如果你看到的是总利润从 120 元提高到 2400 元，即提高了20倍的时候，你作何感想？

再看化妆品，如果你看到了总利润从30元变到1万元提高了300多倍时，你心中的滋味是不是更复杂？

是的！你的胆量在增加，你的气魄在增加，你更敢出手了，你也敢玩大手笔。这一切的变化都导致你敢多花钱去买客户！

敢花多少钱去买客户以及怎么花这个钱，我们需要推迟一下再探讨，因为买家的价值并没有都算进去，除了明显的、立即变现的价值外，更有我们不能忽略的、隐性的、影响力却很大的“剩余价值”。

4.4.2 买家的剩余价值

一个买家除了为你创造利润之外，还能创造很多价值，这些价值由于不是立即变现成钱，所以称“剩余价值”，包括：

（1）有交易就能带来销量的增加，销量增加会提高人气排名，对拉动流量有好处。

（2）交易增加了销量，销量能拉动转化率的提升。火暴的销量会促使一部分人跟风。

（3）买家传播的口碑，会影响他身边的家人、朋友、同学、同事，口碑的传播不仅能提高（品牌）知名度，更能立即带来销售（就像上一部分讲的卖羽绒服的案例那样，富人的圈子里也都是富人，朋友更相信朋友的推荐，朋友会委托朋友来购买）。

（4）买家在淘江湖中的口碑会影响很多网友。随着搜索分享的大力推广，淘江湖中的口碑不仅直接能影响买家的判断，更能带来可观的流量。

（5）淘江湖中的口碑会二次传播。淘江湖系统是建立在SNS基础上的，买家的分享会出现在买家粉丝的空间里，被自己的粉丝看到，进而影响粉丝跟风购买。粉丝自己不管买与不买，都可以转发分享，让粉丝的粉丝看到该消息，从而该分享信息会像水波一样一层一层地在人际的信任链中传递开来，间接影响难以估量。如果你的某个买家有数万粉丝的影响力，你就撞上大运了。

看到了买家的“剩余价值”好处这么多，不禁让我们想起了第二部分探讨过的砍价问题。我们把问题问得极端点，即砍价砍到只有一块钱的利润，卖不？如果那时你回答不卖倒也罢了，此刻转变观念后就会硬气地说，即便不赚钱也可以干，为何不卖呢？

因此，不管是看到现实显性的买家终身价值，还是在乎隐性但具有难以估量的客户剩余价值，我们都必须重视买家本人。有人，就会有生意。“留得青山在，不愁没柴烧”，通常都用在保住了人而成就了事业的时候。

一个店铺生意持续火暴的秘密就是以客户为中心！

这句话的具体含义就是：一切以买家为中心，为买家提供最好的商品和服务，对买家好。

同时指出，第一次交易只是和买家建立关系的开始，货物就是你们关系的媒介。

行文至此，我们再思考推广的意义，发现推广的意义也变了，从把买家拉来卖给他商品赚取利润，转变成千方百计先促成第一次交易，一句话，**推广的意义变成了买客户。**

Section 4.5 将欲取之，必先予之

想一下我们和买家的关系，这是一对矛盾：我们想赚买家口袋里的钱，买家想占卖家的便宜。

看似一对不可调和的矛盾，谁迁就谁？

你必须先满足了你的客户的欲望，让他先看到便宜，他才会心甘情愿地给你利润。没有便宜，谁会有动力？将欲取之，必先予之。

4.5.1 前端利润和后端价值

先提出两个概念。把卖家和买家之间的第一次交易，也就是第一个环，称做“前端”。第一次交易赚取的利润，称为“前端利润”。

除了第一次交易之后的所有交易环，统称为“后端”。后端所有交易中买家为卖家创造的价值，统称为“后端价值”。

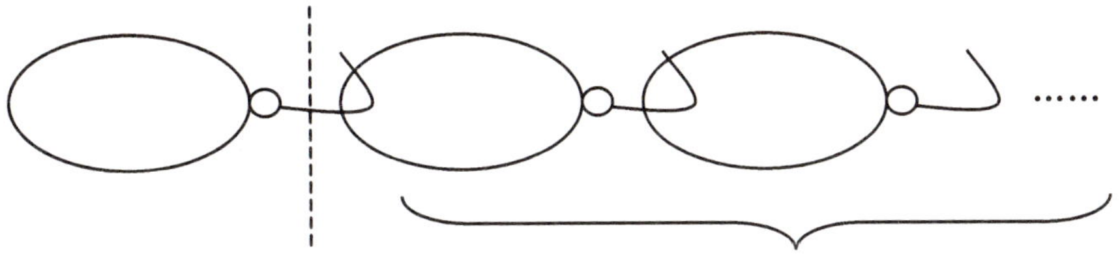

提出“前端利润”和“后端价值”的概念有何意义呢？

它的意义正在于能帮我们分析问题的实质，改变我们的思路，扩宽我们的思维。

第一，你会发现，绝大多数卖家和买家之间的关系，只有一个环出现，也就是只有“前端”出现，因此卖家只实现了“前端利润”。

第二，因为只看到了“前端”的一个环，所以必须靠这次交易赚取足够的利润，同时，它必然要分摊所有的推广成本。高昂的成本，加上利润空间的要求，导致价格过高，反过来又影响了转化率。

第三，如果后端环的数量很多，并且一直延续下去，那么总的“后端价值”将会很大，要远远超过“前端利润”的。

实际中，绝大多数卖家都选择了“前端利润”，几乎主动放弃了数目更大的“后端价值”。这也是造成前面所说的诸多烦恼的原因。

还是那句话，解决之道正是反其道而行之，如果我们选择数目更大的“后端价值”，把目光投在“后端价值”上，降低甚至赔上一点“前端利润”，势必经营难度大大降低，转化率极大提高，经营状态都将随之而变。

简而言之，**这种经营思路就是和买家的第一次交易不为了赚钱，是为了让买家给你交易的机会，从而轻松成交。**有了第一次交易就会有第二次、第三次交易，而且越往后交易都要比第一次交易轻松得多，只要买家经常来购买，以后就不愁实现利润，而且是更大的利润。

提到“后端”概念，意义在于要打造一个强大的后端系统。也就是左手的功能，来了新客户，必须能抓住，把他变成老客户。

4.5.2 该把利让给谁：买家还是淘宝

客户很值钱，所以花钱买客户很划算，只要能买来，进入我们的系统，就是好方法。

我们估计出了买家的终身价值，假设是3000元。如果对这个数字满意的话，接下来就是急需客户了。现在有两个问题，一是你准备投资多少钱去买客户；二是你准备用什么方式去买客户。

先来谈第一个问题：你准备投资多少钱去买客户。

因为大家没有客户终生价值的概念，所以觉得让你赔1块钱，你心里都不舒服，总想以各种办法找回来。如果我计算得到一个客户的终身价值是3000元，那么，我舍得拿出50元去买他。

如果你真拿出50元去买他，你的营销招数可以变化无穷，变化多端。

再来谈第二个问题：你准备用什么方式去买客户。

就是大家都喜欢把宝贝卖高价，赚差价利润，并拿出现金来当广告费，譬如直通车就是这样，似乎直通车的广告费是纸，不是钱。同样是钱，拿来让利没人愿意，但拿出来当广告费，大家趋之若鹜。其实，所有需要卖家花钱的地方，换个角度看，都是在“让利”，比如：

刷信誉，是把利让给代刷者。

做广告，是把利让给淘宝。

上活动，是把利让给客户。

像后面马上要讲到的利益钩子，都是把利让给买家。你不让利，买家就不会回来，你到头来还得拿出更多的钱给淘宝，重新去买客户。

为什么要让利给买家呢？因为买家会回报你。让利给淘宝，买家不会领你的情，甚至会反对你。但是如果让利给买家，买家会感激你，还会回报你，这也是中国的文化。

有句话说“当你自私的时候，所有的人都远离你；当你无私的时候，全世界都向你靠近”。所以，面对首次交易创造的“前端利润”，你可以选择“自私”，也可以选择“无私”，关键看你想要什么结果。选择什么样的做法，就得到什么样的结果。

4.5.3 人人都敢上活动

本部分开头说到大多数卖家不敢上活动的原因是怕赔钱，所以，对于“人人都敢上活动”最简单的回答就是，“不怕赔钱就人人都敢上活动”。

这样的答案不够有说服力。下面我们从三个方面来看，但最终你敢不敢上活动还得由你自己来决定。

（1）客户的终身价值很大，需要花钱买。

只要客户终身价值大，花钱买也值得。其实，无论何时客户都是花钱买来的，只是方式不同而已。我们的做法通常是买来流量，让买家买宝贝，靠卖宝贝赚取利润。靠利润填补先预支的广告费。但如果把“买流量”变成“买客户”，目的稍微一变，买客户的结果更能保证，因为这样是为了放长线钓大鱼。

（2）淘宝运营活动也只是让利给客户。

买的客户多，成交率高，又不用花钱。买家喜欢并会感激。所以为什么不用上活动这种让利方式呢?!

（3）上活动买客户最有效。

报淘宝的运营活动，不花钱却能带来巨大的免费流量，是最经济划算的。买流量，看不到成果，而且看到的结果都是赔的。如果买客户，则能立即看到成果，而且看到的结果是赚的，是有利可图的。

钻石展位、品牌广告等只是花钱买了“露脸”，直通车只是花钱买了流量，而运营活动的目的则是为了“买客户”。只要稍微改变一下目的，从“买流量”变成“买客户”，人人都敢上活动。

4.5.4 阴阳哲学——赔就是赚

把利让给买家，表面上是赔钱的。但实际上会不会赔呢?

短期看，单看一次，确实会赔。但如果长期看，不仅不会赔，反而是做大之道。世间的道理就是“将欲取之，必先予之”。

“将欲取之，必先予之”，“必”是什么意思呢? 顾名思义，“必”，当“必须”解。也就是说，想要“取”，必须先予，先给。但并没说先给了，能不能取到。就是这后半句让我们心里很没底。为什么“必须先给”呢? 我理解，这是要得到的唯一办法。如果还有其他办法的话，就不会用“必”字。

如果“将欲取之，必先予之”这句话是正确的，也就是说，我们也只有唯一的路，就是先“予”，而不考虑能不能取到。

生活经验告诉我们，这句话是正确的，只要先“予”，基本上都能“取”到，只是早晚问题，还有回报的方式不一样而已。

看实际的卖家也是这样。有很多店，开始时都是满怀信心的，以为淘宝遍地是金，上来就能斩获很多，压了一大笔货，最后发现不是那么回事，生意难以维持，资金断裂，到了举步维艰的地步。

有些人的希望破灭了，甚至绝望了。

还有些人破釜沉舟，赔钱甩。

一旦开始赔钱甩，生意马上变好了。货很快出手，资金回流，不仅如此，而且一发不可收拾，生意从此好了起来。慢慢越做越大，真正实现了最初的梦想。

这样的例子非常非常多。这种现象只能用我们的阴阳哲学来解释。一心只想着赚钱，就是眼中只看到了“阳”。但是，“阳”很容易变成“阴”，而且稍有变动就会变“阴”，你就赔钱了。

但是如果你反其道，你上来就告诉自己做淘宝不为了赚钱（有勇气也可以说是为了赔钱），你面对的是“阴”，经过变动，“阴”就变成了“阳”，你反而就赚钱了。

上面的例子恰恰就是最好的例证。只是很多人都是被迫无奈选择了“赔”这条阴路，少有人一上来就选择赔钱这条路。

还记得吗：在第一部分所讲的，超市里开业用的卖“鸡蛋”策略，就是选择一上来就先“赔钱”的策略。

大家都不愿意的，甚至看似违反卖家法则的，才内含高明的策略。

这也是人性！这是卖家群体的人性，因为没人愿意赔钱卖，所以偶尔有个别的（谁管你是故意的还是被迫的呢），非常容易成功。

要想成为大卖家，先要有大卖家的胸怀。大卖家是算总账的，要看长

远，而不是只看到某一笔生意“赚”了，某一笔生意“赔”了。生活中常说的“吃亏是福”，不只是用在做人上，用在做生意上，也是一样的。不要以为买家都是想着占你便宜的，也不要以为买家都是没有良心的，统统都不是。

Section 4.6 四把利益硬钩子

我们清楚外在动力也有大有小，如果说一个外力源算一把钩子的话，我们只需要把外力源多增加几个，动力自然也增加不少，对买家回头的牵引力也就会增加不少。多个外力源就像多把钩子一样，牢牢地抓住买家，径直走向我们的店铺。

钩子是什么？是好处！

说得具体点，是好处产生的驱动力，这个外在动力有两种形式，一个拉力，一个推力。

具体说，至少有四把钩子可以用，它们分别是：

第一把钩子——赠品；

第二把钩子——店铺 VIP；

第三把钩子——限时红包；

第四把钩子——秒杀。

是不是觉得挺面熟，又挺失望（原来就是它们啊，它们怎么能算得上是钩子呢）？

其实，大家都同在一个淘宝平台上，用的都是淘宝提供的现成的工具，无论是收费的还是免费的，这些不算区别。为什么同是使用这些工具，差别却这么大呢？可见问题的关键不在工具，而在使用工具的人！

4.6.1 第一把钩子——赠品

赠品，我们在前面已提到过，送赠品可以让买家更高兴，从而写出更好的评语，实现好口碑的目的。实际上，赠品也是一把钩子，这是因为赠品也是体验品或试用品。

如果用得好，买家还会购买与赠品相同的商品，很多新产品或新牌子的商品用这种推广方式效果不错。

其实，赠品也是商品，也是有价值的，也是明码标价的，并不是随意送的。

赠品至少有两个功能：

（1）实现好口碑功能。不用花钱得到一个明码标价、自己喜欢的商品，一般会喜出望外的。

（2）实现钩子功能。通过试用，希望买家下次购买这个商品。

这两个功能是同时赋予在一个赠品身上的，因此，在选择赠品的时候，一定要把目的考虑进去，不能实现这两个目的的赠品，不要赠送，送了也是白送。

尤其需要强调的是，卖不掉的、没人喜欢的商品不要送。

4.6.2 第二把钩子——店铺 VIP

买家需要重复购物的时候，也在纠结该去谁家，尤其有几个可选的目标时。

你为该买家实行了 VIP 优惠折扣，买家就会试图说服自己来你家购买。买家告诉自己的逻辑是：**来这家购物可以享受折扣，因为我是老客户，到别家购买就没有折扣，因为去别家我还是个新客户，而且去老主顾家购物很放心，店家的为人我是放心的。**

享受折扣，并不见得能多省下来多少钱，而是一种心理满足，显得被“重视”，体现了跟别人不一样。这是一种虚荣心，但却很管用。

店铺折扣要实行阶梯式的，第一级的门槛要求要低，折扣也不宜过大（比如满 88 元就能成为金卡 VIP 会员，享受 98 折优惠），目的是很容易实现，一旦实现立即可以享受优惠，买家会非常高兴。第一次的体验具有很强的记忆效果。

第二级的门槛要求要高，折扣力度要大（比如满 488 元就能升为白金卡会员，享受 85 折优惠，从 98 折一下子降到 85 折，力度不小），买家为了享受这个折扣，就会多买（多买是累积的，多买几次就能实现，而且越接近目标动力越足）。

第三级门槛可根据需要（你可以让买家容易实现，也可以让买家很难实现，永远停在第二级上）自行设定。

总共设置多少级优惠等级，根据需要而定。一旦买家经过一番努力拿到了一定优惠级别，就会经常使用——这正是我们想要的结果！**只要回头重复购买，这是钩子唯一的作用。**

4.6.3 第三把钩子——限时红包

买家被我们勾住了，也会重复购买，但也总不能一年来购买一次吧。

怎么提高买家的购买频率呢？能不能催促一下买家呢？

“限时红包”就是这样一把钩子，可以实现催促买家购买的目的。

一般这种红包时限设置在20天以内。不能太久，太久就容易把我们忘了。

买家为了能够使用红包的优惠，就会抓紧时间在红包过期之前使用——这正是我们想要的结果！

发送的红包最好是限定的商品，尤其是有利润空间的镇店之宝。既有红包可用，但是只能用在购买镇店之宝这个特定商品上，从而可以保证利润，也会加大镇店之宝的销量，进而提升人气。

需要补充的是，下钩子的时候，最好把红包信息打印在随包裹附送的单页上，同时，在红包快要到期的时候，需要提醒买家。

4.6.4 第四把钩子——预告性秒杀

秒杀，就是限时折扣，一件宝贝在某个有限的时间段内以极低的折扣销售，让买家感觉到有很大的便宜可占，买家就会因心动而产生行动力。

设置秒杀，大多数店主都搞过，但多没有规律，设置与否多由心情决定。哪天心情好了，就搞一下秒杀。心情不好的时候，就把秒杀给忘了。这样的秒杀都不能成为“钩子”。

真正成为“钩子”的秒杀是“预告性秒杀”，每天至少有一款宝贝参加，更绝的是明天秒杀什么还会预告出来，而且每天都在变化。

这种做法对买家会产生什么影响呢？买过的买家会定期回来看看有没有喜欢的、值得下手的宝贝；没有买过的买家也会先收藏，再定期过来看看有没有喜欢的宝贝参加秒杀，碰上了就下手。总之，有很多人心系着你的店铺，这些秒杀活动就像钩子一样，勾着他们自觉或不自觉地回来看看。

还有一个不错的消息，那就是“限时折扣”工具没有价格伤害了，而且时间也增加了。在改进之前，购买“限时折扣”工具设置秒杀是很受时间限制的，每月240小时根本不够用，常常只能够设置一款宝贝参加秒杀活动。时间不够用也倒罢了，更要命的是“价格伤害”！

何为“价格伤害”？简单说，就是在成交记录里出现了不同的价格（多是以低于原价的记录）。买家在决定购买的时候通常都会翻看交易记录的，当他们看到有不同的价格、尤其是别人以低价成交时，他们心里会很不舒服。情况好的，会找客服问问什么意思，能不能也按优惠的价格给（这无形中增加了客服的工作量，而且还严重影响了转化）；情况不好的，虽然迫于形势勉强接受了，但收到货后可能会马上翻脸，给差评或者要挟别的，“这口气一定要出”。这就是价格伤害的危害。

这样的情况导致很多卖家不敢搞秒杀活动，就是怕出现这样的结果。当不得不搞秒杀活动时，通常就另外单发布一个宝贝，秒杀活动开始前才上架，秒杀结束后立即下架。这些工作都需要手工来做，所以有时候难免会出现或早或晚的偏差，买家多的大卖家也会因此导致咨询不休。其实以前，不仅秒杀会对价格伤害，像“聚划算”这样的运营活动也会产生价格伤害，一场活动下来，赚与赔且不说，仅就销量带动的人气也都随着宝贝的下架而烟消云散，真是悲剧。

4.6.5 不要迷信买家的忠诚度

上面我们看到了从物质利益方面主动出击的四把硬钩子，现在回过头来再回味一下会发现，称“钩子”是很形象的。这四把钩子有拉力，也有推力。你不来，我推着你来；你还不来，我就拉着你来。最终，还是买家主动来的，并不是卖家上门强求你来的。

你为什么会回来？还不是因为我这里给你准备了好处吗？

最终的结果是，你在第一次就下了“钩”，所以你看到，他第二次又回来了。不管是他主动的也好，你勾回来的也罢，事实只有一个——他回头了，他第二次消费了。

不用说，第二次购买的时候，你肯定还会继续下钩的……所以，买家一次、两次，一个月、两个月，一年、两年，交易连环起来了！

老实讲，我不相信有所谓的“忠诚度”，尤其是对店铺而言。

只有“品牌”在一定程度上可以说“忠诚度”，因为买家对品牌有情感因素在里面。对店铺而言，没有忠诚度，只有好处。

把好处做足，让买家频繁回头，重复购买，做得久了，仿佛买家对店铺有了忠诚度。

其实，到最后你会发现，并不是说客户对你有多忠诚，而是他不肯走。

你不需要他的忠诚，但他就是不肯走，一次，又一次；一月，又一月。我们清楚，这并不是他对卖家信任到了比亲人还亲的地步，而是在信任的基础上，又加上了别人都没有的好处。

Section 4.7 情感软钩子——不断为客户创造价值

好处都是硬钩子，以“利”结合。但还需要用软钩子辅助，以“情”结合。如果把硬钩子看做是“物质因素”的话，那么软钩子就算是“精神因素”，自然需要经营者两手都要抓，而且两手都要硬，不可偏废一方。如何使用“情感”这把软钩子武器呢？就是不断地为买家创造价值。翻译过来，就是多提供一些买家需要的（需要才有价值）给他。

你推销东西，他会拒绝。你分享价值，他绝对不会拒绝。分享价值所带来的结果只会是从信任到更信任，从感激到更感激，他回报给你的自然是从利润到更多的利润。有价值的东西，通常是别人不能提供、不愿提供的。在这个竞争的世界里，你要想胜出，只要在大家都没有发觉的时候，你多做哪怕那么一点点，都会收到奇效。

比如，你是卖母婴用品的，除了货物之外，还有一些能补充妈妈知识的资料（比如电子书或一个文档），哪怕对你来说成本是0，但对你的客户来说，价值都很不菲。别人做不到，你却提供了，买家对你是既感激又更信任。

所以，客户关系管理不是节假日发信息这么简单。当一个买家购物越来越多时，他会天天收到卖家的“祝福”短信和消息，他会被信息淹没的，最糟糕的局面就是导致买家以后不敢购物了。其实说白了，那些“祝福”信息对买家没有任何价值，他早已麻木了，不如多用心来点儿他需要的、实在的东西，这样买家才会喜欢。

看到物质利益硬钩子和情感软钩子后，是不是觉得主动出击后抓住老客户的几率要比以前增加很多了呢？如果以前的做法称之为把主要精力都投在了“被动等待”的做法上，那么，从今以后，应该把“主动出击”的内容加进去，而且要占用主要的精力。

从前面计算客户的终身价值的时候已经看到，花主要的精力是非常合算的，投资回报率非常高，而且网店的抗风险能力大大增强了，因为你从被动的经营方式转向了主动的经营方式。

网店经营的特点，既立足于被动等待的经营方式，又完全适应主动出击的经营方式，就在于网店经营的时间非常有规律性，既有相对集中的时间段，又有绵长的大段空挡可以用来做各种事情。

传统实体店就做不到这一点。实体店都有固定的营业时间，必须在有限的时间内同时用上各种招数带来销售，时间结束，一个客户都没有，不得不关门闲下来。

因此，从时间安排上，就是在买家集中的时段，全员上阵使用被动经营。购买低谷来临的时候，使用主动出击，这样才能让人力资源发挥最大的作用，创造最大的价值。

回过头看，“主动出击”就是要我们把经营重点从被动的、一次性交易转向主动的、重复交易上来。表面上，这是经营思维的转变，实则不仅仅如此，真实情况则是需要很大勇气和技巧的。

Section 4.8 促使买家多买

我们承认爱占便宜是人的本性，但是淘宝的环境也培养了一大批“纯粹占便宜”的人，这些人既无忠诚度，又无感恩的心，他们的思维逻辑就是“有便宜不占白不占”。我们怎么办？我们只能想能不能让他们感觉“占了不白占”，最好能过滤一下，把纯粹贪便宜的过滤出去，留下更优质的客户。什么样的客户算优质客户？最简单的标准就是能多买的客户。

4.8.1 让买家多买需杠杆支点

我们心里清楚，每次活动下来，只能有一定比例的客户真正能被我们抓住，有可能变成不断回头的老客户，但是绝对不会有100%的人回头的。

能有50%的买家沉淀下来、愿意变成老客户就很不得了了。

假设是这样，那么试问：剩余50%的人哪去了？

不要忘了，买家中还有给你差评的、中评的，这些对商品或服务不满意的买家是打死也不会回头了。

还有一部分买家，虽然对你的商品和服务都很满意，但是你卖的商品不能为他的梦想（需求）继续贡献价值了，他也不会回头了。比如，你是卖母婴用品的，而他的孩子现在已经大了。

所以，尽管看到买家的终身价值很大，但能留下来愿意与你长期合作、重复购买的买家只省一部分，只买一次就跑了的买家是大部分。这其中也不排除会有一部分专门占便宜的群体。

因为看到了客户的长期的终身价值，卖家才愿意用低折扣赔钱的方式上活动买客户的。如果一大部分买家的做法让我们看不到长远价值而纯粹来占便宜的话，我们也的确赔不起。所以希望能有什么办法解决买家在第一次购买时，能做到少赔、不赔、持平，如果能在第一次交易时就略有小赚就更好了。

我们推出一个非常优惠的宝贝上活动，这个宝贝多半不挣钱，还有可能是赔钱的。怎么找回这个亏空？

只有靠买家多买些别的宝贝。但是买家只想买最便宜的那件，别的并不打算买。

让买家多买需杠杆支点，这句话就是解决怎么样一次让他多买的问题的。

什么是杠杆支点？

杠杆支点，就是用小的力量，去撬动很沉的另一端的一种武器，它也是一种外在动力。

如钩子有几把一样，杠杆支点也有几种，最关键的一个杠杆支点，就是“包邮”。

除此之外，还有别的可以配合的杠杆支点吗？

还要同时给他两种力量。第一种力量就是当前的这个宝贝，这个在任何地方都不可能以这么低的价格买到的宝贝

他需要，他想买，他很想买，他有欲望。这种力量为什么这么强烈，一是因为他有需求，再者因为有便宜可占。但是如果我轻易地让你占到这个便宜，我可能就会立即赔钱。

他想占便宜，这是对他的拉力。但是如果你想占这个便宜，就要付出这个代价（邮费）。不管你是买 1 块钱的东西，还是买 5 块钱的东西，都要付 10 块钱的邮费。

愿意付邮费吗？愿意付，就给你。

想付吗？心甘情愿吗？买家在想占便宜但又不想付邮费中纠结！杠杆支点就在这个时候起作用。跟买家这样说：

“亲，我知道你不想付这个比实物原价还要贵几倍的邮费”。

“所以，我在想怎样帮你省掉邮费呢！”

“方案一，是……这样是包邮的，就不用付邮费了”。

“也可以购买这个，即方案二，是……这样也是包邮的，也不用付邮费”。

推荐方案一是用在关联宝贝模块里，二是用在旺旺里主动联系买家。

千方百计让买家接受我们推销的这个方案，只有把这个方案卖出去，才能补平亏空，情况好的还可以略有小赚。因此，推销的方案一定要有诱惑性，尤其是要难以拒绝，但绝不是强求的。

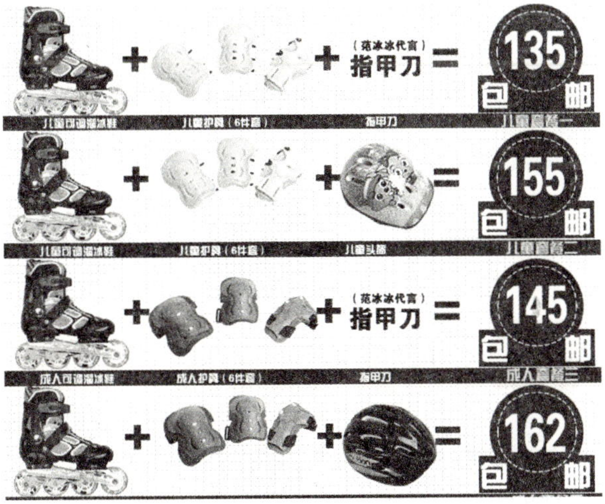

所以，第二杠杆支点就是让买家接受你的这个推销主张。我们给它取个专门的名字，叫“成交主张”。下一节再来深入探讨成交主张，我们接着话题。

杠杆支点是外在动力。“包邮”这个第一杠杆支点就像堵在前面的阻力，“成交主张”这个第二杠杆支点就像追在后面的推力。当这两个杠杆支点同时发力的时候，结合人性，给买家一个无法拒绝的成交主张，成功率是相当高的。

在 2010 年上半年“聚划算”刚开始的时候，要求卖家折扣很大，卖家对“聚划算”都不了解，所以积极性都不是很高。“聚划算”为了打开局面，只能找大卖家合作，大卖家也勉强同意，所以那时候经常出现“1元但不包邮”的商品。

有经验的大卖家信奉的原则是，宁可多赔，但就是不包邮。所以那个时候，买家的交流区里抱怨最多的就是“为什么不包邮?”也就是那种“不包邮”的政策，让卖家的关联销售额大幅增加，最终算下来，还是能挣的。

后来，“聚划算”报名的商家多了，报名的门槛也水涨船高。要求“包邮”，也几乎成了一个潜规则。因为在报名的诸多商品中，会优先选择“包邮”的。没办法，要想上活动，也只得跟随潮流，选择了“包邮”。

一旦“包邮”，就失去了一个强大的杠杆支点武器，买家不用付邮费后，就缺少了浏览和购买其他宝贝的驱动力，所以多数卖家的关联销售额大幅下降。再者说，没有了关联销售带来的正收入，额外还要多加上邮费，让本来就低于成本价销售的店铺不堪重负。

如果再没有强大的后端留住买家，开发出客户的终生价值，后果赚与赔难以预料。

“包邮”，它增加的真是邮费吗？不！它失去的是武器，是撬动赚赔平衡的杠杆支点！

4.8.2 难以拒绝的成交主张

为什么有些卖家的推销主张买家接受率低呢？这就涉及“成交主张”的问题，下面这个故事会告诉你答案。

这是我老师给我讲的案例，叫“三个卖狗人的故事”，因为太经典，不敢改动一字，只得老老实实地原文转述：

有一个父亲想给女儿买一条狗。在这个城市里有三个卖狗人。

第一个卖狗人对他说：“你看这条狗很好，好像看起来你女儿也挺喜欢的，1000块钱，你好好再看一看、摸一摸，如果你喜欢呢，付1000块钱就成交了。狗，你也已经看见了，你女儿也挺喜欢，至于说以后怎么样就跟我没关系了，拜拜！”

第二个卖狗人对他说：“你看这条狗非常好，是英国的纯种狗，只有万分之一的可能性才能结合出这种颜色的毛，非常珍贵，好像你女儿也挺喜欢，1000 块钱，也合适，但是呢，我不确认你女儿明天是不是还会喜欢，所以你可以付 1000 块钱，把狗带回去，一周后如果你女儿不喜欢了，你把那条狗再抱回来，1000 块钱我就退给你。”

第三个卖狗人对他说：“你看这条狗非常好，是英国的纯种狗，只有万分之一的可能性才能结合出这种颜色的毛，非常珍贵，你女儿好像也挺喜欢，但是我不知道你养没养过狗，会不会养狗，你女儿喜欢不喜欢养狗我不知道，但她肯定喜欢这条狗，所以呢，我会跟你一块把狗带到你家，然后在你家找一块地方，搭一个狗窝，我会放足够的食物给它，并教你怎么喂这条狗，一个星期之后我再来，如果你女儿仍然喜欢这条狗，这条狗也喜欢你女儿，那时候我会收你 1000 块钱，如果你说不喜欢，或者你女儿跟这条狗之间没有相互喜欢的感觉，那我就把狗抱走，把你的家打扫干净，顺便把味道全部清洗了……”

你认为这个父亲会从哪一个卖狗人那里买狗呢？答：第三个。

因为第三个卖狗人的主张无法拒绝，无懈可击。成交主张最重要的就是让买家难以拒绝。怎样才能做到难以拒绝？要有很大的诱惑，但更重要的是没有任何风险，有时候风险比零还低。

Section 4.9 生意火暴在于收服人心

下面有两个线下实体店经营的案例，这两个案例都在讲述经营火暴的秘密。这个秘密到底是什么呢？其实就是人心。当然，我们还会借鉴它，把它应用到网店中，这样才有价值和意义。

4.9.1 洗衣店火暴的秘密

有个洗衣店，生意非常火暴。其老板也并没用很多的招数，核心的只有一招，就是每次给客人洗完衣服之后，都会给客人被洗衣服的兜里塞 2 块钱。

第一次看到兜里装的 2 块钱，客人会这样想：难道是自己落的？

这个店家真不错，有金不昧，值得信赖！

就这一下，客人从心底开始认可店家，建立了深厚的信任。

第二次，客人又去洗。不过这次特意仔细检查了一遍，确认口袋里是空空的，才去洗。

衣服拿回来之后，发现兜里又有2块钱。

哦，明白了，原来是店家塞的。

如果你是客户，你心里会怎么想？

一股暖流，传遍全身！“店家人真好，还给我塞钱”。

不用说，下次还去他家洗衣服。

因为他对我好，我得回报。再说，去他家洗，还给送钱，去别人家洗，谁给我送钱？

就这样，客人的回头率非常高，客户络绎不绝，生意非常火暴。

回头看一下洗衣店老板的做法，其实也没什么。作为旁观者，可以毫不在乎地说一句“羊毛出在羊身上，塞2块钱无非相当于打点折扣而已，没什么”。

这不重要，关键是客人不这么想。客人感觉到的，是有人对他好，他要回报“好人”。

其实问题的核心是，客人下次还去谁那洗衣服！只要客人不断回头，做法就是正确和有效的。

如果是你，试问，你下次还去谁那洗？面对有人塞钱和没人塞钱两个选择，还是选择有人塞钱的店家多。这就是人性。

所以，营销通常都是表面上看不出来的东西，必须亲自当买家去体验。因为，如果仅仅通过观察来模仿，并不参与的话，模仿的只是表面。

每个行业都有领头羊，数一数二的大卖家，只要他们的店铺有点风吹草动，马上就会有很多店铺跟着行动（模仿）。其模仿能力，能做到除店铺名不一样之外，其余的一模一样。

悲哀的是，人家的生意仍然非常的火暴，模仿者的生意仍然非常的冷清。

究其原因，就是只模仿到了他的表面，而不懂背后的营销运作精髓。

4.9.2 咖啡馆火暴的秘密

北京国贸附近有两家老牌咖啡馆，生意火暴，常常人满为患。有一天，在他们旁边突然新开了一家陌生面孔的竞争者。很多人预言，新开的这家必死，撑不过半年就得倒闭走人。

然而半年过去了，这家咖啡馆不仅没有倒闭，其火暴程度已经远远超过另两家老对手，而老对手的生意倒是略有下降。

新咖啡馆老板用了什么绝招，导致后来这样火暴的局面呢？

其核心也仅仅是一招，就是“锁住客人”。

前面我们给网店定的做大策略就是左手抓住老客户，右手开发新客户。“锁住客人”就是“抓住老客户”的高级体现，不仅仅是“抓住”而是能“锁住”，才可谓高级。

原来，新咖啡馆在最开始时只是不断地修炼内功，即让质量和服务不断精益求精。

他们最初的客人，多半是竞争对手人满为患时过来的，多少有点无奈的意思。

但是一进新咖啡馆，就能感受到一种新的气氛。

为了亲自接触和体验他们的营销手段，我要了一杯售价 33 元的最常喝的咖啡。

女服务员端来了咖啡，我掏出了钱，准备要付。

这时一位像领班的男服务生微笑着对我说，“先生，您其实可以免费得到这杯咖啡”。

一句话把我的兴趣勾了起来，因为有便宜可占。

“怎么才能免费得到呢？”我问。

“您只需要花 88 元办一张优惠卡，这杯 33 元的咖啡你就可以免费得到。拥有这张卡，以后无论是在本店还是在全国各地任何一家连锁店里，都可以享受 9 折优惠”，服务生说。

我快速地思索了一下，衡量是否合算。33 元的咖啡免费得到，的确很有诱惑力，促使我蠢蠢欲动地想办张优惠卡。88 元买到的是以后长期的优惠，对于一个喜欢喝咖啡的人来说，也是非常不错的主意。

没什么风险，当然，那杯免费的咖啡还在那冒热气呢，马上就可以唾手可得了。

短暂的思索后，表现的是毫不犹豫地掏了 88 元办了一张优惠卡，然后高高兴兴地端着一杯免费得来的咖啡，找到一张空桌开始慢慢享用去了。

一边享用着咖啡，一边观察着服务台，服务生如法炮制，短短半小时就有几位客人办了卡。

在老咖啡馆喝了几年的咖啡了，偶然来了一次新咖啡馆，办了一张优惠卡，而且是花 88 元办的。以后去谁家喝咖啡呢？一直盘旋在我的脑海里。

事实是，以后要喝咖啡时，基本上都直奔新咖啡馆，几乎没经过任何思索。因为我有优惠卡，可以享受优惠，而且这是我花钱办的，不能不用。

当很多个这样的“我”一次又一次地去喝咖啡时，新咖啡馆没有理由不火暴。

4.9.3 案例的启示——网店该如何锁住买家

咖啡馆的案例中，我并不是因为对咖啡馆有多“忠诚”而一次一次去消费，而是他那里有很多好处。

如果别人也提供这样的好处呢？我会再换一家吗？

基本不会。

如果再换一家，我还得花钱再办一张卡，而且这张花钱办的卡也不能不用，因为里面已经积了很多分，积分越多，优惠越多，马上就可以享受到更多的优惠了。换一个新店，还得从 0 开始积分，不合算。

似乎，我被牢牢地“锁”住了。

这种办法也被称为“锁销”。优惠卡是线下实体最常用的锁销办法之一，能不能把它应用到线上的网店呢？

答案是：完全可以，因为营销手法是针对人的，是不分渠道的。

从案例中我们看到锁销的关键点有二：

一是让客户办一张优惠卡，最好是逐级提升优惠档次、阶梯形的优惠。

二是必须让买家花钱办卡。

第二条尤为重要。不花钱的东西，没人重视，所以一定要让他花钱。

花钱办的卡，才会经常使用。经常使用，意味着不断重复消费，这才是我们真正想要的结果。

我们前面讲了四把钩子中的第二把钩子，其实就是这种优惠卡。实践证明，这把钩子是有效的，但是效力却没有完全发挥出来。其原因，就出在这些优惠卡没有花钱上面。

网店有点不同于咖啡馆等实体店，买家第一次交易，双方都陌生，以赠优惠卡作为增加销售额的手段是有效的，但如果要求买家第一次就花钱办卡之类的，显然不现实。因为信任还没有建立起来。

所以店铺优惠卡作为钩子可以在首次交易中出现，但不足以承担锁销的任务。要想实现锁销的目的，需要想别的招数。

人的智慧是无限的，既然优惠卡不能实现锁销，于是一些聪明的店主就开动脑筋想了别的招数来实现。比如，现在很多店铺在使用办“包邮卡”的做法，就很好地实现了锁销的目的。

店铺的包邮卡有多种，比如8.8元半年包邮卡，18.8元全年包邮卡，28元终生包邮卡，等等。

包邮卡是明码标价的，也成了一种商品，但这种商品仅限在本店使用，出了本店无效，而且必须花钱购买，从不赠送。

老实讲，从买家的角度看，这些包邮卡确实很划算。哪怕只用那么三两次，节省的邮费就赚回来了。从卖家的角度看，这样的价格确实是在割肉，有点疼。

螳螂捕蝉，黄雀在后。当买家在盯着这巨大的便宜而欣喜时，卖家也在盯着买家，看他是否迈出“被锁住”的第一步。

只要买家愿意花钱买卡，就会使用，而且也阻断了去竞争卖家店铺购物的途径。从某种意义上说，这种做法既降低了竞争，又增加了买家的回头率，一举两得。

老实讲，买家是不愿花钱办卡的，他宁愿购物到一定金额卖家赠送。这种心情完全可以理解。

但是为了保证最终的目的，一定要让买家花钱办卡，哪怕别的价值更高的宝贝优惠，甚至免费赠送（就像那杯热腾腾的咖啡一样，就以免费赠送的形式出现，诱惑你去花钱办卡）。总之，要奖励、激励甚至诱惑，用花钱办卡的方式锁住买家，不失为上策。

从以上案例生意火暴的秘密中可以看到，卖家都实现了建立自己鱼塘的目的，而能否建立自己的鱼塘，关键在于经营人心。所谓经营人心，就是在深刻了解人性的基础上，用符合和迎合人性的手段去留住买家、鼓励买家多多消费，重要的是来我家消费。

第五部分
网店营销方案分析与实例

如果说前面部分偏向于主流行业的话，我们接下来将通过我接触过并给出过思路的实际网店作为案例，介绍非主流行业该怎么营销，期望能够对店主们有所启发。

Section 5.1 网店分析技术

淘宝上的买家千差万别，淘宝上的行业千差万别，淘宝上的卖家也是千差万别，因此不同的行业需要具体分析，老板的个性和资源也要具体分析。开个小店不难，难的是如何做大，唯有通过分析找到规律和特点，并把卖家个人的条件充分利用并发挥到极致，创业才能成功。我们用的分析技术，主要是帮助了解买家，也是为了更好地认清卖家自己，尤其是资源和优势，下面就是一些具体的方法。

5.1.1 客户与用户

区分客户和用户是非常必要的。这两者到底有何不同呢？

用户是实际使用商品的人，客户是掏钱购买商品的人。

多数情况下，用户与客户是合一的。不过也有很多商品的用户与客户是分离的。

礼品类商品的客户与用户基本上都是分离的。比如大家熟悉的脑白金。“孝敬爸妈脑白金”，从这个广告语的诉求中可知它的用户是“爸妈”，它的客户是“儿女”，这就是一个典型的客户与用户分离的例子。

还有很多商品，虽然不是礼品，但却比礼品更特殊，比如孩子用品，尤其是婴幼儿用品，其用户是孩子，但客户却无一例外都是妈妈。所以，这类商品的特殊性又表现在，虽然用户和客户是分离的，但是妈妈对其可用性的要求更高，甚至比买给自己用的商品的要求还高。

除了孩子用品，甚至连老公用品，也都是妈妈包办。在这种情况下，爸爸和孩子都是用户，但不是客户。

区分客户和用户，是为了写宝贝描述更有针对性，也为了能更精准地找到客户，起码不至于发生笑话。

再以脑白金为例，假设在网店销售脑白金，如果不明白客户和用户不是一回事的话，往往会这样宣传它的功效：这些功效是对老年人有效的，年轻人根本不需要。然而，有需要的用户（老年人居多）不上网，根本看不到。能看到的（年轻人居多）客户根本不需要。所以，对象搞错了就很难销售出去。

但如果明确了客户与用户的不同，就能做到有的放矢，写的宝贝描述是针对准备掏钱的客户的，自然会达到让客户掏钱的目标。

另一方面的意义是，推广的时候找到的也是精准客户，而不是只看不买的人。

5.1.2 新客户与陌生客户

区分新客户与陌生客户，也完全必要，而且非常重要。他们到底有何不同呢？

以酒为例来说明。假设我是卖茅台酒的，现有甲、乙、丙、丁四个买家，买家甲在我店里买过茅台，买家乙在别人店里买过茅台，买家丙在别人店里买过二锅头，买家丁从未买过酒。

于是，对我来说，买家甲就是老客户，买家乙和丙就是新客户，买家丁就是陌生客户。

新客户中的“新”，既表示他相对我的店铺的老客户而言是新的，也可以代表这个客户是该类商品的用户，只是对我店的新商品还没用过，算个新用户。

陌生客户则完全是没用过该类产品，对该类产品相当陌生，甚至都有可能没听说过。

划分新客户与陌生客户有什么意义呢？

是为了分析市场情况，尤其是对竞争对手要有正确的认识。

比如，针对淘宝上销量最大的类目服装、化妆品和食品，请问：在淘宝所有会员中，是买过服装的多，还是没买过服装的多？是买过化妆品的多，还是没买过化妆品的多？是买过食品的多，还是没买过食品的多？我相信都是选后者。

这些还都是大类，选择的还都是后者，如果再细分到小类呢？比如化妆品大类下的“面膜”，请问：在淘宝的所有会员中，是买过“面膜”的占比多，还是没买过“面膜”的占比多？

没买过的，我们可以把他们当成是“陌生客户”。这个群体是最大的，需要教育，这是一片蓝海，等待所有卖家去开发。

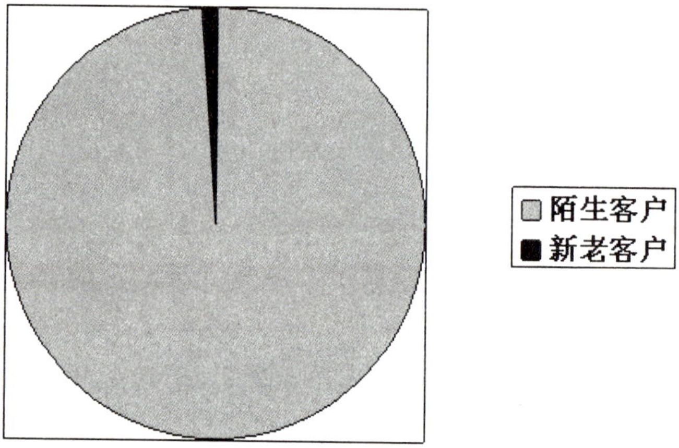

我认识一个店主，卖化妆品的，天天被竞争对手拖得筋疲力尽，她们之间经常较劲，通常比赠品和拼价格，最后搞得自己神经紧张兮兮的，把自己陷进了恶性竞争中。

我对她说，“陌生客户”对赠品没有感觉，对价格也并不是很重视，因为他是一张白纸嘛，脑子空空，他只想要自己想要的结果，价格并不是唯一的吸引力。我建议她，避开竞争，去开发你的蓝海，去发掘“陌生客户”。市场那么大，何必都挤在这个小圈子里恶性竞争呢，搞得大家谁也赚不到钱。

那么，开发陌生客户该怎么表现呢？开发新客户又该怎么表现呢？我们用例子来说明一下。下面的截图是从“卖奶提子”的诸多宝贝中截取的三个宝贝，第一幅图和第三幅图内容差不多，拍的都是包装，而中间这幅图拍的是实物本身，如图所示。

仅选取了这三个宝贝的主图，就能从中看出卖家的出发点（可能是无意识的），即卖家眼中看到的是哪类客户：中间宝贝的卖家看到的是“陌生客户”，而第一个宝贝和第三个宝贝的卖家看到的则是“新客户”。道理很简单，只有买过该类产品的“新客户”对前后的两个主图熟悉，有可能购买。“陌生客户”毫无疑问地选择中间宝贝的可能性要比前后两个宝贝都要高很多，就看你想把宝贝卖给哪类客户。

总而言之，客户有两种情况，一种是需要教育的；另一种是不需要教育的。其中，后者已经由别的卖家完成了教育，他们是从你的竞争对手那里过来的（或是准备拉拢过来），所以你用他们最熟悉的图片就可以；而前者恰恰相反，他们脑海一片空白，你必须向他们展示最美好的结果。

5.1.3 给买家画像

对你的客户越了解，你的营销方案越有效，你的胜算几率就越大。所谓知己知彼，百战不殆。

给买家画像，正是帮助自己直观了解客户的最好手段。

当然，让每个店主给自己的买家画像，并不是拿画笔亲自一笔一笔地勾勒出某个人的肖像出来，而是从一堆人物肖像图库里，让每个店主从里面挑选那些可能是自己的客户。你清楚，这并不是随意挑选的，在挑选的过程中，实际上你是在对买家的特征从很多方面进行考量，我们最关心的买家的特征有以下几个：

性别：男、女

年龄：老、中、青、幼

职业

爱好

收入

学历

地区

真正做起来你会发现，给买家画像并不是想当然的，而是在数据的基础上分析和提炼的。还没开始开店的人分析这个没有多大意义，画出来的像是没用的，当然也画不出来，即便画出来了，难保不会误导你。

开店的人在给买家画像的时候，一定要对客户（实际掏钱购买的人）先分析，而不能主观臆断。

如果你画像后发现你的客户是年轻女性，那么恭喜你，因为在淘宝网购人群中年轻女性占一半多。其实，若你的客户是年青男性，也不错，起码也是主流人群。如果画像后发现你的客户是上了年纪的人，那就要考虑转变你的产品定位了。下面就是一个例子。

世界知名的男性用药“伟哥”在研发之初，是作为治疗心绞痛的药品被推入市场的。上市一段时间后，工作人员发现该产品虽然在市场上销量不大，但忠诚度却达到让人难以置信的地步。这不免让人想不通：如果该产品有效，那么人们就无需反复购买；如果无效，人们根本就不会再重复购买。还有，为什么购买此药的买家以中年男性居多，而且购买过程中每个人都会面带羞涩。给客户画像，这个客户的像就是：一个不停地去买心脏病药品的羞涩的中年男人。

看着客户的画像，想起不可思议的疑惑，他们对此展开了调查，并很容易找到了答案。公司管理层非常英明，他们立即对“伟哥”的产品定位进行了调整，以“男性功能药品”的形象重新上市。理由非常简单，相比心脏药品而言，男性功能药品的市场需求量更为庞大，更重要的是，作为一个新品类，价格可以卖得更贵！

重新定位后，心脏药的药堆里少了一个不知名的小卒，但在全世界范围内，却多了“伟哥”这个男性用药的第一品牌。

综上所述，真正要画像的一个原因，是想用画像清晰无误地告诉经营者自己的客户的最明显的特征，尤其是不是网购的主体大众。如果你的客户的画像是大众（年轻女性），恭喜你；如果是小众，也应该迅速调整定位，一切都不晚。

5.1.4 知己知彼靠数据统计和分析

如果有人问我，假设给你一个机会让你进入淘宝排名前十大店的后台，你最想看什么？

我一定会这样回答：我会看他的量子统计，看他的流量来源渠道和占比。然后我还要翻看实时访问，看每个流量具体的来源方式。

我不会看他支付宝上有多少钱，也不会看他当天或总的销售额是多少，那些对我来说没有意义，数据才是我最感兴趣的。可以这么说，大店所有成功的秘诀都可以从这些数据里找到。所以，一个网店必须要装个统计工具，类似量子统计。最起码，你应该知道每天来多少流量，从哪里来的，各种流量占多大比例，是否正常，是否稳定，等等，这些数据中以下面两个最为重要。

（1）买家搜索的关键词。下图就是买家搜索的关键词报表的例子。

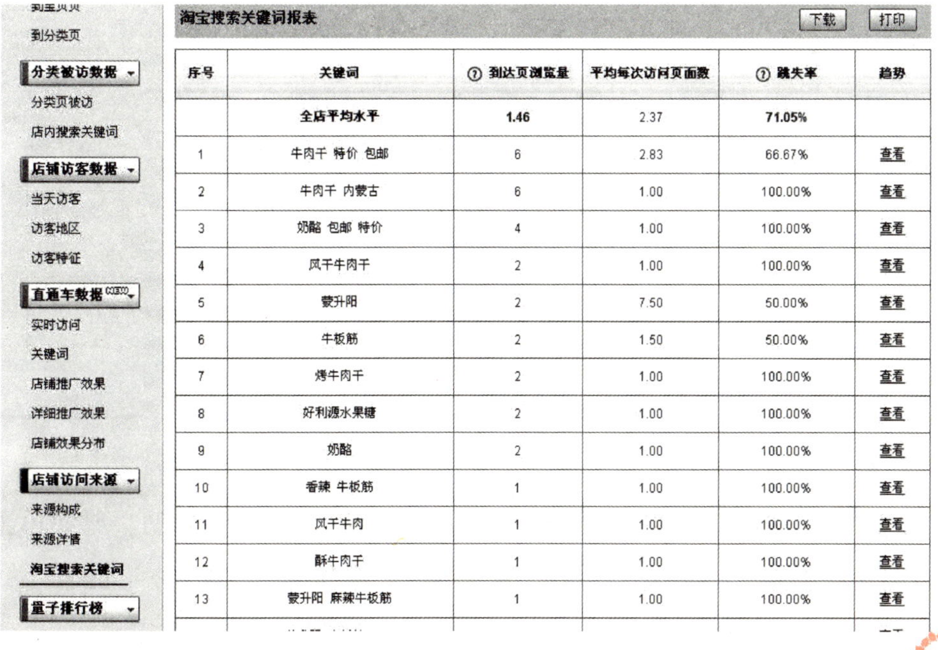

序号	关键词	到达页浏览量	平均每次访问页面数	跳失率	趋势
	全店平均水平	1.46	2.37	71.05%	
1	牛肉干 特价 包邮	6	2.83	66.67%	查看
2	牛肉干 内蒙古	6	1.00	100.00%	查看
3	奶酪 包邮 特价	4	1.00	100.00%	查看
4	风干牛肉干	2	1.00	100.00%	查看
5	蒙升阳	2	7.50	50.00%	查看
6	牛板筋	2	1.50	50.00%	查看
7	烤牛肉干	2	1.00	100.00%	查看
8	好利源水果糖	2	1.00	100.00%	查看
9	奶酪	2	1.00	100.00%	查看
10	香辣 牛板筋	1	1.00	100.00%	查看
11	风干牛肉	1	1.00	100.00%	查看
12	酥牛肉干	1	1.00	100.00%	查看
13	蒙升阳 麻辣牛板筋	1	1.00	100.00%	查看

这个报表反映的是买家搜索上述关键词搜到了你的宝贝，不仅搜出来了，而且还点击了。从关键词列表里可以看出哪些宝贝被搜到并且被点击了。关键词报表通常反映出两个现实问题：一个是自己特意加在标题里的关键词好像没被搜到；另一个是已经搜到并产生点击的关键词自己好像并没有刻意去做，但它被搜到并带来了实实在在的点击却说明了在这样的关键词下该宝贝的排名还不错。

在这两个事实面前，你就不得不问自己：是追求那些没有出现在关键词列表里的所谓热词重要，还是巩固已经出现在关键词列表里的被搜索到的关键词重要？后者更现实。

（2）实时跟踪。下图就是量子统计里“实时访问”界面中的例子。

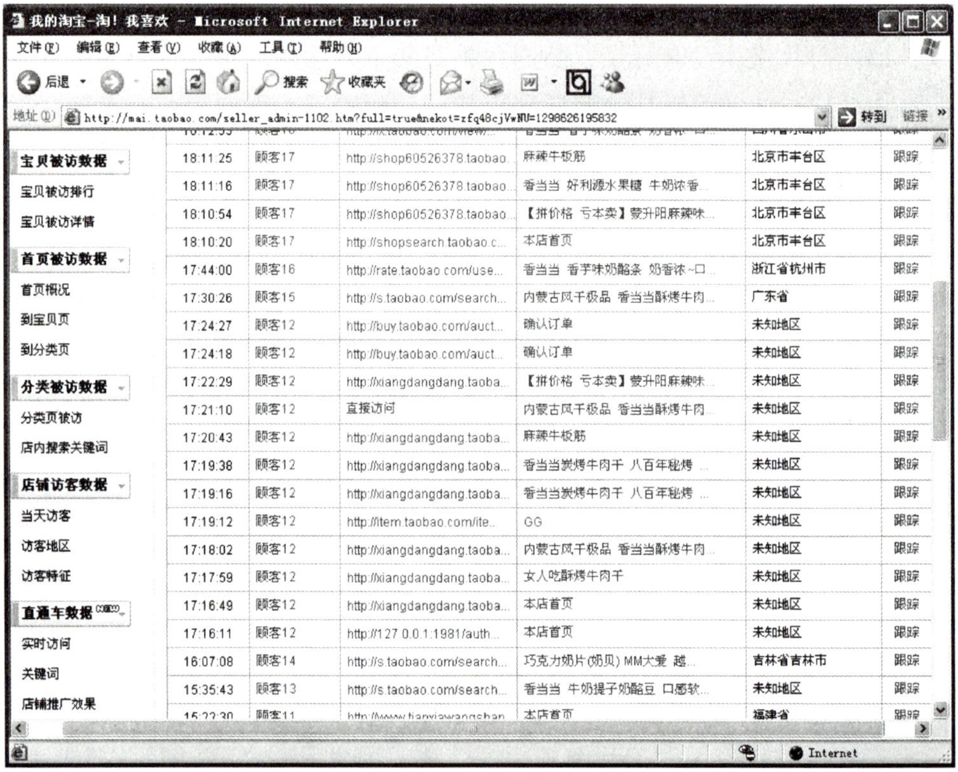

知己知彼，百战不殆，统计工具不仅可以在“知己”方面做到对店铺的情况了如指掌，更可以在“知彼”方面提供很好的帮助。比如单击上图界面中的“顾客 15”链接，显示如下图的界面。

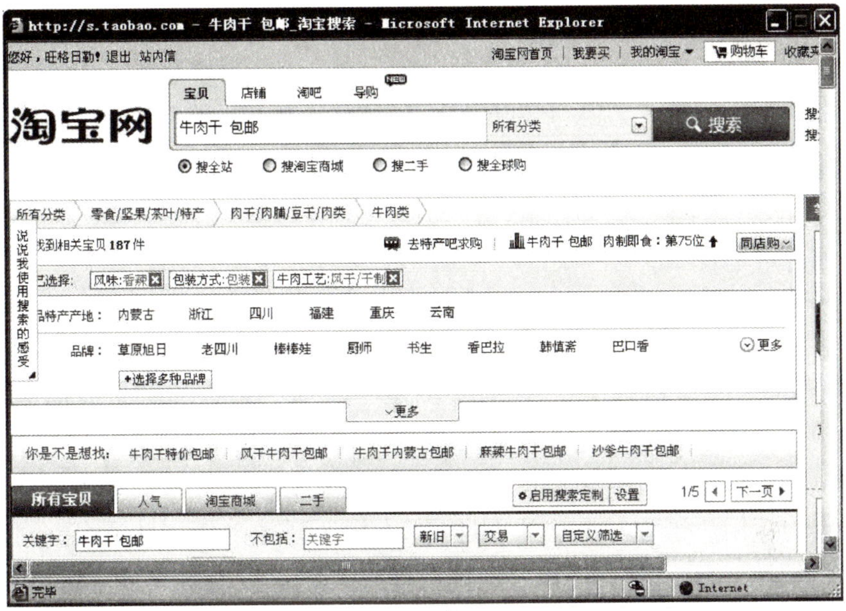

从这个截图中可以读出两个重要信息：一个是买家在用关键词（这里用的关键词是“牛肉干 包邮”）搜索后，又用了类目属性进行了选择。这个卖家的行为实实在在地告诉卖家，一定要正确设置类目属性，否则就可能丢流量。如果没有亲眼见，也难以想象真实的买家到底会怎么搜索，所以就这个意义上来说，统计工具对于帮助卖家更好地了解买家非常重要。另一个是往下拖动滚动条时，就会出现很多竞品，以前这些竞品是谁的都不一定知道，但是现在却一目了然了，可以看到竞争对手的情况（标题和主图）。把很多竞品放在一起，看看买家为什么会点你的。站在买家的立场上分析，这样就做到了“知彼”。

从买家搜索的关键词中，常常可以获得灵感，有时会发现一些商机。任何事情在火暴之前都是有征兆的，不是骤然火暴的。这就是为什么在前面部分中说，掌柜的必须亲自做的两件事中的一件，就是看量子统计。只有自己经过数据统计和分析，才能有机会抢先发现商机。

5.1.5 中小店主的成功之路

淘宝中小卖家多是以个人身份出现的，慢慢发展成夫妻店、家族化（父母弟妹其他亲戚过来帮忙），再进一步发展，就建立团队，转型公司化运作，一步一步地做大。淘宝目前有几个知名大 C 店，走的就是这条路子。

在这条发展路上，从夫妻店或家族店像正规团队转型是个关键，就像鲤鱼跃龙门一样，转型成功，就顺利跃入龙门，走入快速发展之道。如果转型不成功，就会跌回去。有跌回原点的，也有跌入万丈深渊的，就看掌舵人铺多大的摊子了。

其实，能不能转型成功，或者说有没有资格转型，功夫全在前面。一个网店从无到有，从一个人到夫妻两个人，再到动员全家才能忙过来，这是扎扎实实打基础的过程。这个阶段是考验和磨炼创业者素质的关键时段。创业者应该遵守的几条法则是：

（1）必须结合自己的特长，发挥自己的优势。最关键的是把优势发挥到极致，不用急于弥补自己的不足。“木桶”理论对于团队适合，对于创业者“领袖”不适合。只有把优势发挥到极致，才能赚到钱。赚到钱了，团队才能稳定，才会有人跟你。尤其要注意的是，不要试图在弥补缺点上花太多精力，而是要让自己显示出巨大的优势，优势能变成收益，缺点无论如何下功夫，也顶多是补平，跟别人一致而已。

（2）必须聚焦。创业者在创业过程中会面临很多困惑，但随着业绩越来越出色还会有更多的诱惑。机会和诱惑送到你的面前，你需要考虑的是要还是不要。不过，成功人士都反复证明了只有聚焦，才能获得真正的成功，因为你聚焦的结果带来的核心竞争力是别人取代不了的。

（3）只能从一个成功走向另一个成功。同时抓几个项目，都想成功，结果可能是都成功不了，不能太贪。正确的做法是，只做一件事，赚到钱了，再开拓下一个，等下一个赚到钱了，再下一个，这就是成功的法则，必须从一个成功走向另一个成功，而不能同时遍地开花。

在下面的为网店制订营销方案时，对第一条的应用（也就是结合自己的特长和过去积累的资源）是最多的，因为这一步直接决定了创业能不能继续下去，岂敢大意！

Section 5.2 卖户外军品的营销思路

老李是卖户外军品的，有军服、军帽、臂章等多种用品，当然了，都是国外的，中国的军服是受管制的。他的客户都是男性，有点喜欢军事、更喜欢酷酷军人的感觉。这样的买家，有点类似女性对漂亮衣服的喜爱，但又比后者更强烈。在户外，穿上一身军装，带上一个军帽，肩上有军衔臂章，脚踏军靴，手下再有点兵，那感觉才叫刺激……

老李干这行已经好多年了，他自己也是爱好这个的，而且身材魁梧，自己稍微一装扮，马上就能吸引过来很多崇拜者。

但老李在网店营销方面也有郁闷的地方，同质化越来越严重，竞争激烈，利润越来越薄。而且推广方面一直也很有局限，这是个小众市场，喜欢军品的买家不集中，难以用大规模的推广方式来提升销量。

我对他的客户评价进行了分析，认为他的客户不同于别的行业的客户，这些买家每个人装扮一下都非常酷，本身就很有吸引力，能招来很多模仿者，只需鼓励买家多分享，把买到的宝贝穿起来，装扮一下自己，然后把照片贴出来。

从评语中，我还能感受到另外一个强烈的信息，就是买家很分散，也很“孤独”，希望能聚在一起，做些户外活动，或上演故事，那样会更刺激。除此之外，他们也想给女伴买军品，或给孩子买。这样，自己一家人就可以演故事，而且在家里就可以演。但是，对于女装和孩子，都没有相应产品。

跟老李交谈发现，他自己就有设计和制作能力，以前自己曾推出多个款式，后来卖火了就上来一批模仿者，定做的货在手里压了一大批，对他压力很大，也很郁闷，以后就放弃了这种做法。

以上的信息有点乱，现在重新梳理一下，在梳理的过程中，营销方案就逐渐清晰起来了。

(1) 行业和产品特点。众所周知，男人对服装不像女人那么敏感，更新周期也十分缓慢，对新款式以及自己喜欢的，并没有狂热的躁动和冲动。但是，军品（服装）似乎不在这个特点之列。在军品面前，它的客户表现得跟女人一样，对很酷的新款式有狂热的追求。因此，这个行业是个不断推陈出新、走流行的，一个新品款式，不求卖上 100 年，只求火暴一阵，就完成了它的历史使命了。等流行一过，就变成了“长尾理论”上讲的长长尾巴上的一根毫毛了。销量也许还有，但不会再爆发了。一句话，靠不断推出新品引领行业潮流。

（2）引领潮流。因为同质化导致了竞争的激烈，利润的摊薄，要突破，只有走差异化的路线。也就是靠新品引流潮流。新品必须要有独家性，靠厂家是靠不住的。那些军品，有一部分是从国外进来的，有的是某些国家现役军人的军装，价格昂贵，更新缓慢。也有一部分是国内生产制作的，其款式和工艺与国外产品比不相上下，但价格要低很多，利润丰厚。正好，老李有这方面的经验，可以利用上，而且，他自己就是最好的模特。所以，我建议他去做达人。不是为了做达人而达人，而是不断地"玩"，把"酷"进行到底，把"酷"发挥到极致，吸引更多的人，把他们变成自己的粉丝。这样就可以让客户群慢慢变大，起到了教育客户的目的，毕竟在这个小众市场里，其陌生客户太多了。

（3）重新定位。店铺的新定位是"让男人更男人"，用户外的"酷装"表现男人的阳刚之气，吸引更多的人加入他的粉丝之列。老李也有了新的定位，就是从老板变成了男模，目标是成为他粉丝的精神领袖，将来他一有举动，就能引来一大批模仿者。在粉丝心目中，老李将成为他们心中的偶像，时刻关注和模仿。在新的定位下，老李的工作就从经营转向了"玩酷"，并记录下在玩的过程中发现的新需求，开发新的产品。

（4）策略。在积累数万或十数万粉丝的基础上，老李开发的新品一次性定做1000套或2000套，自己穿，并找一些铁杆粉丝试穿，做活动并分享出来给粉丝们看，让他们蠢蠢欲动。在火候差不多的时候，来一次精心策划的促销，把定做的产品库存能耗掉十之八九。只卖"头茬"，只做暴利期。等跟风上来后，把手里为数不多的几件库存低价卖，再把价格拉下来，让模仿者模仿无利可图，以后不敢跟风。因为是独家的新品，利润很丰厚，加之一次火暴的销售，总体利润非常可观，一个新品就能顶得上以前做法的一年收益，但是现在的做法却更轻松、更快活了，而且看着那么多的粉丝，更有成就感。

（5）积累客户群鱼塘。经过分析发现，淘宝上有一部分客户，还有更大的部分在淘宝外，准确地说是聚集在军事论坛上。在淘宝上的积累客户群的做法是，立足淘江湖，利用淘江湖的博客，利用钻展的店铺定向，根据鱼塘理论，在潜在客户还喜欢的其他用品网站上投钻展，直接宣传博客，树立个人品牌，鼓励浏览者加入粉丝行列。另外，把老客户也都变成粉丝。用奖品鼓励买家晒单，分享户外活动的乐趣，老李也积极组织线下活动聚会，从网上变成现实中更铁、更真实的关系。这些都让粉丝群不断地壮大。在淘宝外，建立独立博客网站，靠博客吸引粉丝，鼓励买家注册（留下 Email 等联系方式），然后在军事论坛等地方购买流量。粉丝数量在壮大，粉丝对老李的个人魅力在不断的"洗脑"中变得更加信任，等待着机会爆发。

总结一下这个方案，就是：

树立老李的个人品牌，发展和壮大粉丝群，成为粉丝们的偶像，在淘宝上称做达人。

不断研发新品，靠新品的爆发性销售获取"巨额"利润。放弃低端同质化竞争路线，同时在火暴期后利用低价阻断竞争对手跟风，增加他们的风险。

当粉丝群积累到几十万甚至上百万的时候，这个"小众市场"就不再小了，这个鱼塘就是大鱼塘了。每次爆发性的销售都能赚得盆满钵满，收益更大了，而且成功也成了一件很有意义、很快乐的事。

Section 5.3 卖红虫子鱼饵的营销思路

苗总是卖红虫子的。红虫子是一种鱼饵，在认识苗总前，我根本不知道有这个东西存在。据他介绍，红虫子是一种非常好的鱼饵，是活物，钓鱼时挂在鱼钩上从水中不断落到水底，吸引过往的鱼群争相抢吃使其而上钩。而且，红虫子是天津特产（确切地说只在天津的一片区域有，别的地方都不产），每天的产量受天气影响很大。因为红虫子是从河里捞的，当天气恶劣，业者不愿去捞时，就会断货，价格也飞涨。

苗总做这个行业很多年了，几乎可以垄断当地交易市场的货源。

淘宝上的钓鱼人群是分散的，也是个小众市场，没法大规模地推广。陌生客户太多，把更多的陌生客户转变为客户实在是一个大问题。但还有一个问题是，一旦客户群急剧膨胀，货源可能供不上。

虽然说是"几乎能垄断货源"，但毕竟不是"完全垄断"，故而还有竞争存在，让丰厚的利润变得不如以前丰厚了。红虫子的存活率很关键，其他卖家多不是天津本地的，要么是进货，要么是代发货，不如苗总每天的现货新鲜、存活率高。

要想提高存活率，唯有在发货上下功夫。解决不了发货问题，就保证不了存活率。在夏天最炎热的时候，红虫子的死亡率很高，买家需求强烈，但是不敢购买，也都源于发货环节。因此，谁要能突破发货环节上的问题，谁就能控制渠道。谁能控制渠道，有最大的销量，就可以实现真正意义上的垄断货源。突破发货环节的瓶颈，还能让夏季不再是淡季，这一条非常有意义。

所以，经过分析，苗总的核心优势就得从发货开始。首先是保证发货的速度，其次是保证发货过程中的质量。要找速度最快的快递，才能有所保证，首先想到的是顺丰快递公司。苗总其实跟顺丰的人谈过，但对方不给发货，因为是活物。

我想起了曾经参加“聚划算”的大闸蟹，都是用顺丰公司发货的。而且大闸蟹的要求远比红虫子高多了，都能做到安全运输、准时送到，为什么发红虫子就不可以？所以，问题出在于量小，而且没有找到关键人物，这样的问题找普通业务员肯定是不行的。同时我建议苗总，直接找负责人谈，能用上的关系都用上，给他讲大闸蟹的案例，最好能签独家协议，即在整个天津，只能给我发，不能给别人发红虫子。这样，就能把渠道控制住。

接下来就是突破炎热时存活率的问题了，请教一下专业人士，肯定有懂行的。把渠道控制住，保证了存活率，这是竞争优势中最大的亮点。有了这个就敢零风险承诺，有了零风险承诺就可以把价格卖得更高，实现更丰厚的利润。

同时，我建议做包装和品牌。这个市场里还没有人这样做，谁第一个站出来做，谁就是老大，不久就能成为真正的权威。何况又能垄断货源和渠道呢？

在推广方面，因为做了包装，实现了产品化，于是有一批经销商纷纷要求经销。不过，更大的问题是陌生客户太多，需要教育。在淘宝上更有效的办法就是直通车和店铺定向推广，靠震撼的宝贝描述教育他们认识、尝试购买红虫子。因为红虫子是个长期消耗品，后端价值非常大，因此在买家第一次尝试购买的时候，也敢于做到微利，通过钩子把买家勾住。同时鼓励买家把自己钓到的鱼拍照并分享，增加吸引力和转化率。

Section 5.4 卖裙裤服装的营销思路

张总是卖裙裤的。在认识她之前，我对裙裤一无所知。她说："既是裙子，但又带裆"。

买家都是什么样的人呢？我问。

"什么样的人都有，当然都是女性"。她说完，我们都哈哈大笑。

我想了一下说："我估计买家的特征是这样的，热天穿裙子的季节，保守的人突破自己把裤子换成了裙裤，但一点都不暴露；天冷的时候，追求'美丽冻人'的女士也穿裙裤。是吗？"

"概括得太好了，是这样的"。张总说。

我接着说："冬天穿裙子的人只算是个小众，毕竟太冷，在'美'和'冷'之间只有少量的人选择了'美'，而裙裤的出现能解决一部分'冷'的问题，也让冬天选择'美'的人群增加。因此，它又成了寒冷季节的'大众'了。"

张总眼前一亮。

问到货源的问题，让我大吃一惊，原来所有款式是她自己设计的，而且自己有工厂。

买家反响如何？我急忙去她的店铺看了一下，有几款的销量很不错，我仔细地看了每一条评价，有不喜欢的，但是那些喜欢的买家非常满意，感激之情溢于言表，像买到宝一样。

有这么好的群众基础，我本能地预感到，这是个能做大的店，隐隐约约中仿佛又将诞生一个裂帛或七格格。

所以，必须上来就定位做品牌。因为据我所知，这个小领域里还没有知名品牌，正是"乱世"，机会非常大，而且谁抢占第一，就占据了"天时"。

品牌包装特别重要，做得好，就有可能成为名牌，潜力巨大。包装不好，就会坐失良机。

在推广方式上，既然要发展品牌，就要发展品牌忠实粉丝，让她们为品牌代言，造口碑。上活动，最大限度地曝光品牌名字和标识成了不同于以往的推广方法。以数量不多的商品，寻找第一批买家，安排几个专职客户跟买家互动，听她们的意见，鼓励她们晒单，并通过积极努力，争取官方推荐晒单内容，以求最大曝光获取流量。

利用达人试用，分享并设置跟随购。达人的分享会自动广播给达人的数万或十数万粉丝，造成大范围的传播。目的只有一个——“今年流行穿裙裤”。

另一个很重要的问题是，张总必须聚焦在设计新裙裤款式上，发挥她的优势，而对于不擅长的营销，则交由其他人负责，团队化运营。

在拥有几千个第一批忠实粉丝后，在江湖上有它的故事后，就可以开始用钻展或大客户品牌硬广告的推广方式了。在前期积累的销量和人气下，转化率也达到了一定峰值，此时只缺流量，来流量就能有销量。

经过预热，这台机器就可以正常运转了。

Section 5.5 卖吉祥用品的营销思路

吉祥之意即幸运、吉利。生活中人们常以各种不同的饰物或以用品、物品的收藏形式表达自己的祈求。

蔡总是卖吉祥用品的，其中有风水用品。

跟蔡总认识后，得知他研究易经已经有 10 年以上的功力了，在自己的领域已有所成就，线下的实体生意也是做得有声有色，但偏偏在淘宝上还不理想，虽然开了几个店，但销量离理想中的目标差距还是不小。他一直苦于找不到原因，因此也未能对症下药。

我和他的一些同行聊天询问原因，他们都表示原因很多，不过卖家多以及商品同质化最为严重。我又亲自找一些买家聊天，同时询问一些身边可能会买这类用品的“潜在买家”。后来发现，卖家多不是主要问题，但买家少绝对是主要问题。买家少，也就是常说的“蛋糕小”，为什么呢？

原来这个行业的买家和非买家都很主观。非买家不闻不问，打心眼里认为风水的东西就是迷信，买来之后总觉得会沾上一些“迷信”的色彩，不仅说服不了自己，还怕被别人笑话。

而买家的表现往往又是另一个极端，也就是一旦所谓的“信服”之后，就表现得忠实固定，不轻易更换。而且对价格的敏感不如对效果敏感，问其原因，回答说是这牵扯到信仰，有很浓重的感情色彩在里面。

同时还有一个重大的发现，那就是也有部分非买家渴望尝试一下，但又没人领路，还怕被骗。买家也渴望得到高人的指点，但与高人或大师们又离得太远，如果哪个卖家能给指导或“点化”，买家将会无比兴奋。

最终我给出了一个“三步走”的营销方案：

(1) 树立“蔡老师”的个人品牌。目前市场上同质化的商品虽多，但都是出自少数几位大师名下，而且功能性太强（比如用于测定方向的仪器罗盘，除了旅游、探险爱好者就是对风水很感兴趣的买家才会购买），这样的商品不仅竞争激烈，而且陌生客户太多，教育难度非常大。树立“蔡老师”品牌，一是可以推出其他商品，二是可以提供专业的咨询服务，只要买家实现了自己想要的结果，“蔡老师”品牌很快就能做起来。

(2) 开发新品，引发流行趋势。通过给买家画像，发现符合条件的买家特征比较奇怪，是属于非常小众的群体。但是，他们却又是青年男女，又属于网购的大群体中的一小部分。能不能开发一些新产品，在淡化“风水”的迷信色彩的同时打造一种纯粹的又好玩、又有一定功能的文化商品呢？这样一来，蛋糕就变大了，凑巧的是，还和网购的大众特征更加吻合了，这样一来，路就变宽了。

(3) 找达人意见领袖，通过他们带动一个潮流。

一种文化商品，很容易做到流行，而一旦流行起来，想不火暴都不行。前些年，在老家的时候，每年都习惯流行这个那个的，比如有一年流行的是姥爷给外甥买红伞，基本上家里的男孩子都有一把红伞，一下子搞的红伞卖暴。这些流行是谁兴起的呢？在网络上应该就是达人带动的！

在这套方案里，关键的创意在第二步，也就是开发新产品上。只要能找到一款好的产品创意，方案如同画龙点睛。

类似的思路，在另一家卖十字绣的店里也用过。我们的策划点是，建立一种文化风气，那就是衡量淑女的标准是给心爱的男士送个亲手绣的“荷包”（就是一个简易的十字绣）。当这个风气流行起来，十字绣的买家范围就大了，一个不起眼的小众行业眨眼之间就可能创造火暴销量，变成主流行业。所以，能往年轻的网购群体上面靠，扩大买家群体的范围，做大蛋糕，是策划的出发点。

Section
5.6 卖地板的营销思路

从团购价格不低的汽车到团购活物大闸蟹，再到团购上海世博会场馆门票，淘宝证明了“没有它卖不出去的东西”。只要你敢卖，就有人敢买。所以，在淘宝上卖像地板这种运输不方便的“大件”，也就不足为奇了。郑总就是卖地板的，在帮他出主意之前，我照例先对买家进行了一番调查。

经过对几家卖得好的卖家的评价分析，提炼出两条信息：

（1）买家真正购买时，都要买几万块钱的货。

相对于其他行业和商品来说，地板的买家算是大客户了。这样的“大鱼”，钓一条能顶很多条“小鱼”。

（2）买家都是在试探性地购买，谁也不敢一下子把装修需要的地板一次性买回来，那样风险太大。所以，一般第一次都是买几块（有只买一个品种几块的，也有几个品牌各买几块的）。面对这些情况，我们需要放长线钓大鱼，即第一次尝试购买的，只需付邮费，免费送货。从表面上看，送出去的是几块地板，实际上送出去的是“人情债”，是信任，是信心，也是“饵”，即潜在买家拿到货后，就欠了你的人情债，更重要的是对你的商品和你的信任。

为什么必须付邮费呢？付邮费，是门槛。有了这道门槛，就会把没有真正需求的人挡在了外面，而真正需要购买地板的买家，面对上百块钱的地板只让付个邮费，必然乐于接受。

去哪里找到准备装修的人呢？一是主动出击去找，二是被动等待买家找上门来。

主动出去找，就是做推广。但是大面积的大客户品牌硬广告显然是不合适的，犹如大炮轰蚊子，命中率太低。做钻石展位，需要定向，不是定向人群，也不是定向地域，而是定向店铺。根据“鱼塘理论”，需要买地板的客户，一定是准备装修的人，而装修需要购买的商品绝不止地板一种，还要有灯饰、涂料、油漆、卫浴、装饰品等，选择每个行业的几个大卖家，这些行业加起来总数凑够50个大卖家，他们的客户也是你想要的客户。

广告内容呢，就是围绕这些人群“免费赠送地板”，点击率必能创新高。

在点进去的宝贝描述里大做文章，描绘美好且温馨的家，采用零风险承诺，只让买家出邮费。在送出去的地板里多做文章，送上手册和装修案例图，近距离、实物接触化地加强买家的信心，达到最高的转化率。

第六部分

中小卖家未来的出路是发展淘品牌

未来网店将会向哪个方向发展？答：淘品牌。

为什么是淘品牌？因为只有发展自己的品牌，才是差异化的终极道路，才是做大之道，才拥有话语权，才有资格分享丰厚的回报。

产品可以做自己的品牌，店铺可以做成品牌，它们都是淘品牌的范畴。淘品牌与传统线下的品牌意义也有所不同了，品牌在它的消费者面前不那么高高在上了，而是平等化了、平民化了，而且还充满了互动性。这既是网络时代的要求，也是网民觉悟逐渐提高的必然结果。

更加重要的是，发展淘品牌的客观环境也成熟了。淘宝目前每天有超过4000万人登录，注册用户超过3亿人，在这个庞大的平台上，已经具备了独立培养品牌的沃土。

Section 6.1 出来混迟早是要还的

先来看央视曝光淘宝网皇冠卖家销售假冒伪劣产品的报道：

2010年12月13日晚，中央电视台《焦点访谈》栏目今日晚间播出了题为"向侵权说不"的一期节目，节目曝光了一批假冒名牌产品借助互联网渠道，非法兜售并牟取暴利的不法行为，并呼吁消费者能从我做起，不买不用侵权产品，一旦发现假冒侵权行为，及时举报，让不法行为无所遁形。

近年来，我国保护知识产权的力度不断加大，盗版、假冒等侵犯知识产权的行为日益成为众矢之的，受到严厉打击，然而，一些人仍然抱着侥幸心理，变换手法逃避查处，把侵权、假冒作为谋取利益的捷径。

我国在知识产权保护方面正面临着一些新的问题，一些原来在门店销售的假冒伪劣商品，现在正从门店销售转移到了互联网上。

这几年，有一款来自美国的雪地靴受到很多女孩的追捧。打开淘宝网，随便输入这种雪地靴的名字，再输入专柜正品，就能看到很多销售页面。这款在商场里卖2000元左右的雪地靴，在一些网店中只卖200元左右。笔者特意挑了一家号称绝对专柜正品的网店，买了一双400元左右的雪地靴，在上海的品牌专柜进行了比对。在真的专柜正品的雪地靴面前，这双鞋就露出了破绽。不仅外包装在很多细节上不同，而且从材质的手感，鞋子的形状，鞋里的洗水标等等都不一样。据了解，目前在中国内地，授权专卖店的形式是这款雪地靴目前仅有的销售渠道。

但是，在各种购物网站上到处都是号称这种专柜正品的产品，不仅如此，甚至还有一些冒充该品牌官网的网站。这种行为都严重侵害了商标权利人的利益。笔者将这家假冒网站向有关部门进行了举报。

上海市公安局经侦总队的陈松今年和同事一起查获了多起通过互联网销售假冒伪劣商品的案件。他们在网络上发现了一个名叫精衣求精的网店，这家网店已经是一个五皇冠的卖家，正在准备冲击金冠，这意味着这家店在网上已经有了近50万笔的交易，在这家店里卖的都是一些号称原单正品的服装和服饰。侦查员以顾客身份在淘宝网上买了两件商品，然后交给相关商标权利人去做鉴定，结果发现两件商品都是假冒商标的产品。

经过侦查，陈松和同事在上海的一个小巷子里发现了这家网店的仓库，这个仓库有100多平方米，摆满了各种品牌的服装鞋帽和服饰配件，经过认定都是假冒的，涉及14个商标，金额达五六百万。这个网店的负责人是一对年轻夫妇，目前因涉嫌销售假冒注册商标商品罪，已经被移送起诉。

从这个报道中我们可以获取出如下信息和思考：

(1) 国家保护知识产权已不仅仅是口号，已经变成了行动。售假风险极大，说不定你的哪个买家就是警察。所以，每个卖家都不再仅仅是个旁观者，而是实实在在的参与者，同时每个卖家也不能再是法盲了，不能总作为被动的一方，而应真真正正地参与到其中，运用法律武器也可以保护自己的利益不受侵害。

(2) 非正品即便以超低的价格出售，都可以赚取丰厚的利润，可想而知真正以原价销售的正品呢？岂不是超暴利？果真如此，我们能不能成为受益最大化的一方呢？须做这些思考。

(3) 在这样的“威慑”下，所有店主都必须卖正品，刻不容缓，不容侥幸。

好吧，那就都卖正品吧！

Section 6.2 如果马云不限制淘宝赢利

看了上面的报道我们不禁还要问，他们不愿卖正品的原因是什么呢？

答案是这样的：因为淘宝上经销正品的竞争太激烈，利润越来越薄。

其实，这还算是好时候，往后的情况会怎么样，谁也无法预料，但是你可以从下面的材料中作出自己的判断。

在网易专栏里有一篇文章，题目就叫《如果马云不限制淘宝赢利》，文章透露了一个让很多卖家觉得不可思议的事，就是马云在限制淘宝的赢利。文章的核心指出，如果哪个部门的赢利超标，主管该部门的高管就会受罚。

不可思议之处正在于马云的做法违背常理，居然还有不爱钱的。我们姑且当真，沿着这个思路往下思考，并进行推论。

你觉得淘宝直通车的出价虚高吗？

你觉得钻展竞争越来越激烈吗？

你觉得淘宝硬广告的价格也水涨船高了吗？

告诉你，这些都还是在淘宝限制赢利的前提下的情况。

马云在限制淘宝赢利，所以淘宝人都忙于为买家和卖家服务，并没有把精力一门心思用在如何多创收上。但是这种情况不会长久下去的，也就是说，马云不会永远限制淘宝赢利的，很可能在不久的某一天突然来个一百八十度大转弯，对淘宝放开赢利，给每位淘宝人都定下赢利任务的时候，那时又会是什么样的状况？

不难想象，淘宝运营团队会挖空心思地去开发可赚钱的项目，能不免费的，就不再免费。一直在收费的项目，其价格可能会水涨船高，最明显的表现应该在淘宝的广告上。淘宝的广告是目前各种媒体中回报率最高的！我做过电视直销广告、报纸直销广告、夹报广告、网络广告，尽管大家认为淘宝的转化率做得好的才能达到3%左右，并不高，但是如果你有其他广告经验的话，你应该有体会，淘宝的这种转化率是其他媒体的十倍、百倍以上。

一方面，一大批握有资源、资金和团队的传统企业，正蠢蠢欲动，准备大把地砸钱到淘宝广告上。另一方面，以阿里人的工作韧劲，想拉广告主的业务，实在不是一件难事。

所以不可避免地，直通车、钻石展位、硬广告的价格，将会进一步增加。未来的直通车价格将会进一步虚高，钻石展位的竞价抢夺将加倍激烈，淘宝硬广告位置也会因为竞争而抬高出价，这些都会加剧开支。

可怜的是我们这些中小卖家，一方面他们被迫转型都做正品了，利润降低了。另一方面，各项推广费用却都在增加。似乎这日子没法过了。

试问，所有卖家都是这样可怜吗？不！另一些人却过得很滋润，他们就是品牌。

Section 6.3 从2010年光棍节疯狂销量的背后看品牌的暴利

据淘宝官方对外公布的消息，2010年11月11日的淘宝光棍节大促销有近13家店铺销售额过千万，他们分别是：杰克琼斯、博洋家纺、李宁、波司登、南极人、水星、九牧王、马克华菲、真维斯、Kappa、唐狮、羊皮堂、GXG等13家。

淘宝官方为这个业绩很自豪。大力宣传这个业绩，会鼓励其他品牌商家加入商城，同时也会刺激还没有入驻淘宝的传统企业抓紧入驻淘宝、进军电子商务。

其实这些问题我都不关心，我只关心一个问题：名单上的这些大卖家是赚还是赔？

当然，对于这种商业机密是很难知晓其实际结果的，所以我们只能通过一些蛛丝马迹来推断。

先假设是赔钱的。会赔多少呢？自然是卖得越多，赔得越多。当销售额过千万的时候，就算价值千元的商品每单赔10块钱，则赔的总数都要超过十万级。

这与商人们的表现不符。从事后的一些报道看，说老总们都在全神贯注地盯着销售业绩，亲自见证了一个个数字的突破，而对于最终取得的业绩都乐得合不拢嘴，如果卖得越多赔得越多，我相信不会是这样的表现。正常的商人面对越赔越多时，能早刹车就早刹车，绝不会拿钱打水漂。

这样看来，我们有理由相信在这场活动中，他们是不赔钱的，是赚钱的。

赚多少呢？不得而知。当然，具体数字的意义也不是太大，现在我们假设这场活动下来能够持平，就是不赚也不赔，在这样的假设下，我们通过计算成本估算一下他们的利润空间。从五个方面来估算：

（1）售价为5折包邮。5折销售不赔钱就意味着利润空间至少要超过50%，包邮意味着每件商品多增加10元左右的成本，以客单价500元计算，换算成利润百分比，邮费多占2%左右的开支。

（2）企业税收。我们也不细分营业税、增值税和企业所得税，就按5%估计。

（3）商城佣金。我们也不细分类目，也按5%算，即要有交易额的5%被淘宝扣取做佣金。

（4）企业经营成本。如人员、场地费用分摊、水电等，仅仅只算人员这一块，因为发货量巨大，必然要找一些临时工或者外包，这个成本是要立即支付的，这个数字就按2%估。

（5）企业的利润空间。这一块暂免，以0计。

这是个粗略的估计，即便粗略，也还是可以计算的，简单加一下就可以知道利润空间的结果。

这样算来，他们的利润空间何止64%！

这才叫暴利！

似乎不公平！凭什么大家的产品都能完成同样的功能，我只能辛苦地赚微薄的利润而你却能赚得那么丰厚呢？答案就是品牌。

是品牌，让他们给质量差不多的商品赋予了多达几倍的价值！

是品牌，帮他们赚取了令人羡慕的丰厚利润！

一句话，他们能获取暴利，是因为他们走的是品牌之路。

这个世界的不公平让人气愤，不过好在可以通过转变思路以及努力，让自己也能成为被人气愤而获益的一方。他们能干，我们为什么就不能干呢？他们能做品牌，咱也可以做品牌，即便没有他们的利润丰厚，即便没有他们的牌子名气大或响亮，最起码不用活在别人的阴影下面。再说，别人能做起来，我们也不比别人笨，只要努力，相信也能做成知名品牌。机会对谁都是均等的，谁都可以做品牌。

仔细想一想就不得不承认这样的结论：在消费者面前，只有品牌（店铺也可以是品牌），而没有生产厂家。也就是说，消费者眼中只有“有品牌的”和“没有品牌的”之分，至于厂家在哪里、有没有厂家则根本不关心。所以，在淘宝上大家又是公平的，厂家未必占据优势，中小经销商未必没有优势。

优势在哪里呢？谁能把品牌传播到买家的心中，谁就占据了绝对优势！至于如何传播，所有卖家（包括生产厂家）大家都在同一起跑线上，是公平的竞争。

综合前面讲的几个事件和故事，可以得出一个结论：未来，没有品牌就没有活路。

所以，我们不妨从现在开始，就为做自己的品牌先做点规划，哪怕是先打个基础也好！

Section 6.4 做一个品牌需要花多少钱

中小卖家如果还保持像过去一样作为单纯的渠道商，只做搬运工、物流中转站角色的话，日子将会越来越不好过。每个立志于做大的店铺，都必须有“自己”的产品。

所谓“自己”的产品，是指拥有自己品牌的产品，或自己可控货源的商品。

如果说你的商品全部都是别人的货，货源全部在别人手里掌控着，你的日子会很难过。因为你没法保证利润，因为你没法实行差异化，竞争会压得你喘不过气来。应对之道是，在考虑自己的产品策略的时候，要逐步发展有自己名字的产品，即自有品牌。

做品牌也不是谁的专利，没人规定厂家只许生产不许做品牌，更没人规定经销商只许销售而不允许贴牌。

有时候你会很气愤：同样的东西（有时是一个厂子同一帮工人生产的），同样的功能，同样能实现买家想要的结果，凭什么说这是假货呢？就因为没有身份。所以，为你的货物安个身份，也是你对自己所卖的商品应负的责任。

其实，做品牌并不等于做名牌，而是告诉自己仅仅先给“自己的产品”弄个身份证。所以，狭义的做品牌，其实就是先给自己的产品注册个商标，让产品有个合法的身份，这是迈出差异化的最坚实的一步，而且以后的创新都会受到法律关于知识产权的保护。

做个品牌要花多少钱？

在线下，以往的传统行业，发展一个成熟品牌，需要多年的运作，需要数百万、数千万乃至数亿的广告积累。他们多半靠电视广告去推广品牌的知名度，比如央视的标王拿下一个时段，都要花费几亿元的广告费。靠广告积累的品牌知名度去打开市场，带动销量。

而在线上，尤其在淘宝平台上，这一切都变了。在淘宝上，可以边做销量，边打品牌，这是线下传统行业最羡慕的一点。在淘宝上诞生一个网货品牌，其花费连传统方式花费的零头都不到，就可以做到。

七格格、麦包包、裂帛等的起家都是最近几年的事，他们创业的时候也都很草根，只是定位准确、战略清晰后，经过最近两三年的发展，就在很多买家中产生了品牌影响力和美誉度。他们的故事会给后来者以自信心，并不需要多大的实力才能做品牌，尤其是并不需要太大的投入就可以完成迈出品牌战略的第一步。

其实，从要投入的硬件成本来说，最低2000多元就可以完成基础的步骤：

（1）注册一个企业资质的营业执照。一整套下来，不找第三方代办的话，只花工本费500元就可以下来。

（2）取一个名字、设计一个Logo，到商标局注册商标。花费1000多元就可以下来。

有了这两样，从法律层面上讲，你就是一个合法的企业，拥有一个合法的“商标”品牌。不管是贴牌还是找人代工，你的产品都可以做到是有牌子的了。你没工厂，则天下的工厂都是你的工厂，中国最不缺的就是工厂。你只需要运作品牌和销售，生产的事都可以找工厂代工、OEM贴牌。

这是第一步，迈开这一步并不是太难，只是很多人把它想复杂了，觉得很难。

不过你的品牌要想让客户产生美誉度和忠诚度，则需要高质量的产品和大量的传播，当然，如果能快速传播，最好有一个“好的故事”。

Section 6.5 有故事的品牌能飞远

提起海尔这个品牌，很多人就能想起海尔老总张瑞敏砸冰箱的故事。

想起了这个故事，就会对他们的信任增加几分。如果同时有两个冰箱竞品摆在一起让我选择，我会选择海尔的产品。可见，拥有一个故事，会让品牌的消费者更加认同该品牌的价值（品牌的价值也可以理解为品牌所传递的价值观）。拥有故事的品牌，会让买家拥有更好的联想。拥有故事的品牌，也会让买家更容易记忆深刻。下面就是两个关于淘品牌故事的案例，都是真实的，一个是我受委托亲自操作的，另一个是我帮着创意故事思路的，希望对你有启发。

6.5.1 运作牛肉干品牌故事

风干牛肉干是内蒙古的特产。整个内蒙古有多少商家在卖牛肉干，谁也无法统计，总之非常多，不过这些商家都有一个共同的特点，就是都习惯用成吉思汗做文章，因为成吉思汗是蒙古族的英雄，他的子孙不仅创建了一个朝代，而且他的蒙古铁骑一度征服了欧洲一部分，让整个中华民族扬眉吐气。

众所周知，风干牛肉干是成吉思汗的军粮，所以，做牛肉干品牌都喜欢在成吉思汗身上挖掘故事。

一个偶然的机会，一家牛肉干店找到了我，他们想开淘宝网店，想让我帮他们策划，他们自称自己很“有料”，出于对他们的兴趣，我有机会挖掘并包装了一个品牌故事。

卖家爆料

内蒙古自治区赤峰市下的克什克腾旗拥有大面积的草原，每年接待来草原旅游的游客多达上百万。游客走的时候，都不忘带些内蒙古自治区特产回去。呼和浩特市是内蒙古自治区首府，有“乳都”的美誉，属于西线旅游。去那里旅游的游客，以买奶酪回去为主。而去克什克腾旗草原旅游的游客，多半都要带牛肉干回去，这也让牛肉干名声远扬。

旅游的兴旺拉动了牛肉干的需求，随之而来卖家也越来越多，整个赤峰市卖牛肉干的有上千家之多，其中有蒙古族牧民，也有汉族，竞争异常激烈，这让一些过去有优势的卖家，生意受到了严重的干扰，“香当当牛肉干”就是其中一家。

据老板爆料说，“香当当牛肉干”是老字号。但因为不善宣传，知道的人并不多。

我问：“有什么证据吗？”

老板马上答：“有”。他说：“有一块匾，传了很多辈了，带你去看下。”

更有故事的是，他的老祖宗传说曾是成吉思汗的御厨，而且专门为成吉思汗做牛肉干。他做的牛肉干算是“御用”的。

“御用”的到底有什么不同吗？到底比别人好在哪呢？我亲自尝了尝，觉得很好吃。不过吃了别人的，也觉得味道不错，但吃过感觉累得牙疼，腮帮子也疼。

我问老板到底哪里不同。他说，软。我说，这也算一个特点吗？他说是，这是最大的特点。我们家就靠这一点发家的。这一句话激起了我的兴趣，我最终探到了个究竟。

发现市场机会

风干牛肉干都是牛肉风干后再加工的，分为油炸和烤制两种制作方法。不过，炸制牛肉干因为工序简单，出货率高，所以价格比烤制的便宜。

牛肉干的另一个特点是很干，因含水分不同，风干牛肉干有全干的，有八成干的，非常难咬，咬一口够嚼半天的。这是高度压缩的肉，所以非常管饿，越嚼越有滋味。吃几块下来，腮帮子就累得酸酸的。

经过调查卖家的评论，我发现，有一些买家反应如果能软点就好了，吃得很累。有的还担心嚼久了脸会变形。

同时，我注意到一个现象，那就是买家多半集中在江浙沪和珠三角地区，而且女性占大半。

我隐隐约约中感到机会来了，似乎找到了卖点，找到了能让这款牛肉干拥有自己能占一席之地的新的位置。

产品定位

定位就是取舍。不仅告诉自己要什么，还要明确自己不要什么。只有“舍”，才能“得”。

通过细分市场，专门提供为女性专享的牛肉干，其特点以“软”为卖点，应该能赢取女性市场。通过对市场细分，差异化就出来了，因为定位定得准，就容易博取买家好感。

所以就把产品定位为女性专享。

这个定位，在同类产品竞争中，特点就变得鲜亮起来。

要知道，淘宝上女性购物是主体。谁第一个喊出来谁的定位，谁就是老大。

表面上，定位为女性专享是只卖给女性享用的，但是实际购买中，却不乏男士。这些男士抱着强烈的好奇心去尝尝“女士专享”的牛肉干到底是什么味道，达到了定位后的意外收获。

为了把差异化表现出来，需要在名称下做足文章。该叫什么好呢？

在普遍都是“烤制”、“炭烤”的产品里，硬是创造出了一个“酥烤”品名。

品牌名称是让人联想的，“酥烤”比“炭烤”给人更美好的联想，在想象中都会觉得前者更好吃，更卫生，档次更高。

买家的感觉，就是给自己一个付钱的理由。档次感觉高的，自然愿意多付钱，买家会觉得贵的才是有档次的，有档次的理应贵。

贵，就保证了利润空间。

因为独家性，在保证利润的情况下，就可以对产品精益求精，因为做工更严格（4 斤生牛肉烤 1 斤）。而在对产品精益求精的要求下，味道更是“俘获”了更多消费者的心，一吃就上瘾，不仅自己吃，还分给好友分享，形成了良性循环。

包装故事

产品品类是“酥烤”，其背后的隐含意义是“酥软”，也就是“软，好咬”是产品的卖点。但怎么把这个特点融入到故事中呢？怎么“软”得有理呢？

经过头脑风暴，把成吉思汗的晚年联系起来，大家都清楚，上年纪的人，牙口都不好了，硬食物就吃不动了……再进一步，有人尽孝心，专门为喜爱的“软”牛肉费心……啊，有了！

经过提炼和浓缩之后，故事性更强了，也更传奇了。当然，故事的主角还是成吉思汗，但是却和酥烤牛肉干的特点挂上了钩，让人觉得合情合理，甚至有点跌宕起伏。下面就是这个故事：

香当当酥烤牛肉干的来历

据祖谱记载，成吉思汗晚年时，仍在东征西战。但因为上了年纪，牙口不好了。

成吉思汗最喜欢吃风干牛肉干。牛肉干是军粮，但他也渐渐地咬不动了。

喜欢吃的咬不动，吃别的又没胃口，饭量大减，身体每况愈下。

其孙忽必烈得知后，异常上心，遍寻军中高厨，下一军令：改进牛肉干的制法，但要软，好咬，味道还要胜过风干牛肉。

旬日有余，一军厨（图尔巴）呈上一马奶酒袋子。忽必烈打开塞子，顿时满帐飘香。

忽必烈倒出一块牛肉干，但见色泽红润，模样诱人。

拿近处仔细看，立感香味扑鼻。

忽必烈实在忍不住香味，就放到了嘴里。牙齿稍落，肉干已碎成小块。

伴随着肉干碎，舌尖一下子被烧烤香味包围了！

忽必烈兴奋地说：好啊！比风干的更地道！

然后抓起马奶酒袋子，骑上快马，奔成吉思汗大帐去了。

成吉思汗只咬了一口，马上兴奋得手舞足蹈，高兴得像个孩子，跳起了蒙古族舞蹈……

当下进行了封赏，成吉思汗升军厨为御厨，专为成吉思汗烹制牛肉干。又把忽必烈调到自己身边亲自调教……

后来，忽必烈东征西战，用兵如神，创建了元朝。

后来，御厨退役，毕生全攻此方，代代相传，流传至今……

近年来，发现来草原旅游的女性 MM 都很喜欢吃这种好吃好咬的牛肉干，不累牙，吃多了腮帮子也不疼，于是图尔巴的传人们古方新制，在腌制时放入了内蒙古草原的名贵植物香料花檀子（古时候蒙古族王公贵族的格格们用它保养气色）。另外，在烤制时用了精制的穹弧烤架，烤出了外酥里嫩的酥烤牛肉干，口感更软，更香，MM 吃后，不仅精力更充沛，而且气色会越来越好。

因为产品定位为女性专享，还用其家族传人其其格小姐做了代言人。

这在牛肉干商品历史上也是第一个这么做的，可谓是创举。

设计包装

在大家普遍使用黄色牛皮纸袋的情况下，率先使用白牛皮纸袋。显得干净卫生，又有档次，还方便印制精美图案。

图案以美丽草原的蓝天白云做背景。有买家拿到货后这样形容，“看到包装上美丽的草原，美丽的蓝天白云，就像到了大草原一样。虽然没有看里面的东西，但已经感受到了它的美味”。这也就是包装设计的魅力吧。

再把代言人用进去，代言人就是御厨的十三世孙（女）其其格。

一个蒙古族女孩的名字，更让消费者浮想联翩。

在包装的背后放的是上面的故事。

可以想象，买家边吃牛肉干，边看故事，一定觉得特别美味。不仅如此，他的感受要比别的买家更深刻！“曾经的御用品，而今我也吃到了，真不错。”精神上的满足感，也可成为买家多花钱的理由。

宝贝描述包装

好不好吃，您尝了再说。还是那句话，“你总得给我一次机会，让我证明一下我的味道”。所以，先诱惑，让买家流口水，是必须的、必要的、肯定的、不容置疑的！

除了精美的图片之外，还用了视频这一多媒体展示形式。

根据买家的浏览习惯，拖动着大致看完图片之后，会反过头来去点视频观看。

在刚刚诱人的食品图片基础之上，不再延续静态的展示过程，而是以吃牛肉干这个动作取而代之，同时配以极有诱惑力的“馋人”嘴声，不怕买家不流口水，不怕买家不饿，不怕买家不想吃，就怕买家不看。

有买过的买家这样跟客服说，“乐死我了，我每次想吃你家的牛肉了，就来看看这个视频，只要看完，我就不顾一切地买了。太给力了，太有创意了”。

也有买家这样说，“老板，我已经买过几次你家的牛肉干了。你告诉我买多少，你能同意把那个视频中配音的帅哥枪毙，我实在受不了他的声音。”

呵呵，只要购买，喜欢不喜欢，卖家都高兴。

让喜欢的爱死，让不喜欢的恨死，这不正是广告学最实用的主义吗！

在大家普遍拼价格的情况下，保持了很不错的利润，以及客户忠诚度的高回头率。

6.5.2 创意暴走鞋品牌故事

认识赵总的时候，她正在做“暴走鞋”。我也是第一次听说“暴走鞋”这个名字。据她解释，这种鞋的鞋底有轮子，把轮子收起来就是普通的鞋，可以正常走路，遇到平滑的好路，把轮子露出来，就可以滑行，而且速度很快，都是小孩在穿。

她所在的城市还没有流行开，线上也都是南方买家居多。

她觉得这是个很大的机会，可以同时铺开线上和线下。只要火一阵子，她就发了。

道理没错，但是要实现起来，却不容易。你可以去启动和教育市场，但是一旦你把市场启动了，将会有一大批饿狼进来和你抢食，因为你的产品他也能搞到。

所以，在学习完淘宝大卖家的运作技巧和淘宝的玩法后，我给她的最重要的建议就是赶紧让货源差异化，做自己的品牌。

一旦拥有自己的品牌，自己能控制货源，营销则相对简单，不管是线上的还是线下的。

小孩子的市场就这样，发动几十个小孩去玩（这种鞋），就能引爆一个城市的流行趋势。

但前提是货源能掌控，否则引爆之后，自己可能就没饭吃了。

经过几个阅历丰富的高手指点，她也终于有了突破。厂家答应可以给她代工，贴她自己的牌子，而且合同中还注明厂家不允许再为别人生产此款鞋，违约将有数十倍的赔偿。

接下来，就是考虑品牌了。

品牌需要故事。在一起头脑风暴的时候，她在描述产品时，有人立即说这种鞋像哪吒的风火轮。一语提醒梦中人！没错，暴走鞋就是在鞋底多了个轮子，想走就走，不想走可以滑行。这种鞋子不就是传说中哪吒的风火轮吗？

哈哈，故事的原型就出来了。可以叫“哪吒牌”，也可以叫“风火轮牌”。

兴奋劲一过，马上又意识到新的问题来了，产品虽然有故事了，也和神话人物联系起来了，但是却还没有自己什么事，不行，还得继续挖掘，必须把厂家自己也融入到故事当中去。

这时，一起参加头脑风暴的老李是个见多识广、足智多谋的商家，他脑袋突然亮了一下，又来主意了。他说，“当年哪吒闹海的地方，是三岔口，而且就是你现在居住的大胡同，你可以以哪吒老乡的身份出现在故事中”。

哇！太精彩了！终于把自己与神话人物联系了起来。

有了故事原型，润色就相对简单了。当然了，如果最终面市，还得继续挖掘。

品牌有了故事，就像长了翅膀一样，自己就能飞了。

小结：品牌背后无真相，只有消费者的感觉。

买家如果喜欢你，他愿意找各种各样的理由去帮您解释，说服自己和身边的朋友。当听到不同声音或质疑时，他甚至会挺身而出为品牌辩驳。

真相到底怎么样不重要，关键是你的品牌会在消费者脑海中留下什么样的印象。

品牌的形象，决定了消费者的印象。

Section 6.6 做品牌的目的是为了销量

过去提起“品牌”概念都会讲“度”，即“品牌美誉度、品牌认知度、品牌忠诚度与品牌偏好度”。在淘宝上、在网络上这一切都是可以变的，可以衡量的，我们发展网货品牌一定不要被这些传统的定义所困扰。

如果它是网络品牌，就表明得到了网购人群的认可，那么它一定有好销量。没有好销量，它也不能算网货品牌。如果非得把一个没销量的宝贝称做网货品牌加以鼓吹，那就是在骗自己。

总之，衡量标准变得非常简单：它是不是网货品牌就是看销量，追求别的没有什么意义。

品牌其实就是个名字（名字就是个代号），比如，店铺名字可以做成品牌，产品名字也可以作为品牌。虽然形势发展要求我们必须走品牌之路，但我们要清楚，我们不是为了做品牌而做品牌。做品牌的目的，归根结底还是为了销售量。

这一标准是检验淘品牌发展是否成功的唯一标准。可立即检验，可立即得到结果。抛开这一目的结果，一切都是空谈，一切都是瞎谈，不是浪费资源，就是忽悠企业骗钱。

淘品牌一定建立在大销量基础上的一种承认。

有了大销量，而且稳定了很长一段时间（至少3个月），其销量结果被大家所看到，所认知，最后承认（它是一个淘品牌），这个过程每一步都是实实在在的，看得见的。其指标不是过去空洞的某某占有率、多少多少个百分点，而是你赢利没有，赢利多少，可否继续（加大）投入（宣传）等具体的指标。

有大销量的品牌，是正面的品牌，是获得认可的品牌，是可持续的品牌，是能够拉动后续销售的品牌。所以，不能把销量做上去的品牌，充其量只是个名字，绝不是个品牌。

没有把销量做上去，从某种意义上可以认为，是消费者不认可你的东西。

消费者为什么不认可你的东西，难道你的产品质量有问题？难道你的服务有问题？难道你的……有问题？消费者头脑中这个大大的问号，既是给自己问的，也是替后来者问的，而且给后来者传递了一种不要尝试的信息。所以，做品牌，从做销量开始！

Section 6.7 淘品牌建立的核心在互动

过去的“品牌”，提到品牌都会有一种高高在上的感觉，人们习惯张嘴闭嘴都是“大品牌”。品牌和“大”是紧密联系在一起的，寓意着都是大公司大企业在做，小企业没实力做。我们看“品牌”都得仰视！

而现在进入了网货品牌时代，随之而来这种感觉也过时了、消失了。现在到处都在讲 Web2.0。Web2.0 突出的就是交流、互动。网货品牌是诞生于网络环境下的网购群体认可的产物，所以自然而然网货品牌也必须建立在交流和互动之上。

如果一个品牌还给买家一种高高在上的感觉，不跟你的买家互动，那么你不会有销量的。在崇尚个性的一代人身上，他们是从来不把权威放在眼里的。在这种环境下，不改变思维，还在用老套路做品牌，怎么得了！

以 80 后占主流的网购群体的思想、思维、个性、习惯决定了他们不是想说不敢说的一类，他们是有话必说的，不管你是谁，不管你的背景是什么。而且，你唯一的做法就是倾听，让他发泄，让他表达，然后很尊重他的意见，并把他的意见融合进新开发的产品里，并且告诉他。一旦如此，他们作为买家会大受感动，还会到处宣扬你。要知道，他们说的话，比你说的话管用。

品牌与消费者之间没有大山相隔了，只有直线，只有面对面，我说你听，或者你说我听。只有这些。你满足了他的个性欲望，他就把钱给你送来，并且还让他的朋友把钱给你送来。所以，品牌要在网店的基础上增加交流互动的平台和管道，让双方之间可以流通信息和情感。

下图就是三管齐下建立和买家的沟通渠道的模型。

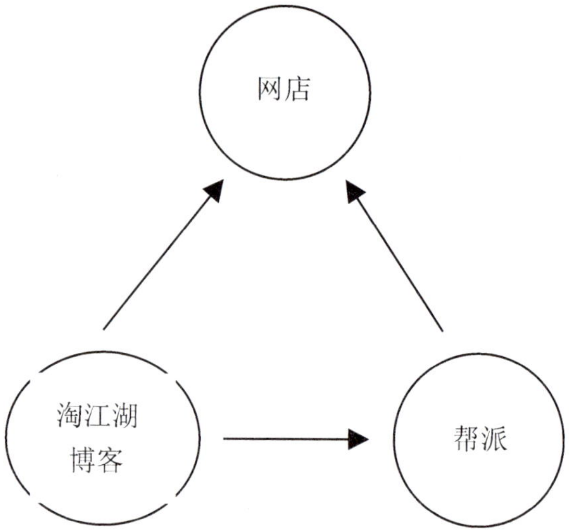

网店是品牌的载体。不管是产品品牌，还是网店本身成了品牌，抑或是合二为一，总之，品牌和它的消费者之间没有任何距离了，是面对面的，可对话的，伸手可及的。当然，它的主要任务还是销售，所以即便有旺旺也不能用于一对一的交流，要建立一对多的信息管道，需要其他工具配合。为了把“品牌”卖到买家心里去，需要以淘江湖博客和帮派配合以实现买家的情感互动。

帮派是消费者向品牌反馈、倾诉，甚至发泄的地方，也是买家之间相互交流的平台。

当今这个时代不仅是个无压抑的时代，而且还是个“惯着你”的时代。要让买家感受到，我不仅不武断，不仅尊重你，更尊重你的个性，你看，这个产品的这个特点就是专门采纳了你的意见而设计的。换言之，“我很惯着你啊，你喜欢吗?”买家回答“我很喜欢。”“OK，掏钱吧!”买家回答“好（又补充一句，钱不是问题）。”完成发泄和意见汇总，就要靠你产品的粉丝，他们活跃的地方就是你的帮派。注意，这个平台是你搭建的，是比较自由的，而且是你能够掌控的，你有控制权，可以设立各种奖项和规矩，不再受很多限制，一切只围绕自己的目标行事。

淘江湖博客，就是品牌向它的消费者建立的广告电台，随时发布产品或活动的新闻，一则让买家知晓，二则鼓励买家参与，第三是为了防止淡忘。不能总没你的消息，要隔三岔五地有点新闻或活动，总有买家可参与的事情，买家就会经常关注，和品牌之间的感情将随着时间的推移形成习惯而根深蒂固。

淘江湖博客具有官方的权威性，而不是论坛里的随意性。你不断地写文章，告诉他，给他讲故事，告诉他你是谁谁谁，是负责什么的，看到了谁谁谁的意见，你是怎么思考的，后来是怎么突破这个难关的，中间经历了哪些曲折，最后如何成功突破的，要图文并茂，要真实，要有感情流露，总体的口吻是一个活生生的人在讲故事，而不是企业的背书。企业的背书是没人看的，更没吸引力的。没人看的东西和不能吸引人的东西，不如不上，一篇都不要上。你对他有感情地表述，他对你的产品也就有感情了。产品的忠诚，难道不是来源于感情的寄托吗？一个承载了感情寄托的名字，不就是品牌嘛！所以，这样看的话，发展淘品牌，比传统线下的方式更有效和管用，粉丝要多，可控性要强，投入也会小很多……

更深入的内容，我们留到《中小卖家的淘品牌之路》中详细探讨。

机工出版社·计算机分社读者反馈卡

尊敬的读者：

感谢您选择我们出版的图书！我们愿以书为媒，与您交朋友，做朋友！

参与在线问卷调查，获得赠阅精品图书

凡是参加在线问卷调查或提交读者信息反馈表的读者，将成为我社书友会成员，将有机会参与每月举行的“书友试读赠阅”活动，获得赠阅精品图书！

读者在线调查：http://www.sojump.com/jq/1275943.aspx

读者信息反馈表（加黑为必填内容）

<table>
<tr><td>姓名：</td><td>性别：□ 男　□ 女</td><td>年龄：</td><td>学历：</td></tr>
<tr><td>工作单位：</td><td colspan="2"></td><td>职务：</td></tr>
<tr><td>通信地址：</td><td colspan="2"></td><td>邮政编码：</td></tr>
<tr><td>电话：</td><td>E-mail：</td><td colspan="2">QQ/MSN：</td></tr>
<tr><td>职业（可多选）：</td><td colspan="3">□管理岗位 □政府官员 □学校教师 □学者 □在读学生 □开发人员 □自由职业</td></tr>
<tr><td>所购书籍书名</td><td></td><td>所购书籍作者名</td><td></td></tr>
<tr><td>您感兴趣的图书类别（如：图形图像类，软件开发类，办公应用类）</td><td colspan="3"></td></tr>
</table>

（此反馈表可以邮寄、传真方式，或将该表拍照以电子邮件方式反馈我们）。

联系方式

通信地址：北京市西城区百万庄大街 22 号计算机分社

邮政编码：100037

联系电话：010-88379750

传　　真：010-88379736

电子邮件：cmp_itbook@163.com

请关注我社官方微博：　http://weibo.com/cmpjsj

第一时间了解新书动态，获知书友会活动信息，与读者、作者、编辑们互动交流！